Karthago · Leben und Kultur

W0179339

Gilbert und Colette Charles-Picard

Karthago

Leben und Kultur

Mit 26 Textabbildungen,
26 Tafeln und 5 Karten

Aus dem Französischen übersetzt
von Ignaz Miller

Philipp Reclam jun. Stuttgart

Titel der Originalausgabe:
La Vie quotidienne à Carthage au temps d'Hannibal

CIP-Kurztitelaufnahme der Deutschen Bibliothek

Charles-Picard, Gilbert:
Karthago: Leben und Kultur / Gilbert u. Colette Charles-Picard.
Aus d. Franz. übers. von Ignaz Miller. – Stuttgart: Reclam, 1983.
  Einheitssacht.: La vie quotidienne à Carthage
  au temps d'Hannibal ⟨dt.⟩
  ISBN 3-15-010316-9

NE: Charles-Picard, Colette:

Inhalt

Vorwort

Flaubert schrieb einen Roman über Karthago, dem er, begeistert durch die Lektüre der Beschreibung des Söldnerkrieges von Michelet, in der letzten Fassung den Titel *Salammbô* gab. Allerdings verbarg der Glanz der Romansprache die Dürftigkeit des Materials, auf das er sich stützte. Als der Schriftsteller, dem Prinzip des Realismus getreu, eine genaue Dokumentation zusammenstellen wollte, stieß er auf Lücken, deren Umfang und Größe ihn beinahe dazu bewogen, das ganze Vorhaben aufzugeben. Die Geschicklichkeit, mit der er das Problem bewältigte, indem er größere Anleihen bei der Bibel und der klassischen Literatur machte und vor allem indem er alle störende Genauigkeit hinsichtlich des täglichen Lebens vermied – diese Geschicklichkeit ist der am wenigsten sichtbare, jedoch keineswegs der geringste Vorzug seines Meisterwerkes. Mehr als ein Jahrhundert ist seitdem vergangen; aber besitzen wir heute das Material, das Flaubert so sehr fehlte? Die schriftliche Überlieferung ist um keine außergewöhnliche Entdeckung bereichert worden, und es besteht kein Grund zu der Hoffnung, daß der Boden Tunesiens uns jemals etwas Ähnliches wie die Tontafeln von Ugarit oder die Handschriften des Toten Meeres liefern wird. Die punische Epigraphik ist sehr umfangreich, aber geradezu entmutigend trocken. Allein der Bericht von Außenstehenden, die nur die außergewöhnlichsten Einzelheiten interessierten, beleuchtet die karthagische Zivilisation, die sicher immer in dem Zustand eines ›Niemandslandes‹ verbleiben wird, das den Aufgabenbereich des Historikers, der dank schriftlicher Quellen mit den Menschen vergangener Epochen in eine direkte Verbindung treten kann, von dem des Prähistorikers trennt, der sich rein auf das Stellen von Fragen beschränken muß. Darüber könnten wir uns noch leicht hinwegtrösten, wenn die Archäologie uns den äußeren Lebensrahmen der Westphönizier fast unversehrt übermittelt hätte. Hätten wir überhaupt keine lateinische Literatur und wären wir für die Kenntnis der römischen Zivilisation allein auf die Ruinen von Pompeji angewiesen, so würden uns die Verschiedenartigkeit der

Gebäude und der Reichtum ihres Schmuckes doch eine sehr genaue Darstellung des täglichen Lebens unter Nero oder Vespasian erlauben. Durch den Tumulus von Mari sind wir über die Sitten der Bewohner des oberen Mesopotamien zur Zeit des Königs Zimrilin, der gegen Hammurabi kämpfte, sehr viel besser unterrichtet als über diejenigen der Zeitgenossen Hannibals.

Beulé führte die ersten systematischen Grabungen in Karthago im Jahr 1857 durch, demselben Jahr, in dem Flaubert seinen *Salammbô* schrieb. Er hoffte, wichtige Spuren der bedeutendsten, aus den Quellen bekannten punischen Bauwerke zu finden, nämlich Häfen, Befestigungen, Paläste und Tempel. Diese Hoffnung wurde bald enttäuscht; von ganz wenigen Ausnahmen abgesehen, gehörten alle damals oder später freigelegten Ruinen auf der karthagischen Halbinsel zu der römischen Stadt, die ein Jahrhundert nach der Zerstörung von Didos Stadt erbaut wurde. Ein nicht sehr gewissenhafter Architekt namens Daux veröffentlichte wenige Jahre nach Beulé eine große Anzahl von Plänen karthagischer Bauwerke, die jedoch allein seiner Phantasie entsprungen waren.

Eine gewisse Entschädigung bot den Archäologen die unerwartete Entdeckung der Nekropolen von Karthago am 7. April 1878 durch Pater Delattre von den »Weißen Vätern« in Karthago. Er war zwei Jahre zuvor von Kardinal Lavigerie als Pfarrvikar von St Louis, einer von Louis-Philippe gestifteten Kirche, eingesetzt worden; dieser Geistliche erforschte ein halbes Jahrhundert lang mit unermüdlichem Eifer das antike Karthago und ging vornehmlich punischen und christlichen Spuren nach. Das Ergebnis seiner Arbeiten und der seiner Nachfolger, der Patres Lapeyre und Féron, wird im Museum der Patres Albi auf dem Saint-Louis-Hügel aufbewahrt.

Über vierzig Jahre lang sollten die Gräber das einzig greifbare Band zwischen dem punischen Karthago und der modernen Wissenschaft sein.

Pater Delattre und die Direktoren des Antikendienstes, Gauckler und später Merlin, lernten schnell, auf der Erdoberfläche die Spuren festzustellen, die das Vorhandensein eines punischen Grabes erkennen lassen: die Öffnung eines mit festgestampftem Sand gefüllten Schachtes, an dessen Ende – oft in mehreren Metern Tiefe – sich die

Grabkammer befindet. Wie man sieht, erfordern Auffinden und Ausgraben Spürsinn und sportliche Fähigkeiten. Außerdem fanden sich schon bald bei den Bewohnern Karthagos Gruppen von spezialisierten Erdarbeitern, die ihr Leben lang an allen Ausgrabungen teilnahmen. Wenn der Schacht leergeräumt ist, muß man die massive Steinplatte zur Seite schieben, die den Eingang verschließt; dann wird der zwischen den Vasen der Grabbeigaben eingebettete Leichnam sichtbar. Die wertvollsten Beigaben wie Schmuck und Amulette sind im allgemeinen im Sand des Grabes verstreut. So gehört das Sieb zwangsläufig zu den Werkzeugen des Archäologen.

Das Öffnen eines punischen Grabes ist immer ein aufregendes Abenteuer. Pater Delattre und andere machten daraus oft ein gesellschaftliches Ereignis; aber der Archäologe sollte sich hüten, allzu viele hohe Gäste einzuladen; denn oft erweist sich nach Absenkung der Platte die Kammer als leer, geplündert von Schatzsuchern oder römischen Baumeistern. Beschreibt nicht der christliche Schriftsteller Tertullian in *De resurrectione carnis* die Öffnung punischer Gräber, die er in den ersten Jahren des 3. Jahrhunderts n. Chr. bei der Errichtung des Odeon in Karthago selbst miterlebt hatte? Bei einigen Leichen war noch der Haarwuchs vorhanden, und dem frommen Mann diente dies als Argument, die Unzerstörbarkeit derjenigen Körper nachzuweisen, die für die Auferstehung ausersehen sind. Wir selbst haben häufiger den makabren Anblick erlebt, daß an dem Schädel eines Skelettes noch die Haare hingen.

Auch im günstigsten Falle birgt selbst das reichste karthagische Grab niemals die Schätze ägyptischer oder mesopotamischer Grabräume oder etwa die bescheideneren Beigaben, welche zuweilen italische oder gallische Grabstätten liefern. Neben den einheimischen, grob gearbeiteten Tonwaren findet sich manchmal eine schöne griechische Vase. Die kleinen Terrakotta-Figuren haben nie die Anmut derjenigen von Tanagra, die Schmuckgegenstände sind bescheiden. Man muß schon außerordentliches Glück haben, um eine Tonmaske zu entdecken, die eine lächelnde Kore oder das verzerrte Gesicht eines Dämons darstellt. Die vier großen Marmorsarkophage, deren Deckel mit Figuren verziert sind und die Pater Delattre aus den Schächten unterhalb der Kirche Sainte-Monique barg, sind auch nach mehr als fünfzig Jahren die einzigen ihrer Art geblieben und werden es vielleicht für immer bleiben.

Im Jahr 1921 überraschte man einen Tunesier mit einem seltsamen Stein; es handelte sich um eine Art Obelisk aus grauem Kalkstein, über einen Meter hoch und mit einer eingravierten Strichzeichnung auf der Vorderseite. Abgebildet war ein Mann in durchsichtigem Gewand, der in seinen Armen ein kleines Kind hält. Monumente dieser Art waren nicht unbekannt. Seit 1874 hatte ein Diplomat namens Sainte-Marie im Auftrag der Académie des Inscriptions et Belles-Lettres mehr als zweitausend Stelen gesammelt, die in den meisten Fällen mit ziemlich groben Schmuckelementen ausgestattet und den höchsten Göttern Karthagos, Tanit und Baal Hammon, geweiht waren. Der 1921 gefundene Stein führte auf die Spur der wichtigsten archäologischen Fundstätte Karthagos: Indem man den Angaben seiner Entdecker folgte, fand man tatsächlich in mehr als sechs Metern Tiefe unter der damaligen Bodenfläche ein ganzes Heiligtum, in dem Tausende von Stelen dichtgedrängt aufgestellt waren. Zu jeder von ihnen gehörte ein Gefäß mit Leichenbrand. Diese Überreste, die man Ärzten anvertraute und genauestens analysieren ließ, offenbarten ohne jeden Zweifel, daß sie fast alle von sehr kleinen Kindern stammten. Man hatte das Heiligtum entdeckt, in dem die schrecklichen Verbrennungen Neugeborener vollzogen wurden, die Diodorus Siculus in einem bekannten Text beschreibt, den Flaubert in seinem Kapitel »Moloch« getreulich wiedergibt!

Die Ausgrabung fand zunächst durch die Grundstückseigentümer unter Kontrolle der Direktion des Antikendienstes statt. Dann wurde dieses *tophet* – so genannt nach dem Namen des biblischen Heiligtums Ben Hinnom in der Nähe von Jerusalem, das für ähnliche Opfer bestimmt war und im 7. Jahrhundert v. Chr. von König Josia zerstört wurde – unter ziemlich sonderbaren Bedingungen von einer französisch-amerikanischen Forschergruppe untersucht, die die angesehensten Gelehrten beider Länder vereinigte. Die Leitung hatte eine Art Impresario inne, der einen gegenüber der Geschichte wenig respektvollen Sinn für Publizität besaß. Pater Lapeyre setzte später die Ausgrabung in einem anderen Sektor fort. Wir konnten sie 1945 wiederaufnehmen und unserem Mitarbeiter Cintas anvertrauen, dessen Scharfsinn die Entdeckung des ältesten historischen Monuments Nordafrikas zu verdanken ist, das sich auf dem Boden des gleichen Strandes befand, den die Gefährten der Dido betreten hatten, und das an späterer Stelle noch beschrieben werden wird.

Die Freilegung des Tophet erbrachte den Beweis, daß die Zerstörung Karthagos durch die Römer nicht so total war, daß sie außer den Gräbern jedes andere Monument hätte verschwinden lassen. Schon 1916 konnte Carton einen kleinen Tempel untersuchen, der noch mit all seinen Kultgegenständen ausgestattet war; einige Jahre später fand Merlin im äußersten Norden der Stadt die Reste eines kleinen Privattempels. Der für die Architektur des frühen Karthago bedeutendste Fund aber kam in den letzten Jahren auf dem Hügel Saint-Louis (Byrsa) zutage; ich verweise auf die Beschreibung dieses Viertels der punischen Stadt, das, von den römischen Gebäuden zugedeckt, ziemlich gut erhalten war.

Die Reste der Befestigungen Karthagos, die Generationen von Archäologen vergebens gesucht hatten, fand schließlich 1949 General Duval, der als Oberkommandierender der französischen Streitkräfte in Marokko vorzeitig in den Ruhestand versetzt worden war.

Zu diesen in Karthago selbst durchgeführten Nachforschungen kommen noch diejenigen, die den an den Küsten und auch den im Inneren Nordafrikas liegenden punischen Stätten galten. Deren systematische Aufnahme erfolgte seit 1947 durch Cintas. Er war vom Direktor des Antikendienstes in Algerien, dem verstorbenen Leschi, beauftragt worden, nach möglichen punischen Überresten in der Gegend von Tipasa, 70 Kilometer westlich von Algier, zu suchen. Es gab nur ziemlich dürftige Hinweise, aufgrund deren man eine karthagische Besiedlung dieser Gegend vermuten konnte: einige Stelen aus römischer Zeit mit dem Zeichen der *Tanit* sowie Gräber nach punischer Art auf einem christlichen Friedhof. Cintas, der sich hinsichtlich der topographischen Anordnung der Friedhöfe einer punischen Stadt von den Regeln leiten ließ, die ihm seine früheren Beobachtungen vermittelt hatten, gelang es, innerhalb von vierzig Tagen sechs Gräber freizulegen, die mit Sicherheit aus der Zeit vor dem 2. Jahrhundert v. Chr. stammten. Sie waren vollkommen unsichtbar gewesen; einige waren sogar von einer Sandsteinschicht relativ späten Datums bedeckt, wie die von ihr umschlossenen punischen Gegenstände bewiesen.

Der Ausdehnung der Nachforschungen und dem Anwachsen der Funde gemäß wurden die Ausgrabungsmethoden gewissenhafter und erlauben demzufolge genauere und weiterreichende Schlußfolgerungen. Der Archäologe ist nach den Worten von Agatha Christie, der Frau des berühmten englischen Assyriologen Mallowan, ein »Detektiv auf der Suche nach der Vergangenheit«, der niemals auch nur den kleinsten Hinweis außer acht lassen darf. Eine nichtssagende Tonscherbe kann sich als ein Datierungselement von höchstem Wert erweisen, aber sie kann oft den größten Teil ihrer Bedeutung verlieren, wenn man versäumt, den exakten Fundort ganz genau zu notieren. Man hüte sich vor den Launen der Natur! Hat nicht Poinssot, unser Vorgänger in der Direktion des tunesischen Antikendienstes, in einem römischen Grab in Dougga eine russische Kopeke aus dem 18. Jahrhundert gefunden, die ein Hirte auf rätselhafte Weise erhalten hatte und die von einer Ratte, die das Grab als Wohnung gewählt hatte, dorthin gebracht worden war? Solche Ereignisse aus der Praxis des Archäologen sollen vor einer Chronologie warnen, die ausschließlich auf der Stratigraphie beruht.

In der Tat muß man Maß bewahren in der heutigentags oft gepriesenen Tendenz, aus der Archäologie eine exakte Wissenschaft machen zu wollen und sie über die als zu unseriös erachtete Geschichtswissenschaft zu stellen. Es geht ganz bestimmt nicht darum, die Bedeutung und Nützlichkeit physikalischer Methoden bei der Datierung antiker Gegenstände zu bestreiten. Eine dieser Methoden, die auf der Messung der remanenten Radioaktivität von Kohlenstoff (C-14-Methode) beruht, wird häufig von amerikanischen Laboratorien angewandt. Sie ermöglicht die Datierung der organischen Materie ... mit einer Näherung von mehreren Jahrhunderten. Ein anderes Verfahren, von Thellier, Professor für Geophysik an der Sorbonne, unter Mitarbeit von Cintas entwickelt, macht sich die seltsame Eigenschaft von Keramik zunutze, das Erdmagnetfeld am Brennort zum Brennzeitpunkt zu binden. Diese Methode kann sich in der Genauigkeit längst nicht messen mit den Ergebnissen, die heutige Spezialisten aus der stilistischen Analyse des Dekors griechischer Vasen erzielen. (Bestimmung der Herkunft und Datierung auf etwa zehn Jahre genau.) Aber sie kann eine große Hilfe für die Einordnung der grob ausgeführten punischen oder libyschen Tonwaren sein, die jahrhundertelang nach dem gleichen Muster und fast ohne jegliches Ornament, das eine Datierung erlauben würde, hergestellt wurden.

Jedenfalls sollte man nie außer acht lassen, daß der Althistoriker sich nur für diese Objekte interessiert, um die Menschen, die sie benutzten, besser kennenzulernen. Die Mentalität der Menschen in der Antike unterschied sich fast immer von der unsrigen. Ihre Erforschung ist nur möglich über die schriftliche Überlieferung und bis zu einem gewissen Grad über den Stil der bildlichen Darstellungen. Der Vergleich mit den noch bestehenden primitiven Gesellschaften bietet nützliche Aufschlüsse, aber auch gefährliche Möglichkeiten, sich zu irren!

Man wird bemerkt haben, daß viele der bisher kurz beschriebenen Funde innerhalb der letzten dreißig Jahre geborgen wurden. Dieser Umstand erklärt und entschuldigt zu einem Teil unseren Versuch, heute eine Schilderung des täglichen Lebens in Karthago zu verfassen, ohne in allen Punkten den im Jahre 1920 erschienenen meisterlichen Überblick von Gsell nachzuahmen. Wenn man auch die literarischen Zeugnisse nicht besser kennen und interpretieren kann als der Meister der Geschichte Nordafrikas, so erlauben doch die archäologischen Funde (vor allem die Tophet-Stelen) eine vollständigere Darstellung der karthagischen Zivilisation. Die Aufgabe, die wir uns vorgenommen haben, nämlich die Ausgrabungsergebnisse mit den Angaben der schriftlichen Quellen zu verbinden und sich so gegenseitig erhellen zu lassen, ähnelt ein wenig der Tätigkeit der Restauratoren – man möge uns erlauben, hier an Bréchot zu denken, der seit den dreißiger Jahren Konservator am Bardo-Museum war –, die geduldig die tausend Teile einer kostbaren Vase oder einer zerbrochenen Statue wieder zusammensetzen. Genau so werden wir oft die fehlenden Teile durch eine hypothetische Linienführung vervollständigen müssen und können nur wünschen, daß sie sich nicht zu sehr von der Wirklichkeit entfernt!

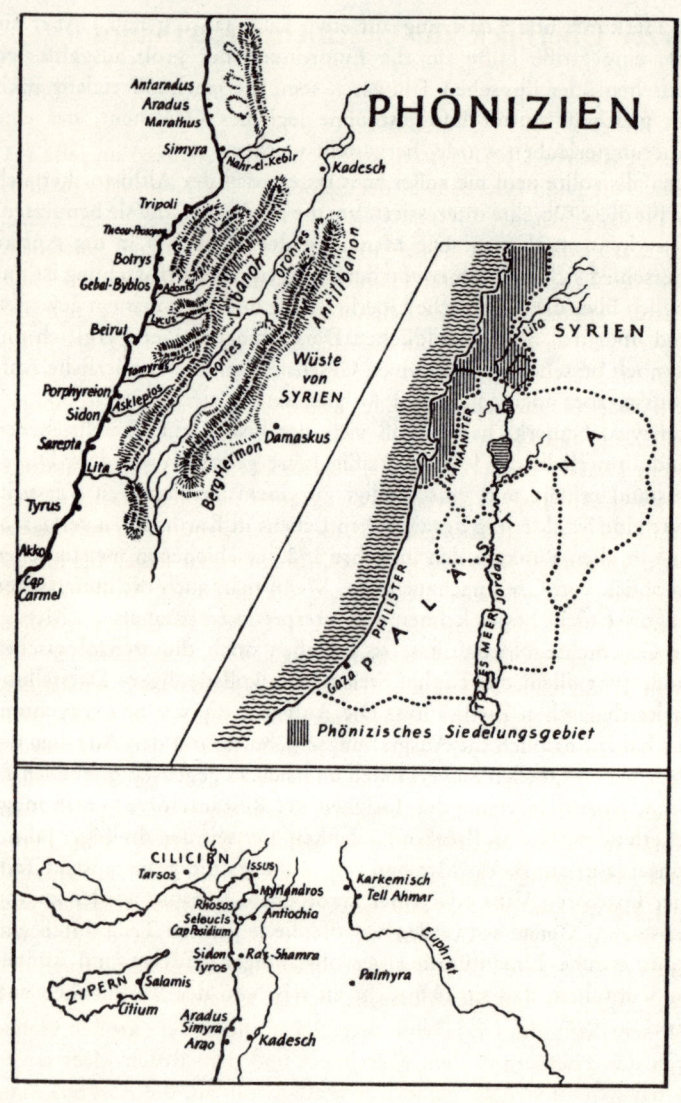

Karte 1. Phönizien.

Kurzer Überblick zur Geschichte Karthagos

Der schriftlichen Überlieferung zufolge wurde Karthago im Jahr 814 v. Chr. von Dido oder Elissa, der Schwester des Königs Pygmalion von Tyros, gegründet.[1]

Tyros war zu dieser Zeit die mächtigste Stadt der Phönizier. Nach dem Propheten Ezechiel war der Handel mit dem geheimnisvollen Land Tarsis die Hauptquelle ihres Reichtums:

»O Tyros, du sprichst: Ich bin die Allerschönste. Deine Grenzen sind mitten im Meer.« (27,3 f.)

»Tarsis hat mit dir seinen Handel gehabt und allerlei Ware, Silber, Eisen, Zinn und Blei auf deine Märkte gebracht.« (27,12.)

Diesem Handel verdankt Karthago wahrscheinlich seine Gründung und seinen Aufstieg. Wir werden weiter unten auf die wirtschaftlichen Gründe zu sprechen kommen, die die Tyrer ermutigten, mit einem gewaltigen Sprung über das gesamte Mittelmeer zu setzen bis hin zu den Pforten des Ozeans, die während der gesamten Antike als die Grenzen der bewohnbaren Welt galten. Nach der Überlieferung sollen im 12. Jahrhundert die direkten Beziehungen zwischen Phönizien und diesem Königreich Tarsis oder Tartessos in Andalusien entstanden sein, das in der Eisenzeit dank seiner Minen eines der wichtigsten Industriezentren der westlichen Welt außerhalb Etruriens wurde. Natürlich benötigte man auf dieser Fahrtstrecke von 700 Meilen Zwischenstationen. Die Gründung von Utica, der ersten phönizischen Kolonie in Afrika, soll nach Plinius im Jahr 1100 erfolgt sein. Tyros näherte sich damals, zur gleichen Zeit wie Israel, dem Höhepunkt seiner Macht: Das Bündnis und die Freundschaft zwischen Hiram und Salomon (um 970–935) symbolisieren das Aufblühen der kleinen Staaten des Vorderen Orient, die vorübergehend von dem Druck der Riesen Ägypten und Mesopotamien befreit waren.

Aber seit Beginn des 9. Jahrhunderts zogen die in dem großen Hafen durch den Handel mit dem Mittelmeer und dem Roten Meer angehäuften Reichtümer das gefährlichste Raubvolk an, die Assyrer. Man hat lange Zeit geglaubt, daß das bedrohte, erpreßte und belagerte

Tyros versucht habe, seine Reichtümer in Sicherheit zu bringen in einer »neuen Hauptstadt« (dies wäre nämlich die Bedeutung der Worte Qart-hadascht, woraus Karthago wurde), zunächst in Zypern, dann möglichst weit entfernt in einem beinahe unbewohnten Land, in Afrika. In der Tat liegen die ersten Jahrhunderte nicht nur Karthagos, sondern aller phönizischen Kolonien im Westen völlig im dunkeln. Kein Bericht ist uns bekannt, und die außergewöhnliche Beschaffenheit – oft auch das Fehlen – der Zeugnisse, die von der Archäologie über die Lage tyrischer Ansiedlungen im Westen gesammelt wurden, zeigt, daß, wenn die Phönizier – wie es die Überlieferung will – seit dem 12. Jahrhundert Kontakte zum westlichen Mittelmeer und Tarsis hatten, anscheinend aber keine feste Siedlung vor dem Ende des 8. Jahrhunderts gegründet wurde. Die Ausgrabungen bestätigen auch, daß die regelmäßige Ausbeutung der Minen der Sierra Morena, die den Anlaß zum Handelsverkehr zwischen Tyros und Tarsis bot, nicht vor dieser Zeit begonnen hat. In Karthago hat man noch keinerlei Spuren einer tyrischen Anwesenheit vor den letzten Jahren des 8. Jahrhunderts gefunden, und man stellt fest, daß die Stadt im 7. Jahrhundert einen plötzlichen und schnellen Aufstieg nahm, der höchstwahrscheinlich mit der Intensivierung der Verbindungen zwischen Tyros und Tarsis zusammenhing. Dieser Handelsverkehr hat seinen Höhepunkt während der Periode, die von den Kunsthistorikern die orientalisierende genannt wird. Diese Gegebenheiten passen nicht zu der angenommenen These eines verfallenden Tyros, das durch die Angriffe der assyrischen Armeen geschwächt war.[2] Vielmehr scheint es so, daß diese Aktivität mit der Reorganisierung der assyrischen Wirtschaft durch Tiglatpilesar III. und der wichtigen Rolle, die die Erzimporte von Tarsis für die Wirtschaft spielen, zusammenhängt. Andererseits haben neuere Arbeiten eindeutig gezeigt, daß die Routen, die von den schwerbeladenen Handelsschiffen, den berühmten »runden Schiffen«, befahren wurden, nach den Strömungen an der Wasseroberfläche und den jeweils herrschenden Etesien bestimmt wurden. Wie die Karten der Ozeanographen zeigen, verläuft die günstigste Fahrtstrecke zwischen Tyros und den Säulen des Herkules südlich Siziliens, dann die tyrrhenische Küste entlang nach Sardinien, von da nach Ibiza und dann zum Kap Náo und Andalusien. Die Rückroute verlief entlang der Küste Afrikas und dann hinauf nach Tyros. Während des 7. Jahrhunderts war – so konnte man übrigens feststellen – die Einfuhr phönizischer Tonwaren in Andalusien, Marokko und Nordalgerien häufiger und regelmäßiger als in Karthago. Dort weichen seit der Mitte des 7. Jahrhunderts diese Tonwaren der einheimischen Produktion, die am Ende des Jahrhunderts in der Lage ist, die Nachfrage in der Stadt zu decken. All dies geschieht offenbar deshalb, weil die von Tyros nach Andalusien geleitete Fracht der Nordroute folgte und im Land Tarsis entladen wurde, um dem Erz Platz zu machen, das über Karthago in den Vorderen Orient geschickt wurde. Zumindest bestätigt der wunderschöne Goldschmuck in den Gräbern der afrikanischen Stadt zu dieser Zeit den wachsenden Reichtum, während die Ausdehnung der Nekropolen ein Beweis für die wachsende Bevölkerung ist.[3]

Indessen berichten assyrische Chroniken von Schwierigkeiten, die Tyros aufgrund mehrerer Umsturzversuche hatte; und man sieht, daß die Griechen aus dem Niedergang der Phönizier Nutzen ziehen, indem sie zwischen 750 und 500, ohne auf allzugroßen Widerstand zu stoßen, Tausende von Auswanderern nach Ostsizilien, von wo sie die Tyrer vertreiben, nach Süditalien und an die provenzalische Küste ziehen lassen, bald danach auch nach Katalonien und der Cyrenaika, womit sie den phönizischen Herrschaftsbereich an seinen äußersten Enden eingrenzen. Seit dem Ende des 7. Jahrhunderts weiß Karthago, daß es nur noch auf sich selbst zählen kann. Zu einem gemeinsamen Widerstand faßt es die weit verstreuten Kolonisten von Mogador, Lixus und Gades zusammen, ferner von den Säulen des Herkules bis nach Malta, Ibiza, Sardinien und Westsizilien. Als Ausgleich für den Schutz, den es ihnen gegen die Griechen und die alteingesessenen Barbaren bietet, verlangt es zu seinem eigenen Vorteil den Verzicht auf jegliche politische und wirtschaftliche Unabhängigkeit, läßt ihnen aber in allen Gebieten eine weitgehende Autonomie. So entsteht ein mit einer Wirtschaftsorganisation verbundenes Reich, das in dem afrikanischen Hafen die Reichtümer des Westens, besonders Silber und Zinn aus Spanien, konzentriert. Die im 5. Jahrhundert von Herodot gesammelten Überlieferungen, die ohne allzu viele Lücken bis in das Jahr 650 zurückreichen, zeigen uns ein schon »erwachsenes«, starkes und reiches Karthago. Das Zeugnis der Archäologie bestätigt die schriftlichen Quellen: Man findet gut gebaute Gräber, deren Ausstattung zu einem großen Teil aus Ionien, Korinth, dem griechischen Sizilien, Ägypten und Etrurien stammt. Aber wenn auch die Punier überall einkauften, ihre eigene Kunst ließ sich zur damaligen Zeit hauptsächlich von der der Mutterstadt und Ägyptens anregen: So folgten sie der Tradition ihrer Vorfahren. Die sehr engen Beziehungen, die seit Beginn des 2. Jahrtausends zwischen Byblos, Ugarit und dem Pharaonenreich entstanden waren, hatten zur Folge, daß die Phönizier und ihre Vorfahren eine große Zahl von Bräuchen übernahmen, die im Niltal ihren Ursprung hatten. Die Ausgrabungen von Montet und Dunand in Byblos sowie die von Schaeffer in Ras Schamra (Ugarit) demonstrieren, wie eng diese Verbindung seit dem 3. Jahrtausend war. Eine ähnliche Beeinflussung ging höchstens noch von Mesopotamien und der Ägäis aus, die mit Karthago ganz natürlich durch das seit dem 6. Jahrhundert hochbedeutsame Griechentum verknüpft sind, woran auch die griechisch-punischen Auseinandersetzungen in Sizilien nichts ändern.

Die historische Überlieferung nennt uns für diese Zeit karthagische Könige, Heerführer, die die Armeen in Sizilien führten. Wir wissen nicht, wie sie gewählt wurden, aber ihre Macht scheint, wenn auch nicht absolut, so doch effektiver als die der Magistrate der folgenden Epoche gewesen zu sein.

Die Auseinandersetzung zieht sich über das gesamte 6. Jahrhundert hin: Gegen die Griechen gewinnt Karthago die Etrusker als Verbündete; die Einigung Asiens durch die Perser wirkt sich ebenfalls zu seinen Gunsten aus, auch wenn es der theoretischen Souveränität des Großkönigs zustimmt. Auf diese Weise unterstützt, erringt Karthago gegen Ende des Jahrhunderts wichtige Siege: 525 wird die phokäische Kolonie auf Korsika zerstört, 510 der spartanische Königssohn Dorieus aus Tripolitanien vertrieben. Etwa zur gleichen Zeit wird den Griechen der Zugang nach Tarsis (Tartessos) versperrt, wo sie seit 630 versuchten, mit den Phöniziern zu konkurrieren. Karthago beherrscht das westliche Mittelmeer südlich einer Linie, die über Sardinien und Ibiza verläuft, und dies bis zu seinem Fall. Die tyrischen Kolonien, seine Schwesterkolonien, werden brutal unterdrückt, und seine eige-

nen Handelsniederlassungen verdrängen nach und nach die der Mutterstadt: Seine Kolonisten besetzen seit dem 7. Jahrhundert Ibiza und
Handelshäfen wie Tipasa in Algerien, Sousse (Hadrumetum) in Byzacène (Byzacium) und Leptis in der Syrte.

Diese Anstrengungen bereiteten eine entscheidende Offensive vor.
Möglicherweise bildete sich zu Beginn des 5. Jahrhunderts eine
Zusammenarbeit zwischen Karthagern und Persern heraus, deren Ziel
die gleichzeitige Niederwerfung der Griechen des Ostens und des
Westens war. Das Vorhaben scheiterte 480 bei Salamis und dem
sizilischen Himera.

Diese Niederlage von Himera ist ein wichtiges Datum in der
Geschichte Karthagos: Die besiegte Stadt, deren Handelsgebiet
beschnitten worden ist, muß ihre Wirtschaft neu aufbauen. Die Ein-
schränkungen, die sich die einzelnen Bürger gefallen lassen müssen,
kommen durch das Fehlen von griechischen Tonwaren, billiger ägyptischer Ware und auch von Gold in den Gräbern zum Ausdruck. Man
wird nun Zeuge einer wirklichen Revolution im Bereich der punischen
Wirtschaft, wie aus der Zusammensetzung des Grabmobiliars, der
Ausdehnung der Städte am Kap Bon und der Entwicklung der karthagischen Landwirtschaft ersichtlich ist. Die Stadt hatte bis dahin nur
über ein eng begrenztes Umland verfügt, das zudem noch von Tribut
fordernden Libyern bedroht wurde. In der Folge eroberten Karthagos
Armeen ein Gebiet, das in seiner weitesten Ausdehnung den größten
Teil Tunesiens umfaßte, den man auch systematisch erschloß. Kühne
Expeditionen zur See galten der Sicherung der Erzversorgung: Die
Fahrten Hannos entlang der marokkanischen und senegalesischen
Küste erfolgten wohl des afrikanischen Goldes, der Vorstoß des
Himilko in den Atlantik des Zinns wegen. Zu Beginn des 4. Jahrhun-
derts haben dann die punischen Goldmünzen einen Feingehalt, der nie
wieder erreicht wurde.

Im Jahr 409 glaubte sich die karthagische Führung stark genug für den
Versuch, den Niedergang der Vormachtstellung Athens, das soeben
bei seiner beabsichtigten Eroberung Siziliens gescheitert war, auszunutzen. Der Krieg dauerte fast 100 Jahre ohne Unterbrechung. 397
mußte Himilko der Magonide eine schwere Niederlage hinnehmen.
Ein politischer Umsturz beseitigte daraufhin die schon angeschlagene

Monarchie. Die Macht wurde der Aristokratie übertragen, die 150 Jahre lang vermittels des Rates der Hundert eine mißtrauische Gewaltherrschaft über die Bürger und Unterworfenen ausüben sollte. Eine religiöse Reform stieß Baal Hammon, den Beschützer der entthronten Dynastie, vom ersten Rang in der Hierarchie der Götter und ersetzte ihn durch seine Begleiterin Tanit, die die Große Herrin der Stadt wird. Der Krieg in Sizilien aber dauert weiterhin an, die punischen Armeen zerstören die griechischen Kolonien im Süden der Insel. Der nicht zu brechende Widerstand des Dionysos von Syrakus rettete jedoch die Griechen. Ende des 4. Jahrhunderts leitete Agathokles, einer seiner Nachfolger, die Gegenoffensive in Afrika, und für kurze Zeit schien es, als könne er Karthago zerstören.

Dieser furchtbare lange Zweikampf unterbrach jedoch nicht die Handelsbeziehungen, und seit Ende des 5. Jahrhunderts nimmt Karthago die Zivilisation der von ihm bekämpften Griechen an. Das Jahr 396 v. Chr., in welchem der Kult der Demeter und der Kore, der griechischen Göttinnen des Getreides und der Unterwelt, eingeführt wurde, markiert einen entscheidenden Wendepunkt in seiner Kulturgeschichte. Die Errichtung eines den gesamten Orient beherrschenden griechischen Reiches durch Alexander in den Jahren 334 bis 323 zwang die Westphönizier, ihre Politik zu ändern. Isolation und feindselige Haltung hätten über kurz oder lang den wirtschaftlichen und politischen Untergang bedeutet: Die Expedition des Agathokles, an der makedonische Söldner teilnahmen, ließ sie die Gefahr unmittelbar fühlen. Die punische Führung versuchte daher, sich der griechischen Welt zu nähern, und knüpfte Beziehungen zu Tarent und dem ptolemäischen Königreich Ägypten an. Ebenso konnte auch der wirtschaftliche und kulturelle Austausch mit den am Mittelmeer gelegenen Ländern des Vorderen Orients erneuert werden, die alle von der ägyptischen Monarchie abhängig waren; diese Länder erstreckten sich bis an die äußerste Grenze der zivilisierten Welt im fernen Kolchis. Die punischen Händler fanden dort eine Gewinnquelle, die ihnen sehr gelegen kam, denn ihre Herrschaft über die Bewohner Spaniens und die äußersten westlichen Gebiete war bedeutend schwächer geworden.

Der rasche Niedergang Großgriechenlands und Etruriens erlaubte

Karthago, den ersten Rang innerhalb der westlichen Reiche zu behalten. Diese Vormachtstellung wurde ihm jedoch bald von Rom streitig gemacht, zu dem es gute Beziehungen unterhalten hatte, solange die Stadt am Tiber streng agrarisch ausgerichtet war und sich auf das Festland beschränkte. Rom hatte aber in der zweiten Hälfte des 4. und im ersten Viertel des 3. Jahrhunderts nach hartem Kampf die Herrschaft über das große industrielle Zentrum Kampanien und die griechischen Hafenstädte in Süditalien errungen. Diese neue Situation veranlaßte es – beinahe ungewollt – zu dem Zeitpunkt in Sizilien einzugreifen, als sich Karthago die endgültige Kontrolle über die gesamte Insel sicherte. Das war der Anlaß für den Ersten Punischen Krieg (263–241), der für Karthago verheerend endete, obwohl Regulus gescheitert war, als er das Unternehmen des Agathokles zu wiederholen versuchte. Der Verlust Siziliens war für die Karthager allerdings weniger schwerwiegend als die Zerstörung der Flotte und der Ruin der öffentlichen Finanzen.

Der Niederlage folgte eine noch gefährlichere soziale Krise: Die aufständischen Söldner waren für das ärmliche libysische Landproletariat der Anstoß zu dem »unversöhnlichen Krieg«, den Flaubert in *Salammbô* schildert.[4] Das aristokratische Regime brach vollends zusammen.

Karthago wurde durch eine neue Revolution unter Führung des Hamilkar Barkas gerettet. Dieser geniale Anführer hatte erkannt, daß ein Wiedererstarken nur durch die Rückgewinnung der reichen Erzvorkommen des Westens erfolgen könne. Die früheren Methoden des punischen Imperialismus aber, die Wirtschaft eines Gebietes durch die Besetzung einiger Küstenstädte zu kontrollieren, reichten hierzu nicht mehr aus. Hamilkar folgte dem Beispiel Alexanders und errichtete in Spanien ein vom Militär beherrschtes Imperium, dessen unumschränkter Herrscher er war (228–219). Nach seinem Tod unterwarfen Hasdrubal und Hannibal die Halbinsel bis zum Ebro. In Karthago selbst stützten sich die Barkiden auf die demokratische Partei; unter ihrem Einfluß schien sich die Stadt zur Hauptstadt eines Westreiches zu entwickeln, das in Zivilisation und staatlichem Aufbau in vieler Hinsicht den hellenistischen Ländern geglichen hätte.[5] Rom erkannte die Gefahr erst, als die Griechen von Massilia und

Emporion (Ampurias) ihm meldeten, die Punier befänden sich vor ihren Städten. Hannibal hatte einen doppelten Plan entworfen; er wollte einerseits den Feind seines Vaterlandes mittels der riesigen Menschenmasse der keltischen Welt, die lenken zu können er überzeugt war, erdrücken und andererseits den italischen Bund der römischen Vorherrschaft entreißen, um ihn dem punischen Reich einzugliedern (218). Mit dem ersten Teil seines Planes hatte er teilweise Erfolg, aber mit dem zweiten scheiterte er völlig, seinen Siegen am Trasumenischen See und bei Cannae (217–216) zum Trotze. Zwei Herrscher aus dem griechischen Raum, Philipp V. von Makedonien und Hieron von Syrakus, verbündeten sich mit Karthago, beteiligten sich aber nicht wesentlich an der Auseinandersetzung. Rom zog dann aus der Verzettelung der feindlichen Streitkräfte Nutzen. Während Hannibal in Italien gebunden blieb, eroberte Scipio Spanien (210–206).

Dieser Feldherr wandte gegen Karthago dessen eigene Methoden an und bediente sich des erwachenden Patriotismus der Libyer (205), um es zu zerstören. Einige Stämme des Tell, die Mauri in Marokko, die Masaesyli in dem Gebiet um Constantine und die Massyli vom Hohen Tell in Tunesien – die beiden letzteren vereint unter dem Namen Numider – hatten im 4. Jahrhundert kleine Königreiche gebildet, die jedoch von den Puniern abhängig waren. Scipio machte sich Begabung und Ehrgeiz eines dieser halbbarbarischen Fürsten, des Massinissa, zunutze, dessen Königreich strategisch ganz Tunesien beherrschte. Das Schicksal der mediterranen Welt hing also letzten Endes von der Auseinandersetzung des Massinissa mit seinem Rivalen Syphax ab. Ihretwegen standen sich Hannibal und Scipio vor den Mauern der massylischen Hauptstadt Zama gegenüber (202). Die Niederlage machte Karthago von Roms Gnade oder Ungnade abhängig.

Das letzte halbe Jahrhundert, das Karthago zu leben hatte, war nur noch eine lange Agonie. Unfähig, aus eigenen Kräften zu erstarken, hätte es durch Unterwerfung unter Massinissa immerhin die Hauptstadt eines vereinigten Königreiches in Afrika werden können, das stark genug gewesen wäre, Rom zu beunruhigen. Im übrigen war die demokratische Partei, die die Barkiden unterstützt hatte, wieder aktiv geworden. Rom zog es daraufhin vor, diesen möglichen Unruheherd um den Preis eines harten Krieges zu vernichten (150–146). Das Gebiet Karthagos wurde eine römische Provinz, in der die punische Zivilisation unter der habgierigen und gleichgültigen Verwaltung von Statthaltern der Republik überlebte. Emigranten brachten die phönizische Kultur auch zu den numidischen Königen. Als die wohltuende Herrschaft der Kaiser an die Stelle der senatorischen Unterdrückung getreten war, nahmen auch die Nachfahren der Karthager an dem bewundernswerten Aufschwung des römischen Afrika teil, wobei sie ihre Sprache und Religion bis zu dem großen Sturm bewahrten, der im Verlauf des 4. und 5. Jahrhunderts das Gesicht der Welt verändern sollte.

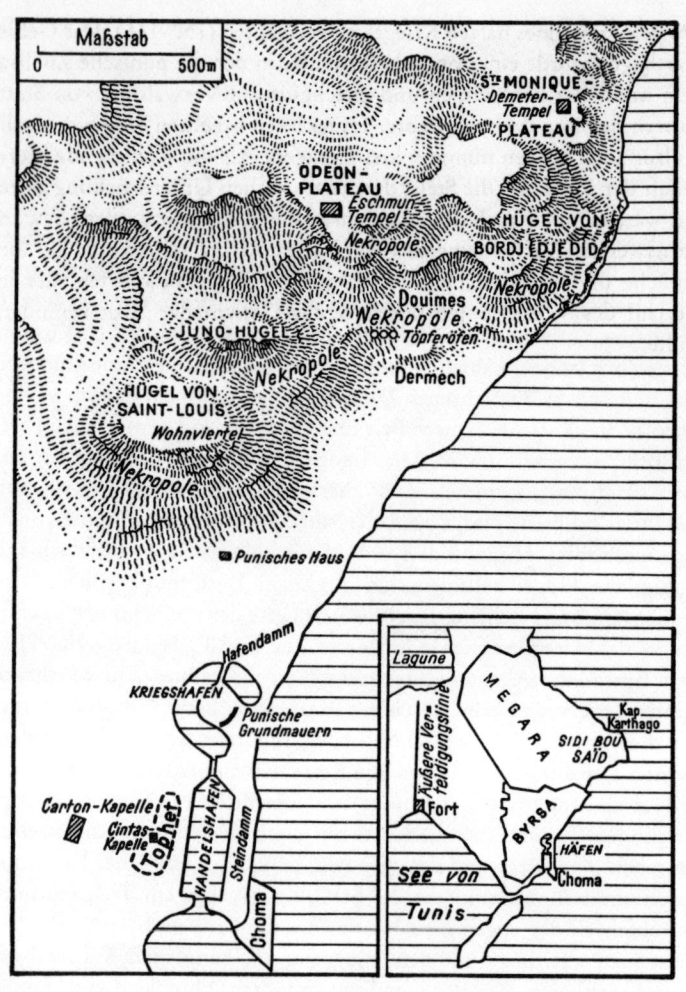

Karte 2. Karthago und Umgebung.

Erstes Kapitel
Die Stadt

Lage und Inbesitznahme Karthagos

Der Besucher, der über das Meer von Marseille nach Tunis reist, erblickt die afrikanische Küste in der Regel in den frühen Morgenstunden. Das Schiff passiert die im Osten liegenden Berge des Kap Bon in ziemlicher Entfernung und folgt einem zunächst unwirtlichen Küstenstreifen mit langen, kahlen Stränden, der dann zu hohen, mit Mimosen und Eukalyptus bewachsenen Dünen ansteigt und bald danach in eine schroffe Steilküste aus rotem Fels übergeht, die von dem weißen Dorf Sidi Bou Saïd gekrönt wird. Hier finden sich auch die Besucher ein, die vom Osten her kommen und zuerst das windumtoste Kap Bon umfahren mußten, was wegen der starken Strömung mitunter nicht ganz einfach ist. Hinter Sidi Bou Saïd wird die Küste wieder flach und sandig, die Hügel befinden sich in einiger Entfernung von ihr. Im südlichsten Teil erscheint dann die Silhouette der mit Schmuck überladenen neobyzantinischen Kathedrale des Kardinals Lavigerie. Hier liegt Byrsa, die Akropolis des punischen und römischen Karthago. Hinter dem Strand erhebt sich ein mit Gärten bedecktes Vorgebirge, das die Einfahrt der punischen Häfen schützte. Die Riffe vor dem kleinen Kap sind zweifelsohne die Reste des *choma*, einer künstlichen Erdaufschüttung, auf der Scipios Soldaten ihren ersten Brückenkopf errichteten. Dahinter ist die Küste nur noch ein schmaler Sandstreifen zwischen dem Meer und dem See von Tunis, der von einer Fahrrinne durchschnitten wird, in die die Schiffe mit geringem Tiefgang nach Durchfahren der engen Einfahrt von La Goulette einbiegen.

Reist man allerdings mit dem Flugzeug an, kann man während der letzten Schleifen vor der Landung auf dem Flugplatz von Tunis/Karthago – er liegt auf halbem Weg zwischen der antiken Stadt und dem modernen Tunis – das ganze Vorgebirge von Karthago überblicken. Das Flugfeld liegt in der Mitte eines Isthmus, der den See von Tunis von der Lagune von Ariana trennt; dies ist der Rest eines Golfes,

der seit der Antike durch die Anschwemmungen der Medjerda verschlossen wurde.[1] Die Hügel, die der Seefahrer von der Brücke seines
Schiffes erblickt, bilden die Spitze der Halbinsel am Rand des Meeres;
andere Hügel, die vor dem westlichen Horizont liegen, schneiden sie
vom Hinterland ab. Die derart vom Meer, zwei Seen und einer
Hügellandschaft umrahmte Halbinsel bildet eine gesonderte, kleine
natürliche Einheit, die eher zum Mittelmeer als zum Kontinent gehört.
Karthago ist ein vor Anker liegendes Schiff, schrieb Appian. Die Lage
Karthagos an der afrikanischen Küste, die im allgemeinen auf die
Seefahrer nicht gerade einladend wirkt, ist ungewöhnlich attraktiv. So

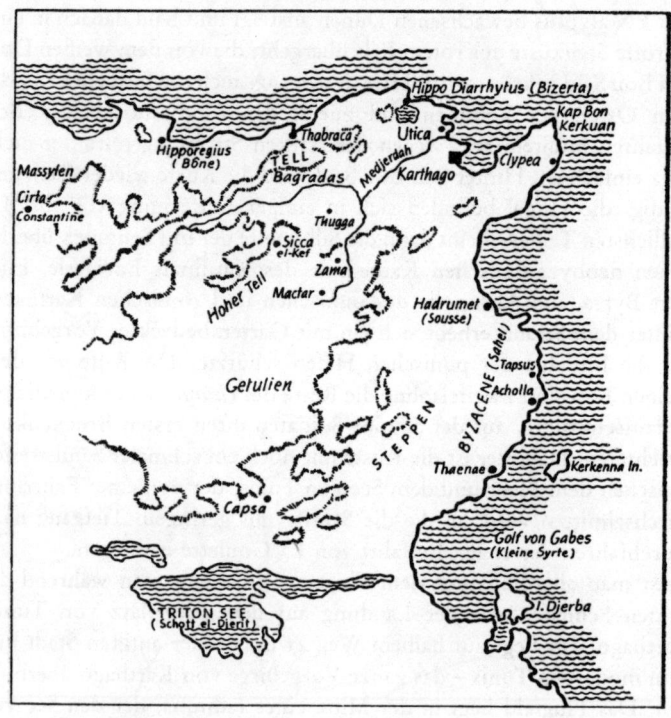

Karte 3. Die karthagische Besiedlung Nordafrikas.

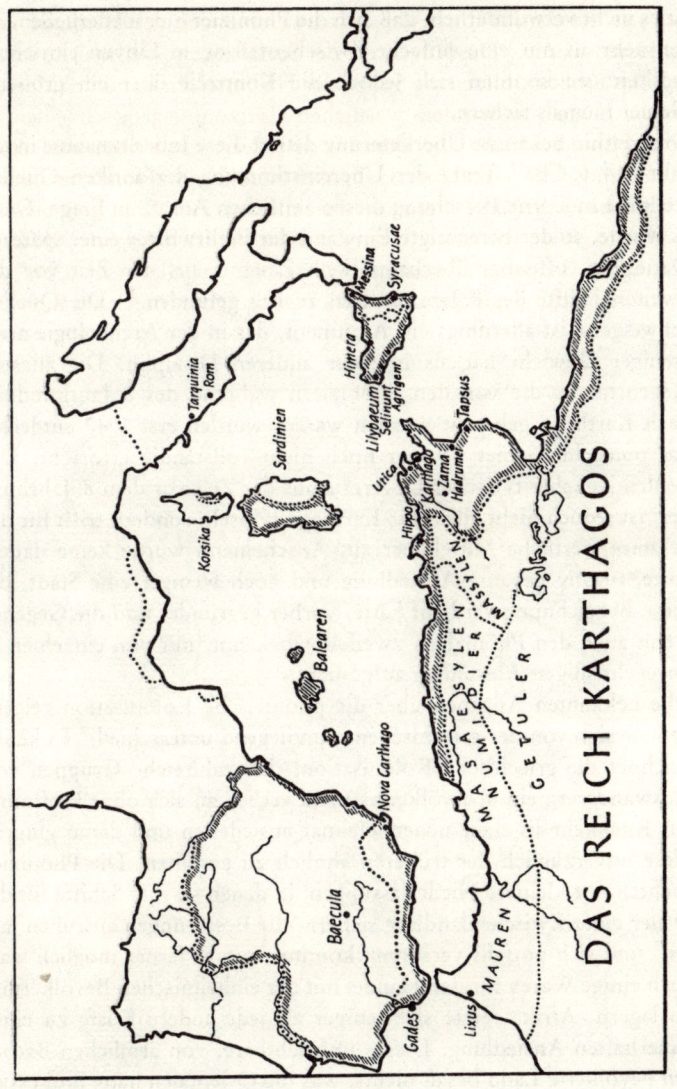

Karte 4. Das Reich Karthagos.

ist es nicht verwunderlich, daß sich die Phönizier hier niederließen, als
sie mehr als nur eine einfache Zwischenstation in Libyen einrichten
wollten; sie konnten sich jedoch die Kontrolle über ein größeres
Gebiet niemals sichern.

Die weithin bekannte Überlieferung datiert diese Inbesitznahme in das
Jahr 814 v. Chr.[2] Trotz der Übereinstimmung der antiken Quellen
stellt die moderne Forschung diesen zeitlichen Ansatz in Frage. Denn
es wurde, so der berechtigte Einwand der Befürworter einer späteren
Datierung, offenbar überhaupt kein Zeugnis aus der Zeit vor der
zweiten Hälfte des 8. Jahrhunderts *in situ* gefunden.[3] »Die Quellen
schweigen« ist allerdings ein Argument, das in der Archäologie noch
weniger Gewicht hat als in jeder anderen Disziplin. Die ältesten
Gegenstände, die von den Phöniziern während des 8. Jahrhunderts
nach Karthago gebracht worden waren, wurden erst 1947 entdeckt,
das punische Gebiet ist aber noch nicht vollständig erforscht. Das
Fehlen jeglicher tyrischer Überreste aus der Zeit vor dem 8. Jahrhundert ist jedoch nicht allein für Karthago typisch, sondern trifft für das
gesamte westliche Mittelmeer zu. Anscheinend wurde keine dauer-
hafte, massiv gebaute Ansiedlung und noch weniger eine Stadt, die
diese Bezeichnung verdient hätte, vorher gegründet und die Gegend,
wenn auch den Phöniziern zweifellos bekannt, nur von einzelnen in
unregelmäßigen Abständen aufgesucht.

Alle bekannten Angaben über die phönizische Kolonisation zeigen,
daß sie sich von der griechischen grundlegend unterschied.[4] Es kennzeichnet die griechische Kolonisation, daß zahlreiche Gruppen von
Auswanderern ein übervölkertes Land verließen, sich ohne Hoffnung
auf Rückkehr in einer neuen Heimat ansiedelten und daran gingen,
diese unverzüglich der früheren ähnlich zu gestalten. Die Phönizier
suchten nur kleinere Niederlassungen, in denen sie ihre Schiffe für die
Dauer einer Zwischenlandung sichern, die Besatzungen ausruhen lassen[5] und sich notfalls versorgen konnten, wo es ferner möglich war,
auch einige Waren für den Handel mit der einheimischen Bevölkerung
zu lagern. Afrika reizte sie weniger als jede andere Küste zu einer
dauerhaften Ansiedlung. Dieses unfruchtbare, von ärmlichen Barbaren bevölkerte Land besaß nichts, was die Orientalen hätte interessieren können: Die Prähistoriker neigen der Ansicht zu, daß die Ibero-

Marusier, nahe Verwandte der Cromagnon-Menschen, den größten Teil der Küste noch zu der Zeit bewohnt hatten, als die ersten tyrischen Schiffe dort landeten.[6] Wie wir aber gesehen haben, lag die von diesen Wilden bevölkerte Küste auf dem Rückweg von dem antiken Eldorado, jenem sagenhaften Königreich von Tarsis, das neben den landwirtschaftlichen Ressourcen der reichen Ebene von Andalusien auch über das silberhaltige Blei der Minen der Levante und vor allem über das zur Herstellung von Bronze unbedingt notwendige Zinn verfügte, welches die Seefahrer von den nebelverhangenen Kassiteriden holten.

Die Phönizier strebten zunächst danach, leicht zu verteidigende Inseln oder Halbinseln zu besetzen, um dort möglichst kleine Ruhe- und Reparaturstationen einzurichten, deren Besatzung zweifelsohne darauf bedacht war, möglichst schnell wieder in die Heimat zurückzukehren. Im Hintergrund des Golfes, in den die Medjerda mündet, war die kleine Insel Utica, in der Nähe der Mündung ihre erste Niederlassung.[7] Anscheinend wurde dort seit dem Ende des 8. Jahrhunderts unter dem Schutz des Tempels des Sonnengottes eine kleine Stadt erbaut.

Aber Utica konnte keine größere Bevölkerung aufnehmen und ernähren; außerdem erschwerten Flußbettverlagerungen und Hochwasser der Medjerda zuweilen die Zufahrt zum Hafen. Andererseits war es leicht, durch Absperrung des Isthmus von Karthago ein ausreichend großes (etwa 5000 ha) und fruchtbares Gebiet abzutrennen, um eine verhältnismäßig volkreiche Kolonie zu versorgen. Heute noch ist die Landschaft von Marsa und Kamart reich an Öl- und Obstbäumen, Gemüsegärten und Getreidefeldern, ist der See von Tunis ein natürlicher Fischteich. Zu diesen landwirtschaftlichen Ressourcen kamen die Vorteile eines selbst während der heißesten Sommertage gesunden Klimas. Außerdem erlaubten die kleinen seichten Buchten an der Küste und die Küstenstreifen ohne weiteres die Anlage von Häfen. Alle diese Vorteile der Gegend waren den Bewohnern von Utica wohl bekannt; sie konnten die Neuankömmlinge anleiten und zu Beginn ihrer Besiedlung wirksam schützen: Nur einige Stunden gefahrloser Seefahrt trennen Utica von Karthago.

Die ›neue Stadt‹ wurde also von Anfang an als ein Komplex geschaf-

fen, der sich selbst genügen konnte und aus drei verschiedenen Teilen
bestand: einer Oberstadt – Zitadelle und religiöses sowie politisches
Zentrum – mit Namen Byrsa; einer Unterstadt im Bereich der Häfen;
einer ländlichen Vorstadt, Megara genannt, die aus Wohnhäusern,
Gärten und Feldern bestand. Das Hafengebiet war zunächst sehr
klein, so daß es durch einen weiten freien Raum von der Oberstadt
getrennt war.[8] Die Grenzen bildeten die Nekropolen, die einem in der
Antike bei den meisten Völkern verbreiteten Brauch zufolge die Stadt
der Lebenden umgaben,[9] sowie die Heiligtümer, die nach semitischem
Brauch an den Stadtrand verbannt waren. Bei der Weiterentwicklung
der Stadt überlagerten dann die neuen Viertel nicht mehr benutzte
frühere Friedhöfe, und das Gebiet der Toten mußte bis hinauf zu den
Rändern der Hochebenen, die Karthago überragen, weichen.

Die Häfen

Der Hafen war das Herz von Qart-hadascht. Blickt man heute von
dem Hügel von Byrsa in südwestliche Richtung, sieht man zwei
aneinanderstoßende Lagunen; die eine ist kreisförmig mit einer rundli-
chen Halbinsel in der Mitte, die andere oval. Diese reichte noch bis vor
kurzem bis in die Nähe der Spitze von Salammbô. Verschiedene
Stellen bei Appian[10], Strabo[11] und Diodorus Siculus[12] belegen, daß
Karthago zur Zeit der Punischen Kriege über einen ausgebaggerten
Hafen mit zwei Becken verfügte: das eine, rechteckig geformt, war für
Handelsschiffe bestimmt, während das andere, runde, der Kriegshafen
war. In dessen Mitte befand sich eine Insel mit einem Gebäude,
welches die Befehlsstelle des Admirals war. Trotz einiger Schwierigkeiten, auf die wir gleich zurückkommen werden, ist heute bewiesen,
daß diese beiden Lagunen die Reste des *kothon* darstellen – das Wort
wird abgeleitet von einer Wurzel, die »abschneiden, schneiden«
bedeutet, und bezeichnet eigentlich künstlich angelegte Häfen, im
Gegensatz zu den Becken, die von Dämmen begrenzt werden.[13] Das
Heiligtum der Tanit und des Baal Hammon oder das Tophet befand
sich auf dem westlichen Ufer der länglichen Lagune. Cintas hat dort in
der tiefsten Schicht ein kleines Gebäude aus dem 8. Jahrhundert ent-

deckt, welches das älteste zur Zeit bekannte phönizische Monument in Afrika ist.[14] Der Boden, auf dem es errichtet war, bestand aus einem Sandstrand über einer Felsenschicht: Man kann daher wohl annehmen, daß hinter der Spitze von Salammbô eine natürliche Lagune war, wie sie an flachen Schwemmküsten häufig vorkommt. Die Tyrer könnten an diesem Teich, den ihre Nachkommen vergrößerten und später ausbauten, Unterschlupf gefunden haben. Nach dem bei ihnen üblichen Brauch weihten sie den Landeplatz den Göttern, die ihre Reise beschützt hatten und die somit die Schutzpatrone der neuen Stadt wurden.

Dieser erste Anlegeplatz hatte den gravierenden Nachteil, daß es hier kein Trinkwasser gab. Die Brunnen im gesamten Gebiet Karthagos geben nur Brackwasser, und die einzige Süßwasserquelle entspringt ziemlich weit von den Lagunen entfernt an der Küste. Im Park des heutigen Präsidentenpalastes, der am Fuß der Steilküste von Bordj Djedid im Norden der Stadt liegt, befindet sich ein Stollen mit einem großen Gewölbe, der weit in das Innere des Hügels eindringt: Dies ist der »Brunnen der tausend Amphoren«[15], den zufällig zu Beginn unseres Jahrhunderts Forscher entdeckten, deren Bemühungen durch einen Schatz von Goldmünzen belohnt wurden. Die äußere Architektur ist römisch, aber der tiefste Teil und die Quellfassung selbst sind punisch. Auch sonstige Spuren zeugen von der Bedeutung, die die Karthager diesem Punkt der Küste beimaßen: Vor der Spitze von Bordj Jedid bilden große, halbversunkene Steinblöcke ein Viereck von 40 mal 50 Metern;[16] es handelt sich dabei um den Sockel einer Befestigung, deren Bau wahrscheinlich den Puniern zugeschrieben werden muß. Etwa zweihundert Meter südlich mündet eine Straße ein, die früher ein kleines Tal war, in dem sich das Regenwasser sammelt und dann wie ein Wildbach hinabstürzt. Zur Zeit der Gründung Karthagos bildete dieses Wadi eine richtige kleine Trichtermündung und konnte als Ankerplatz dienen. Die Schiffe waren dort vor den Winden vollkommen sicher, nicht aber vor den durch Gewitter hervorgerufenen Hochwassern, die sehr stark und verheerend gewesen sein müssen, wie man aus den Schlamm-Massen ersehen kann, die sich noch heute über die durch das Flußbett gebaute Straße ergießen. Diese Anschwemmungen füllten die seichte Bucht schnell auf. Zisternen

nahmen das Regenwasser auf, und seit dem 3. Jahrhundert v. Chr.
errichtete man in dem Tal Häuser aus Ziegelsteinen.[17] Als Karthago
dann maritime Großmacht wurde, wurde der bescheidene Teich, der
vielleicht einmal die Schiffe der Dido aufgenommen hatte, erweitert
und unter riesigem Aufwand umgeändert.

Appian übernahm im 2. Jahrhundert n. Chr. von Polybios, der den
Untergang Karthagos miterlebte, die Beschreibung der Häfen im
2. Jahrhundert v. Chr.:[18] »Die Häfen lagen einander gegenüber; die
Einfahrt vom Meer her war siebzig Fuß (20,72 m) breit und mit
eisernen Ketten verschlossen. Der erste dieser Häfen wurde den
Handelsleuten überlassen, in ihm gab es eine große Menge verschie-
denartiger Schiffstaue. In der Mitte des zweiten war eine Insel, und die
Insel war, wie auch der Hafen, von großen Kais eingerahmt. Diese
Kais waren voll von Schiffsarsenalen, ausgebaut für 220 Schiffe, und
über diesen waren die Magazine für die Ausrüstung der Dreiruderer.
Vor jedem Dock befanden sich zwei ionische Säulen, die so dem Hafen
und der Insel das Aussehen einer Säulenhalle gaben. Auf der Insel war
das Gebäude für den Befehlshaber der Flotte errichtet; von hier gab
der Trompeter Signale, der Herold Anordnungen, überblickte der
Befehlshaber das Ganze. Die Insel lag nämlich gegenüber der Einfahrt
und ragte so hoch auf, daß der Befehlshaber alles, was vom Meer her
kam, überblicken konnte, die Heransegelnden aber nicht deutlich zu
sehen vermochten, was im Innern des Hafens vor sich ging. Nicht
einmal die Händler sahen bei ihrer Einfahrt sogleich die Arsenale. Es
umgab diese nämlich eine doppelte Mauer, und die Händler kamen
vom ersten Hafen durch Tore in die Stadt, ohne die Arsenale zu
passieren.« Appian fügt an einer anderen Stelle hinzu,[19] daß dieses
Kothon aus zwei Teilen bestand, einem rechteckigen und einem
runden. Strabo[20], der etwas mehr als hundert Jahre nach der Zerstörung Karthagos schrieb, erklärt, daß die Insel rund war; er spricht
auch von den Loggien, die um die Insel herum und auf dem äußeren
Ufer des Kanals verteilt waren.

Seit mehr als hundert Jahren ist das Problem der Häfen von Karthago
für die Archäologen ein Rätsel mit anscheinend widersprüchlichen
Gegebenheiten: Die Form der beiden Lagunen von Salammbô entsprach derjenigen des Handelshafens und des Kriegshafens in der Art,

wie sie von den antiken Geschichtsschreibern beschrieben wurde. Zu verschiedenen Zeiten durchgeführte Ausgrabungen – die allerdings niemals erschöpfend waren – hatten in diesem gesamten Sektor antike Zeugnisse zutage gebracht, von denen einige aus punischer Zeit stammten und unbestreitbar die künstliche Anlage dieser Lagunen bewiesen. So ist beispielsweise der Boden des runden Beckens gepflastert; Steinblöcke, die über die heutige Uferlinie hinausgehen, bilden den Rand eines Vierecks, das mit der Anlegestelle (griech. *choma*) gleichzusetzen ist, an der die Römer an Land gingen. Bei dem Versuch, diese Feststellungen zu präzisieren, sah man sich außerstande, diese archäologischen Gegebenheiten mit den Beschreibungen der Historiker in Einklang zu bringen. Auf der Suche nach einem Ausweg kamen einige – im besonderen Cintas[21] – zu der Ansicht, daß allein der Zufall verantwortlich sei für die Ähnlichkeit zwischen der Form der Lagunen und der des von Appian beschriebenen Kothon und daß man die Häfen an einer anderen Stelle als in Salammbô suchen müsse. Aber diese auf fragwürdige Argumente gestützte skeptische Einstellung schuf mehr Probleme, als sie löste.

Im Rahmen der von der UNESCO veranstalteten Kampagne zur Rettung Karthagos war eine britische Mission unter der Leitung von Hurst tätig. Wenn sie auch das Geheimnis nicht endgültig aufklären konnte, ist es doch ihr Verdienst, daß sie wenigstens die Lage der Häfen in Salammbô nachgewiesen und den Kriegshafen wiedergefunden hat.[22] Diese Ausgrabungen haben in der Tat den Nachweis erbracht, daß ursprünglich eine natürliche, wahrscheinlich kreisförmige Brackwasserlagune vorhanden war, aber keine kleine Insel. Zunächst wurde von Nord nach Süd ein etwa 15 m breiter Kanal durch die Lagune gelegt. Um das Jahr 400 füllte man dann diesen Kanal mit Sand auf und errichtete die kleine Insel in der Mitte mit hölzernen Kais, deren Verlauf durch die Löcher, in welche die hölzernen Stützpfeiler eingesetzt wurden, noch sichtbar ist. Diese noch nicht vollständig freigelegten, parallel verlaufenden Fluchtlinien sind fischgrätenartig zu einer Mittelachse angelegt, die ungefähr nord-südlich im Anschluß an eine hölzerne Brücke verläuft, welche die Insel mit dem Festland verband. Im 3. Jahrhundert gestaltete man diese Anlagen durch den Bau neuer Laderampen um; diese waren auf einem festgemauerten Sockel errichtet und verliefen ungefähr wie die hölzernen Kais. Der ganze Komplex umfaßte 28 Loggien von 30 m Länge, im Zentrum der Insel 5,90 m und am Rand derselben 6,20 m breit. Es handelt sich hierbei um Trockendocks, deren Boden als Rampe ausgebaut ist; dieser Boden besteht aus Erde, Schlamm und zerkleinerten Steinen und ist mit einer leichten Mörtelschicht überzogen. In Querrichtung waren Holzschwellen im Abstand von jeweils 60 cm eingelassen, von denen man Reste gefunden hat, die mit einer dicken Ascheschicht bedeckt waren. Diese rührt von dem Feuer her, das die römischen Soldaten 146 v. Chr. gelegt hatten; in der Asche fanden sich auch verbrannte Reste der aus Ziegelsteinen und Schlamm verfertigten Überbauung. Weiterhin wurden in dem Schutt zahlreiche Kupfernägel gefunden, die als Beschlag der Bootsrümpfe dienten. In der Mitte der Insel befindet sich auf der Mittelachse des »Fischgrätenmusters« der Sockel eines sechseckigen Gebäudes. Diese Anordnung entspricht den Hafenanlagen griechischen Typs, die während der hellenistischen Zeit im gesamten Mittelmeerraum übernommen wurden. Obwohl die Ausgrabungsergebnisse nicht mit den auf den schriftlichen Quellen basierenden Rekonstruktionen übereinstimmen, kann kein Zweifel daran bestehen, daß die englische Mission den Kriegshafen im Zustand des Jahres 146 v. Chr. gefunden hat. Das sechseckige Gebäude war wahrscheinlich der berühmte Admiralspavillon. Die Loggien sind die von Appian beschriebenen, und man kann sich gut die ionischen Säulen vor ihren Eingängen vorstellen, die diesen zweckbetonten Anlagen ein imposantes Aussehen gaben. Überraschend ist indessen die geringe Zahl von Kais, und man fragt sich weiterhin, wie der Hafen 220 Schiffe aufnehmen konnte.

Ebenfalls im Rahmen der Kampagne der UNESCO unternahmen amerikanische Gruppen der Universität Michigan von Norden her Ausgrabungen auf dem Westufer der länglichen Lagune in der Nähe des Tophet von Salammbô.[23] Die Archäologen fanden zwanzig Meter hinter dem Ufer in 2,50 m Tiefe unter dem derzeitigen Meeresniveau die Reste einer Kaimauer, die aus einem gewaltigen Steinmauerwerk errichtet war, dahinter dann die Spuren eines etwa 15 m breiten und ungefähr nord-südlich verlaufenden Kanals, der einen anderen Kanal, welcher die Insel vom Kriegshafen her durchschneidet, verlängerte. Diese Anlagen scheinen zum Handelshafen zu gehören.

Die Römer nahmen die Häfen später wieder in Betrieb. Sie vergrößerten die Becken nicht, pflasterten aber deren Boden und bauten um die Insel herum eine Mauer, mit Säulen auf der Innen- und der Außenseite, sowie in der Mitte der Insel ein Heiligtum und ein sechseckiges Gebäude, das wahrscheinlich ein Leuchtturm war. Im Westen des Handelshafens errichteten sie riesige überwölbte Gebäude, die den größten Teil des früheren Tanit- und Baal-Hammon-Heiligtums überdeckten. Diese riesigen Mauern, die zu Beginn des 5. Jahrhunderts n. Chr. möglicherweise durch ein Erdbeben bis auf die Fundamente zerstört wurden, waren bis zu acht Meter stark; über ihren Zweck wissen wir nichts. Es ist jedoch keine allzu kühne Vermutung, wenn man sie als die Fundamente der Speicher ansieht, in denen das für die Versorgung Roms bestimmte afrikanische Getreide gelagert wurde.

Die Befestigungen

Über die karthagischen Befestigungsanlagen wissen wir nichts Genaues. Der Gegensatz zwischen den emphatischen Beschreibungen der Texte und der Dürftigkeit der von den Archäologen gefundenen Reste ist verwirrend. Während der Punischen Kriege war die Halbinsel ein riesiges befestigtes Lager,[24] das gegen das Festland hin durch eine uneinnehmbare dreifache Linie geschützt war: Die äußere Linie bildete ein mit einer Palisade versehener Graben, danach folgten zwei Wälle. Die zur Stadt gelegene Kurtine, 13,32 m hoch und an der Basis 8,88 m breit, diente gleichzeitig als Arsenal; die im Innern stufenförmig angelegten Kasematten konnten 300 Elefanten und 4000 Kavalleristen aufnehmen. Diese Befestigung wurde im Abstand von jeweils 59 m von vorspringenden Türmen flankiert.

Von den beiden Wällen ist nicht der geringste Rest erhalten: Gsell bemerkte zu Recht, daß die großen Blöcke, nachdem Scipios Soldaten sie im Jahre 146 v. Chr. umgestürzt hatten, mit Sicherheit alle wiederverwendet wurden, und zwar zunächst von den Erbauern des römischen Karthago. Vom Flugzeug aus ist der ihnen vorgelagerte

große Graben noch sichtbar; er erscheint als eine helle Linie, die die
Landenge auf einer Länge von mehr als zwei Kilometern geradlinig
durchschneidet. Auf diese Art entdeckte ihn 1947 General Duval und
ließ ihn freilegen.[25] Der zwanzig Meter breite Graben ist auf der
östlichen Seite von einem Felsband mit zahlreichen Einschnitten
gesäumt; in gegeneinander versetzten Löchern, die zum Teil noch
Amphorenböden enthielten, waren wohl Holzpfähle eingelassen.
Diese trugen zweifelsohne Wachtürme über dem Erdwall, der hinter
dem Graben eine erste Befestigung bildete. In lange, schmale, senkrecht
zum Graben verlaufende Einschnitte waren möglicherweise Planken
oder Gitterroste eingebaut, mit denen die Terrasse armiert war. Bezüglich der Identifikation dieser Anlage kann es nicht den geringsten
Zweifel geben: Sie verläuft in etwa vier Kilometern Entfernung von
Byrsa auf der Engstelle des Isthmus ungefähr so, wie Carton und Gsell
angenommen hatten. Die Überreste im Westen des Grabens beweisen,
daß es sich sehr wohl um eine punische Befestigung handelt und nicht
um den Graben, den Scipio bei der Belagerung Karthagos einen
Pfeilschuß entfernt im Osten ausheben ließ (vgl. Taf. 5 und 6).

Unter den Ruinen, die zwischen dem Präsidentenpalais und den Häfen
den Strand von Karthago säumen, liegen sicherlich auch Reste des
Meerwalles. Es bedürfte allerdings einer sorgfältigen Untersuchung,
um sie von den darüber errichteten Gebäuden der römischen Zeit zu
unterscheiden. Wie wir gesehen haben, benutzten die Erbauer der
Colonia Iulia Carthago die Überreste der punischen Befestigungsan-
lage, die die Grenze ihrer Ansiedlung bildete.

Über den Verlauf der Nordbefestigung, die Megara schützte, wissen
wir absolut nichts. Sie bestand nur aus einer einfachen Mauer in einiger
Entfernung vom Ufer; die Soldaten des Mancinus und des Scipio
konnten nämlich zweimal zu Fuß bis dahin vorrücken. Möglicherweise lag der im Norden von Marsa gelegene, heute Gammarth
genannte Teil der Halbinsel außerhalb der Ringmauer. Jenseits eines
etwa drei Kilometer vom See von Tunis entfernten Punktes konnte
General Duval keinerlei Spuren eines Grabens mehr finden. Man darf
wohl davon ausgehen, daß sich hier der nordöstliche Winkel der
Befestigung befand. Der Boden ist sandig und bei Regen sehr feucht;
in der Antike war er zweifelsohne noch feuchter, da die Lagune von

Ariana mit dem Meer verbunden war. Die Karthager dachten wohl, daß es sich nicht lohne, die Befestigungsanlagen bis zum Djebel Bou Khaoui zu verlängern, um den Zugang zu einem für militärische Operationen ungeeigneten Gebiet zu versperren; dies hätte beachtliche Kosten zur Folge gehabt und die zur Bewachung des Walles notwendigen Truppen verzettelt. Nach Titus Livius betrug der Umfang der Verteidigungsanlage ungefähr 32 Kilometer.

Die Zitadelle von Byrsa hatte ihre eigenen Befestigungen, die innerhalb des befestigten Gebietes eine eigene Festung bildeten. Wir haben gesehen, daß sie den gleichnamigen Hügel sowie den Hügel der Juno und des Odeons umfaßte. Im Jahre 1925[26] glaubte Pater Lapeyre, den Verlauf der Ringmauer an der Südgrenze des Plateaus von Byrsa wiederentdeckt zu haben. Die von ihm gefundenen Anlagen gehören in Wirklichkeit aber – wie wir gleich sehen werden – zu späteren Gebäuden, die über den punischen Häusern errichtet worden waren.

Die Tempel

In Karthago gab es viele berühmte Heiligtümer. Die uns bekannten Überreste zeugen von einer abwechslungsreichen Architektur, die sich im Laufe der Zeit allerdings sehr wandelte.

Die strenge Gottesvorstellung ihrer Vorfahren aus dem fernen Kanaan verbot den Phöniziern sowohl »gebaute« Heiligtümer als auch Götterstatuen. Man stellte zunächst Steine und Altäre auf und pflanzte manchmal auch Bäume in dem heiligen Bezirk, in dem sich die übernatürlichen Kräfte offenbarten. Oft errichtete man Stelen über der Asche des Opfers, durch das der Mensch die göttliche Kraft erneuern wollte. Diese Art Heiligtum existierte bei den Phöniziern in Afrika während der gesamten Dauer der karthagischen Geschichte und darüber hinaus sogar in den von Rom unterworfenen Städten; wir bezeichnen sie mit dem der Bibel entliehenen Wort ›Tophet‹. Der Einfluß der Ägypter und auch der Völker Mesopotamiens oder der Ägäis jedoch führte zu der Überlegung, daß die Götter eine Behausung benötigten, wie wir diesem Gedicht aus Ugarit aus dem 14./13. Jahrhundert entnehmen können:[27]

»Baal hat kein Haus wie die Götter,
keinen Hof wie die Söhne von Athirat,
keine Wohnung wie El,
keine Unterkunft wie seine Söhne,
keine Wohnung wie Athirat Yam,
keine Wohnung für die erlauchte Verlobte,
keine Wohnung für Ridrya die leuchtende,
keine Unterkunft für Talliya die regenreiche,
keine Wohnung für Arsiya, Tochter von Y'Bdr.«

Man wird ihm also schleunigst einen Palast bauen, damit er »die Stunde des Regens, die Stunde der herausströmenden Wasser« bestimmen, d. h. das für die Ernte notwendige Wasser besorgen kann. Bei den Ausgrabungen von Schaeffer in Ras Schamra wurde dieser Tempel gefunden. Der Tempel, den Salomon für Jahwe in Jerusalem etwa 400 Jahre später errichtete, ist das Werk von Arbeitern des Königs Hiram aus Tyros. Die langgezogene, dreigeteilte Anlage dieses berühmten Bauwerkes findet man auch bei verschiedenen phönizischen Heiligtümern wie etwa dem kürzlich von Karageorghis[28] entdeckten großen Tempel der Astarte in Kition. In der Zeit persischer Oberherrschaft errichteten die Bewohner von Sidon ihrem Schutzgott Eschmun ein imposantes Heiligtum im achämenidischen Stil mit einem riesigen, das Tal von Nahr el-Awali überragenden Vorplatz.[29] Den punischen Architekten standen also mehrere Vorbilder zur Verfügung; die Heiligtümer in Karthago waren daher ebenso verschieden wie zahlreich. Nur drei davon wurden allerdings wiederentdeckt. Das beachtenswerteste und auch älteste ist das Tophet, in dem kleine Kinder, ursprünglich nur zu Ehren Baal-Hammons, dann seit Anfang des 4. Jahrhunderts zu Ehren der »Großen Herrin« Tanit Pene Baal und Baal Hammons, durch das Feuer »gereicht« wurden. Wie wir gesehen haben, erstreckte sich das Heiligtum am Rand des einstigen Handelshafens an dem heute Salammbô[30] genannten Ort. Sicherlich mußten sehr wichtige Gründe vorgelegen haben, wenn man darauf verzichtete, das für die Errichtung von Lager- und Vorratshäusern günstige Gelände zu praktischen Zwecken zu nutzen. Die Römer taten das allerdings und beließen lediglich Saturn, dem Nachfolger Baal Hammons, ein winziges Heiligtum, das auf allen Seiten von den mächtigen Mauern der Hafenanlagen eingeschnürt wurde. Cintas fragte sich, ob dieser Platz als heilig galt, da er den Schiffen der Dido als Landeplatz gedient hatte.

Hierher plazierte auch zweifelsfrei die Sage den Scheiterhaufen, auf dem sich die Gründerin freiwillig verbrannte, um durch ihr Opfer den Schutz der Götter für die junge Stadt zu sichern. Das Grab der Königin hat man natürlich nicht gefunden, aber, wie man gleich sehen wird, Tausende von kleinen Monumenten, die zur Erinnerung an kleine Kinder, die im Feuer geopfert worden waren, über den Urnen mit ihrer Asche errichtet wurden. Die Bibel und auch die Griechen prangerten wiederholt diese Art Opfer an, die die Karthager von ihren Ahnen aus Tyros übernommen hatten; das Alte Testament bezeichnet es mit dem Namen ›Molk‹ (MLK). Man hat lange Zeit geglaubt, daß es sich dabei um den Namen des Gottes handelte, dem man opferte und der Moloch genannt wurde.

Eißfeldt wies allerdings nach, daß das Wort MLK hier einen Ritus bezeichnete und daß es sich bei dem Gott um Baal handelte. Mit Hilfe schriftlicher Quellen verschiedener Epochen gelang es Février, den Ablauf der Kulthandlungen zu rekonstruieren:[31] »Es ist Nacht, zweifellos eine Vollmondnacht. Das Geschehen wird erhellt von den Flammen des Scheiterhaufens, der auf dem Grund eines Grabens entzündet wurde.« Diodorus Siculus[32], von dem Flaubert die Schilderung übernahm, beschreibt genauer, daß neben dem Feuer eine bronzene Statue des Kronos / Baal Hammon mit ausgestreckten Händen stand, die Handflächen nach oben und derart zum Boden hin geneigt, daß ein darauf gelegtes Kind herabrollte und in die Flammen stürzte. »Flöten- und Tamburinspieler machen einen ohrenbetäubenden Lärm.« Die Eltern übergeben die Opfer »einem Priester, der den Graben entlangschreitet und die Kinder auf geheimnisvolle Art durch Halsschnitt tötet«, wahrscheinlich nach einem besonderen Ritus, wobei die dichtgedrängt hinter den Musikanten stehenden Zuschauer und die Priester die Einzelheiten schlecht wahrnehmen können. Dann wirft der Priester die Kinder in die Feuersglut. Die Eltern dürfen weder weinen noch jammern. »Die durch den Lärm und den Geruch des verbrannten Fleisches höchst erregte Menge schwingt im Takt in einem geisterhaften Rhythmus, der unter den Tamburinschlägen immer schneller wird.«[33] (Vgl. Abb. 1.)

Von dieser Bronzestatue hat man überhaupt nichts gefunden, möglicherweise haben die Römer sie fortgeschafft. Im Tophet von Sousse dagegen fand Cintas[34] eine Fläche von 4 m² ohne Stelen. Darunter war durch die Hitze der Feuersglut die Erde und alles, was sie enthalten hatte, verkohlt und pulvrig. Hierhin gelangte man auf Pfaden, die ebenfalls frei von Stelen waren. Die entsprechende Stelle im Tophet von Salammbô, an der dort die Brandopfer stattfanden und die wohl als einzige als Tophet bezeichnet wurde, was soviel wie Brandstelle bedeutet, ist noch nicht entdeckt worden.

Nach dem Kinderopfer sammelte man die Asche in Urnen; diese vergrub man im Boden und errichtete über ihnen ein kleines Monument. Die Ausgrabungen haben diese »Depots« zu Tausenden zutage gefördert, dichtgedrängt und zusammengestellt bis zu einer Höhe von sechs Metern. Die Analysen der mit kleinen Knochen vermischten Asche aus den Urnen haben ergeben, daß diese Überreste einesteils von sehr kleinen Kindern stammten, die im allgemeinen noch nicht zwei Jahre alt waren, manchmal allerdings auch sechs Jahre und älter, anderenteils auch von Neugeborenen und sogar Föten, schließlich auch von jungen Tieren, besonders von Lämmern und Zicklein.[35] Eine in das 7. Jahrhundert zu datierende Inschrift aus Malta zeigt, daß das zum Molk-Opfer angebotene Kind durch eines dieser Tiere ersetzt werden konnte.[36] Man konnte feststellen, daß sich der größte Anteil von Tiergebeinen in den Schichten des Heiligtums befand, die aus der Zeit vor dem 4. Jahrhundert stammten, während im 4. Jahrhundert der Anteil von menschlicher Asche überwog. Diodorus Siculus schreibt,[37] daß die Karthager der Oberschicht »mogelten«, indem sie Baal Hammon Kinder von Sklaven opferten, die sie gekauft und heimlich großgezogen hatten, um sie anstatt ihrer eigenen Kinder in das Feuer der heiligen Scheiterhaufen werfen zu lassen. Als 310 v. Chr. Agathokles von Syrakus erstmals in das punische Gebiet einfiel und Karthago belagerte, redeten die Priester dem Volk ein, daß der Gott diesen Betrug bestrafe. Daraufhin opferte man wiederum 200 Kinder, und dies bedeutete den Sieg! Diese Erklärung kann natürlich kaum die wachsende Anzahl menschlicher Opfer genau zu dem Zeitpunkt recht-

Abb. 1. Stele eines Priesters mit einem Kind (Ende 5. Jh.).
Foto: Archiv

fertigen, an dem Karthago sich mehr und mehr nach dem Westen öffnete, der diese Opfer mit Nachdruck mißbilligte. Möglicherweise brachte man zum Tophet totgeborene oder kurz nach der Geburt verstorbene Kinder, so meint Benichou Safar[38], nachdem sie vergeblich in den Nekropolen der Stadt, wo sich die Kindergräber befanden, vor allem nach Gräbern von Säuglingen gesucht hatte, die eigentlich hätten zahlreich vorhanden sein müssen in einem Land und zu einer Zeit, in der die Kindersterblichkeit eine echte Geißel war. Die Untersuchungen der Überreste erlauben tatsächlich nicht die Feststellung, ob die Neugeborenen zum Zeitpunkt des Opfers noch lebten oder nicht.

In der unteren Schicht des Heiligtums von Salammbô sind die Urnen in Felsspalten deponiert und durch ein kleines, aus trockenen Steinen gebildetes Monument in Korb- oder Dolmenform geschützt. Darüber errichtete man einen kleinen, mit einem Stein versehenen Grabhügel, den man zuweilen mit kleinen Mäuerchen einfaßte.[39] Eine dieser Anlagen, die bedeutender als die anderen war, enthielt ein gewölbtes Kämmerchen von zwei Quadratmetern, vor dem ein Hofraum lag, und war verbunden mit einem Altar sowie einer Art Miniaturlabyrinth. Ein in den Boden des Zimmers gegrabenes Versteck schützte ein Depot griechischer Tonwaren, die man in das Ende des 8. Jahrhunderts datieren kann; hierbei handelt es sich, wie man gesehen hat, um das früheste datierbare Anzeichen für die Anwesenheit der Phönizier auf karthagischem Boden. Mit Sand bestreute Gänge ermöglichten ungehinderte Bewegung zwischen den Urnen. Aber der Platz wurde knapp in diesem Bezirk, der von dem weltlichen Bereich durch eine dicke Mauer sorgfältig abgetrennt war, so daß die Urnen immer enger zusammengestellt wurden, je weiter man sich vom Zentrum entfernte; dann schichtete man sie auf, indem sie dachziegelartig wie Fischschuppen übereinander gelegt wurden. Auf die aufrecht über den Depots stehenden Steine folgten prismatische *baetuli*,[40] die im Boden festgemacht, auf einen Thron gestellt oder in einer kleinen Kapelle ägyptischer Art verborgen waren. Diese *naïskoi*, wie man sie mit einem griechischen Terminus bezeichnet, wurden aus dem Sandstein der Steinbrüche von El Haouaria gehauen. An diesem unwirtlichen Ort an der Spitze von Kap Bon, der lange Zeit vom Land aus schwierig zu erreichen war, verlaufen tiefe Stollen vom Strand her in das Innere der

Steilküste aus Muschelsandstein. Die in einem eigenartigen Netz untereinander verflochtenen Höhlen, in die manchmal durch Schächte oder zufällig eingestürzte Stellen Licht dringt, sind ebenso beeindruckkend und noch urtümlicher als die Steinbrüche von Syrakus, mit denen die Zeitgenossen sie schon in der Antike verglichen. Man kann nur vom Strand her in sie eindringen. Zweifelsohne dienten sie als Gefängnis für die Unglücklichen, die dazu verurteilt waren, hier zu arbeiten: Kriegsgefangene, Sträflinge oder Sklaven. Hauptsächlich hatte man aber diese Stollen mit einem einzigen Ausgang zum Meer hin versehen, um die Steine bequem auf Kähne verladen und direkt über den Golf nach Karthago transportieren zu können. Blöcke von mehreren Kubikmetern wurden so unmittelbar an die Bauplätze gebracht, ohne zuvor gespalten werden zu müssen.

Abb. 2.
Baetulus aus
vulkanischem Gestein.
Foto: Archiv

Die *naïskoi*, die in diese Blöcke gehauen wurden, stellen verkleinerte Kapellen dar; ihr Dekor zeigt, daß die punischen Architekten ebenso wie diejenigen in Phönizien von Ägypten beeinflußt blieben. Die von massiven Pfeilern eingefaßten Fassaden sind jeweils von einem hohlgewölbten Gesims bekränzt, das »ägyptische Kehle« genannt wird. Manchmal sind die Naiskosbilder auf einem Fries mit Astralsymbolik angebracht, so z. B. die Sonnenkugel allein oder mit einer Mondsichel,

Abb. 3. Baal Hammon von Sousse.
Foto: Archiv

deren Enden als Haube nach unten hängen, zuweilen auch mit einer von Uräusschlangen und ausgebreiteten Flügeln umrahmten Scheibe. Diese Symbole sind dem Ammon-Ra-Kult entliehen und waren das Symbol der göttlichen Ewigkeit. Manchmal war der Fries auch mit aufgerichteten Uräusschlangen versehen, deren vernichtende Kraft vor den Mächten des Bösen schützte. In der Nische war zur Erinnerung an das im Feuer geopferte Kind der Baetulus-Stein aufgestellt (Abb. 2). Der Legende nach war Dido durch ihr Opfer eine Göttin geworden; die Tabus, die den Eltern zu klagen verboten, die Opfergaben und die bei den Depots des Molk niedergelegten Opferreste zeigen, daß die geopferten Kinder ebenfalls vergöttlicht wurden, nachdem sie durch das Feuer der Scheiterhaufen gereinigt – man könnte sagen »geheiligt« – worden waren. So überrascht es keinesfalls, daß ihr Monument wie ein »Heiligenbild« in einer Kapelle, manchmal auf einem Altar oder Thron, aufgestellt wurde. Tatsächlich findet man oft die gleichen Baetuli-Steine auf einem Thron mit Armlehnen, der wiederum zuweilen auf einem Altar mit Räuchergefäßen an den Seiten aufgestellt ist.

Neben den Baetuli erscheint ein Symbol, das seiner Form wegen »Zeichen der Flasche« genannt wird. Anscheinend gab das Bild ursprünglich auf schematische Art eine menschliche Silhouette mit herabhängenden oder über der Brust angewinkelten Armen wieder. Der Boden um die Depots herum war mit Scherben von Tonwaren, Lampen und kleinen Terrakottafiguren übersät; manchmal waren auch Amulette darunter, ja sogar Asche mit den Knochen kleiner verbrannter Tiere, insbesondere von Vögeln und Hunden. Hier und da finden sich auch Teile von Wasseranlagen.

Der Einfluß des Ostens hielt an bis zum Beginn des 4. Jahrhunderts. Eine Stele des 5. Jahrhunderts aus Sousse[41] zeigt Baal Hammon (Abb. 3), der in einer mit der geflügelten Scheibe geschmückten *cella* thront; das beweist, daß manche Gläubige der Tradition treu blieben, obwohl diese von den griechischen Strömungen stark bedrängt wurde. In der gleichen Zeit gibt es tatsächlich Votivgaben in Form einer Säule mit ionischem Kapitell.

In den ersten Jahren des 4. Jahrhunderts kam es dann zu einer religiösen Revolution, die Tanit an die Spitze der karthagischen Götterwelt

Abb. 4.
Molk-Opferstele mit einer Sphinx auf
ionischer Säule (Mitte 3. Jh.).
Foto: Archiv Picard

Abb. 5.
Molk-Opferstele mit Mondsichel und Kind
in Flaschenform (Anfang 3. Jh.).
Foto: Archiv Picard

Abb. 7.
Molk-Opferstele mit Parfüm-
fläschchen, Girlande und
Kantharos
(Ende 4. / Anfang 3. Jh.).
Foto: Archiv Picard

Abb. 6.
Molk-Opferstele mit Sonnenscheibe
(darin Stierkopf), Mondsichel,
Tanit-Zeichen, Hermeskopf
(Petasos) (Anfang 3. Jh.).
Foto: Archiv Picard

Abb. 8.
Molk-Opferstele mit erhobener Hand und
Schiffsheck, darauf zwei Steuerruder
und Kabine des Steuermanns
(Ende 4. / Anfang 3. Jh.).
Foto: Archiv Picard

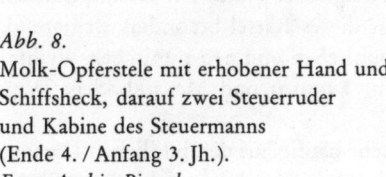

stellte, und im Tophet wurden die massiven Sandstein-Cippi von
Votivgaben aus Kalkstein – spitz zulaufend wie ein Obelisk – oder
breiten und flachen Stelen verdrängt, die im Giebeldreieck häufig von
griechisch beeinflußten Akroteren umrahmt sind. Diese Monumente
tragen meistens eine Weihinschrift an »die Große Herrin Tanit Pene
Baal und den Herrn Baal Hammon« sowie eingeritztes oder eingemei-
ßeltes Zierwerk in sehr flachem Relief.[42] Die ersten Ornamente haben
nur ein oder zwei sich überlagernde Motive. Man findet die Sonnenscheibe mit der Mondsichel wieder sowie das »Zeichen der Flasche«,
beide häufig untereinander verknüpft. Mit der Zeit nimmt das Symbol
menschliche Züge an und ist auf Stelen des 3. Jh.s mit Brüsten und
Augen geschmückt. Eines stellt sogar ein Kind in Wickelzeug dar.
Anscheinend erinnert in diesem heiligen Bezirk die »Flasche« an das
Molk-Opfer, genauso wie die Baetuli der tiefer gelegenen Schichten.
Auf den letzten Sandstein-Cippi fand man ein anderes Zeichen, Tanit-
Zeichen genannt, da seine Entdecker es auf einer großen Menge von
Weihtafeln zu Ehren dieser Göttin fanden, das aber ebenso zu dem
Kult Baal Hammons und seines Nachfolgers Saturn gehört. Das Bild
setzt sich zusammen aus einem Dreieck – oder auch einem Trapez –
mit einem waagerechten Strich darüber, dessen äußerste Enden oft
halbkreisförmig nach oben verlaufen, und einem mehr oder weniger
breitgedrückten Kreis auf dem Strich. Dieses Zeichen galt abwechselnd für einen Betenden, für ein Bild der Göttin, das den Kultbildern
aus dem ägäischen Raum glich, dem »Lebenszeichen« der Ägypter,
und für einen mit Mondsicheln geschmückten Altar, auf dem sich die
Sonnenscheibe befindet. Allerdings bietet keine dieser Deutungen eine
zweifelsfreie Erklärung. Ohne eine schriftliche Quelle, auf die man
sich stützen kann, läßt sich lediglich feststellen, daß die Bedeutung des
Symbols, eng mit den belebenden Kräften des Molk-Opfers verbunden, sowohl kultischer als auch magischer Natur ist. Da das Zeichen
ungewöhnlich verbreitet war, ist dieses Rätsel besonders irritierend.
Man findet es auf den meisten punischen und neo-punischen Weihtafeln des Tophet, auf Amuletten, Lampen und Mosaikböden. (Vgl.
Abb. 4–8 sowie Taf. 9 und 10.)
Der *caduceus* kommt ebenfalls sehr häufig auf den bildlichen Darstellungen in Karthago vor. Dieses Attribut des griechischen Gottes

Hermes bzw. des semitischen Gottes Sako, dessen Name »Bote, Gesandter, Botschafter« bedeutet und die Funktionen erklärt, erscheint oft in Verbindung mit dem Tanit-Zeichen. Eine Statuette, die in einem von Carton entdeckten Heiligtum[43] gefunden wurde und auf die wir noch zurückkommen werden, stellt einen Hermes dar, der mit dem Rücken am Thron der Tanit/Caelestis lehnt. Der Gott sollte also als Diener der Großen Herrin geehrt werden. Im Museum von Karthago kann man eine Stele mit einem Hermesporträt sehen, bei dem der Gott mit dem geflügelten Petasus dargestellt ist. Dionysos, ein anderer griechischer Gott, dem der phönizische Gott Schadrapa entspricht – wie dieser ein Kind- und Rettergott –, wurde in Salammbô kultisch verehrt. Er erscheint nicht selbst auf den Weihtafeln, sondern wird durch seine Begleiter Satyr und Phlyax (Abb. 9) dargestellt. Wie Bieber nachweisen konnte, bezeichnete man so auch eine komische Figur der italienischen Posse, die von den Dionysos-Schauspielen der Antike ausging und von

Abb. 9.
Molkstele mit einem
Phlyaken.
Foto: Archiv Picard

diesem weit zurückliegenden Ursprung eine gewisse prophylaktische Bedeutung behalten hatte. Die Anwesenheit dieses Schelms, der für ein Ex-voto des Molk zu anstößig ist, kann in der Tat nur durch die dämonische Vergangenheit dieses Satyrbegleiters erklärt werden. Auch auf den karthagischen Stelen sind verschiedene Attribute des Dionysos zu sehen, wie etwa Kantharos, Efeublatt und Weintraube.

Auf den Bilddarstellungen des Molk spielt der Mensch eine untergeordnete Rolle. Manchmal – allerdings selten – ist die weihende Person dargestellt mit langem Gewand in Opferhaltung mit erhobener rechter Hand, die Handfläche nach außen gekehrt, oder ein Kind, das sich auf dem angewinkelten rechten Bein zusammenkauert wie die griechischen »Tempeljungen«. Allein das Porträt eines jungen Mannes ist bemerkenswert: ein idealisierter bartloser Kopf mit gelocktem Haar; wir werden später noch darauf zurückkommen. Ansonsten begnügten sich die Karthager damit, ihre Frömmigkeit durch die Abbildung einer erhobenen Hand mit nach außen gerichteter Handfläche darzustellen; eine Ausnahme ist ein Mund als Zeichen für ein Gebet. Manchmal bedeuten auch zwei Ohren, daß der »Gott die Stimme des Weihenden gehört hat«, wie es in der Dedikation heißt. Kultische Szenen sind ebenfalls selten; die bekannteste stellt einen Priester in durchsichtigem Leinengewand dar, der ein Kind in den Armen hält. Man kennt auch Bilder opfernder Priester vor einem rauchenden Altar oder wie sie einen Rindskopf tragen, Bilder eines verschleierten Mannes beim Trankopfer und einer knienden Frau, die im Licht einer Fackel einen Grabhügel begießt. Im allgemeinen wird nur das dargebotene Opfer dargestellt, etwa ein Vogel, ein Stier, oder das Opfergerät: ein Messer, eine Axt, oder eine Opferstelle sowie ein Weihrauchgefäß oder eine Trinkkanne.

Molk ist im wesentlichen ein Fruchtbarkeitskult. Dementsprechend beziehen sich zahlreiche Ornamentierungen aus dem pflanzlichen Bereich auf das entstehende und wiederentstehende Leben: Akanthusblätter, Rankenornamente und Palmblätter, die aus der griechischen Kunst übernommen wurden, ferner Lotusblumen vom Nil, Granatäpfel und Dattelpalmen. Abbildungen fruchtbarer Tiere wie Taube und Hase treten ergänzend hinzu. Pflug und Ähre spielen auf den Reichtum des Bodens an, Schiffe und Fische auf den des Meeres. Die belebenden Kräfte des Molk bezogen sich ganz eindeutig auf das Leben nach dem Tode; man findet nämlich Motive wie Krone, Waffen oder Tropaion als Allegorie des Sieges über den Tod, den der fromme Mensch zu erringen hofft.

Vom Tophet abgesehen, kennen wir in Karthago zwei kleine Heiligtümer, die aus den letzten Jahren vor der römischen Herrschaft stammen. Das erste befand sich im Südviertel der Stadt, etwa 500 m westlich des Tophet an der Stelle, an der heute der Bahnhof von Salammbô steht. Das Heiligtum wurde 1916 entdeckt, fiel aber sogleich den Arbeiten beim Bau der Eisenbahn zum Opfer; Carton konnte gerade noch den Plan aufnehmen und die Fundstücke zusammentragen.[44] Er stieß auf eine rechtwinklige *cella*, die in Längsrichtung durch Trennwände aus gestampftem Lehm in zwei Teile unterteilt war. Die hintere Mauer war in der Mitte von einem Bankett eingefaßt, das zwei kleine, in Mauerendstücke aus gestampfter Erde eingefügte dorische Säulen begrenzten. Auf Konsolen standen kleine Votivstatuetten, insbesondere des Baal Hammon und der Tanit/Caelestis. Ein Kranzgesims, überladen mit zinnoberroten eiförmigen Ornamentlinien, Herzen, Perlen, Palmblättern und Rosetten mit Ziernägeln, krönte die Wand. Der Bodenbelag bestand aus Ziegelscherben, durchsetzt von weißen Marmorstücken. Der Gegensatz zwischen dieser hellenistischen Ausschmückung und der typisch phönizischen Anordnung des dreiteiligen Baus, der in Längsrichtung einen Eingang, einen Mittelsaal und das Allerheiligste in Form eines Altars zwischen den beiden Mauerendstücken umfaßte, ist auffallend. Wahrscheinlich war dieses Heiligtum von Mauern umgeben.

Eine *cella* gleichen Typs, bestehend aus Vorhalle, Mittelsaal und Allerheiligstem, wurde von Baudin[45] auf der Steilküste über dem Strand von Amilcar entdeckt. Ihr Boden war mit Marmor belegt, außerdem war sie verziert mit Tonplatten, die zum Teil geflügelte Siegesgöttinnen mit Siegeszeichen darstellten. 40 Meter westlich der *cella* fand man die Reste einer Mauer, an die sich zwei kleine Kammern und zwei Zisternen im Hof anschlossen.

Das Bardo-Museum besitzt einen hübschen Miniatur-Tempel aus Thuburbo Majus (Abb. 10), der wahrscheinlich am genauesten einen helle-

Abb. 10. Miniatur-Tempel aus Thuburbo Majus.
Foto: Archiv

nistischen Tempel in Karthago zur Zeit Hannibals wiedergibt.[46] Er war der Demeter geweiht, einer griechischen Göttin, die seit Anfang des 4. Jahrhunderts v. Chr. bei den Karthagern sehr beliebt war. Auf einem hohen verzierten Sockel befindet sich die von zwei ionischen Säulen getragene Vorhalle; die Säulen entsprechen den in Karthago bei den Ausgrabungen auf dem Saint-Louis-Hügel geborgenen. Der Eingang der *cella* wird von zwei rosettengeschmückten Pfeilern eingerahmt; darüber erhebt sich ein rechteckiges Tympanon mit Delphinreliefs und Blumenornamenten. Das Bild eines Schweines – das Lieblingsopfer der Göttin – ziert die Türschwelle. Der obere Abschluß dieses kleinen Monuments widerspricht jedoch in seiner Gestaltung allen Regeln klassischer Architektur, obwohl ihr einzelne Elemente der Ornamentierung entliehen sind. Das rechteckige Dachgesims, dessen unproportionierte Höhe das Gebäude erdrückt – es erreicht die Höhe der Säulen – besteht aus vier glatten, einander überlagernden Sturzbögen, getrennt durch jeweils mit Randverzierungen, Herzen, eiförmigen Ornamenten, Speerspitzen, Perlen und Kreislinien reich geschmückte Leisten. Der Bildhauer, der den Cippus bearbeitete, oder der Architekt des Tempels, den er nachahmte, wollte anscheinend in seinem Werk die massive rechtwinklige Silhouette ägyptischer Kleintempel bewahren, anstatt den oberen Teil durch Nachbildung des beidseitig geneigten Daches und des Dreiecksgiebels der griechischen Tempel leichter zu gestalten.

Die Profanbauten

Das immer wieder umgestaltete, vergrößerte und verschönerte Karthago hat keine Spuren hinterlassen, die es ermöglichten, die verschiedenen aufeinanderfolgenden Grenzen festzulegen und sich ein Bild von dem Aussehen der Stadt in den letzten Perioden vor der römischen Herrschaft zu machen. Bekannt ist lediglich, daß sich die Stadt über die Küstenebene und die Osthänge der Hügel, die an dieser Ebene zwischen den Häfen im Süden und den Nekropolen des Plateaus von Bordj Djedid im Norden verlaufen, erstreckte. Die natürlichen Gegebenheiten waren der Grund für diese »längliche« Ausdehnung der

Stadt, was auch zur Folge hatte, daß die Karthager das kreisförmig
angelegte Stadtbild der antiken Städte des Vorderen Orients in eine
ovale Form ändern mußten; Kerkuan, eine Mitte des 3. Jahrhunderts
zerstörte punische Stadt am Kap Bon, bietet dafür ein bemerkenswer-
tes Beispiel.

Das unter dem Patronat der UNESCO durchgeführte Unternehmen
zur Erhaltung Karthagos hat sich zum Ziel gesetzt, systematisch
vorzugehen und die Überreste der tyrischen Kolonie zu schützen, die
von der heutigen expansiven Stadtplanung bedroht werden. Gra-
bungsmannschaften aus verschiedenen Ländern haben jeweils
begrenzte Sektoren übernommen, in denen sie die Ausgrabungen
vornehmen.[47] Bekanntlich konnten die Engländer auf der kleinen Insel
im runden Hafenbecken die Spuren des Kriegshafens entdecken und
die Amerikaner den Handelshafen. Die deutschen Archäologen unter
Leitung von Rakob graben in einem am Meer gelegenen Wohnviertel
im nördlichen Zentrum der antiken Stadt,[48] während die Franzosen
die Häuserblöcke am Südhang des Hügels von Byrsa untersuchen, die
auf die archaische Nekropole und die Gießereieinrichtungen folgen.
Die Ausgrabungen ergaben so ein Bild Karthagos in hellenistischer
Zeit. Die Stadt war nach dem hippodamischen System angelegt und im
großen und ganzen an der Küste orientiert, wobei sich zwischen den
Straßen mehr oder minder große bzw. prachtvolle Wohnblöcke befanden; die am Meer gelegenen waren 40 m × 80 m groß und damit für die
damalige Zeit von riesigen Ausmaßen. Jedes einzelne Haus hatte eine
Fläche von 400 bis 600 m² und besaß zahlreiche, um eine Peristylan-
lage verteilte Zimmer, die mit kleinen Säulen, vielfarbigem Stuck und
Mosaiken aus Ziegelstücken, durchsetzt von weißem Marmor, ausgestattet waren. Zisternen – manchmal drei für eine Wohnung – oder
Brunnen sorgten für die Süßwasserversorgung. Die Abwässer wurden
in Sickergruben geleitet.

In Byrsa setzten die französischen Ausgräber unter der Leitung von
Lancel die einst von Delattre und Lapeyre begonnenen und von
Picard, Ferron und Pinard wiederaufgenommenen Arbeiten fort.[49]
Über einer früheren Nekropole förderten sie Gießereiwerkstätten und
ein Viertel mit »Bürgerhäusern« zutage, das durch Straßen, die wie
diejenigen am Meer nord–südlich verliefen, in Blöcke aufgeteilt war.

Das sehr starke Gefälle zwang die Stadtplaner oft, die Straßenführung etwas abzuändern und Stufen einzubauen; diese Straßen waren demnach für Wagen nicht zugelassen, sondern lediglich für Lasttiere zugänglich. Die Entwässerung und der Abfluß der Abwässer aus den Häusern erfolgte hier durch Kanäle aus ineinandergefügten Amphorengehäusen, die mit steinernen Einstiegen versehen waren. Die Häuser dieses Viertels waren nicht so prächtig wie die vorgenannten; eines hat lediglich eine Front von 5 m bei 15 m Tiefe. Ein einziger Eingang führt in einen langen Flur, der in einen länglichen Hof mit einer kleinen Portikus mündet; um diesen Hof gruppieren sich die einzelnen Räume. Dieser Typ des Peristylhauses kommt in Griechenland, seinem Ursprungsland, erst seit dem 3. Jahrhundert vor: Die Punier haben ihn also gleich nach seinem Aufkommen übernommen. Die Mauern sind aus Ziegelstein oder Lehm und mit senkrechten, *harpae* genannten Pfeilern aus Stein armiert. Dieses einfache Mauerwerk ist keinesfalls als Zeugnis für Bemühung um Sparsamkeit angesichts der prekären Situation Karthagos in der Zeit der Punischen Kriege zu verstehen. Es handelt sich um ein allgemein angewandtes Bauverfahren der damaligen Zeit und erklärt sich aus der Tatsache, daß das Mauerwerk unsichtbar blieb, da man es außen mit einer dicken Kalkschicht und innen mit prachtvollem Stuck versah, wie die auf den Böden gefundenen Reste zeigen. Im Museum zu Karthago kann man eine herrliche kleine ionische Säule mit zartgrünen Palmetten auf weißem Untergrund sehen; das beweist, daß die karthagischen Dekorateure durchaus mit denen hellenistischer Großstädte wie Delos oder Alexandria konkurrieren konnten. Das bedeutete aber nicht, daß sie die traditionellen Motive aus dem nilotischen Bereich außer acht gelassen hätten, wie etwa die ägyptische Kehle oder den Uräen-Fries, von denen man Teile in Byrsa gefunden hat. In Gammarth hatte eine Villa aus dem 2. Jahrhundert ein Peristyl aus Säulen mit äolischen Kapitellen.

Die Böden dieser Häuser waren mit sehr feinem, durch die Zugabe von zerstoßenem Ziegelstein rot eingefärbtem Mörtel überzogen; außerdem waren weiße Marmorstücke eingelassen, wie wir bei der Kapelle von Salammbô und Häusern am Meerufer gesehen haben. Diese *lithostrata* findet man im ganzen Mittelmeerraum, von Delos bis

Pompeji oder auch in der gallisch-römischen Kolonie Glanum (Saint Rémy, Provence). Höchstwahrscheinlich spielte Cato in einer 152 v. Chr. gehaltenen Rede auf solche Böden an, als er auf die Einführung »punischer Fußböden«[50] in Rom hinwies.

Neben der Ausstattung war man auch auf Komfort bedacht. Die Häuser in Byrsa verfügten wie diejenigen in Kerkuan über einen am Eingang (direkt an der Kanalisation) gelegenen Waschraum mit Spültisch und Sitz- oder Bottichwanne mit Abfluß. Auch diese Neuerung stammte aus dem hellenistischen Griechenland.

Reste von verbrannten Balken, die man in mehreren Gebäuden fand, belegen, daß sie mindestens ein Obergeschoß hatten; gleichwohl hat man aber nicht den Eindruck, sich in sechsgeschossigen Häusern zu befinden, wie sie Diodorus Siculus (XX 44,4) und Appian (*Lib*. 128) erwähnen. Die Grundflächen sind dafür nämlich zu gering, und das Gefälle ist zu stark.

Bisher hat man noch keine Teile einer Bedachung gefunden, aber wahrscheinlich hatten diese Häuser wie in Phönizien Terrassendächer. Ein Fresko auf der hinteren Mauer eines Grabes der Nekropole von Djebel Melezza[51] zeigt eine Stadt, die wie Kerkuan von einer Ringmauer umgeben ist, mit quadratischen Häusern, Terrassendächern und Zinnen.

Als Folge dieser jüngsten Entdeckungen ist das Karthago der Barkidenzeit eine der bestbekannten hellenistischen Städte. Seine Architektur zeugt von einer Planung und Gestaltung, deren Geschlossenheit und Ausmaß wir bewundern, insbesondere die Kunst, mit der die Architekten von Byrsa es verstanden haben, die Schwierigkeiten dieses hügeligen Geländes zu beherrschen, ohne die Bodenverhältnisse zu regulieren. Um sich ein vollständiges Bild dieses hellenistischen Karthago machen zu können, wäre es wichtig, die genaue Lage der zwischen den Häfen und Byrsa gelegenen Agora herauszufinden. Sie war sicherlich nicht so schnurgerade wie die römischen *fora* und von öffentlichen Gebäuden gesäumt, aber doch wohl weitläufig und möglicherweise mit Säulenhallen an den Seiten ausgestattet. Wie wir nämlich wissen, dachte etwa in der Mitte des 4. Jahrhunderts ein ehrgeiziger Heerführer namens Hanno daran, das Volk zu »bestechen«, indem er ihm ein aufwendiges Festessen anbot, das in den öffentlichen

Säulenhallen serviert werden sollte. Gsell nahm an, daß die Bauten zu
der Agora hätten gehören können, aber Hanno konnte seine Gäste
ebenso in Tempelhöfen unterbringen, da diese als Versammlungsorte
dienten.

Grabarchitektur

Wollten die Karthager die lärmigen Straßen der Stadt verlassen, in der
selbst die prachtvollen Wohnsitze am Strand keinen Platz für einen
noch so winzigen Garten hatten, dann konnten sie ein wenig Ruhe und
Grün in den Nekropolen finden, die die Stadt im Norden und Westen
umgaben, bevor sie die Grünflächen der Megara erreichten. Da die
Ausdehnung der Stadt die Karthager dazu zwang, die Stadtviertel aus
der hellenistischen Zeit auf den alten Friedhöfen zu errichten, ist von
den oberirdischen Denkmälern kaum eine Spur erhalten, so daß es
schwierig ist, ihr Aussehen zu rekonstruieren. Einige aufgerichtete
obelisk- oder prismenförmige Steine, die nicht der Zerstörung anheim-
gefallen waren, zeigen, daß manche alten Gräber von Baetuli aus
Muschelsandstein bedeckt wurden, die denen des Tophet ähnlich
waren. Anfang des 4. Jahrhunderts ging man, ebenso wie bei den
Weihtafeln von Salammbô, dazu über, die Steine durch Stelen aus
weißem Kalkstein mit einem Dreiecksgiebel zu ersetzen; in einer
Nische stand ein Bildnis des Verstorbenen, aufrecht stehend en face
und mit erhobener rechter Hand. In den letzten Jahrzehnten der
Unabhängigkeit führte die Entwicklung dazu, das Bild von seiner
Stütze zu lösen und eine Menhir-Statue zu formen mit einem stilisierten Körper, wie ein wirklicher oval geschnittener Baetulus, an dem
auch Kopf und Arme waren. Die Reichen gönnten sich jedoch den
Luxus eines Grabmals, das ihre Anverwandten besuchen konnten. Die
oberirdischen Bauten sind zwar verschwunden, aber einige Spuren der
Grundmauern ermöglichen es, liegende Halbzylinder zu rekonstruieren, sowie Sockel in Form einer Trommel, auf denen wie bei den
Nekropolen von Amrith zweifellos Zylinder standen, ferner Spindeln
oder steinerne Untersätze, auf denen sich eine kleine Pyramide befand.

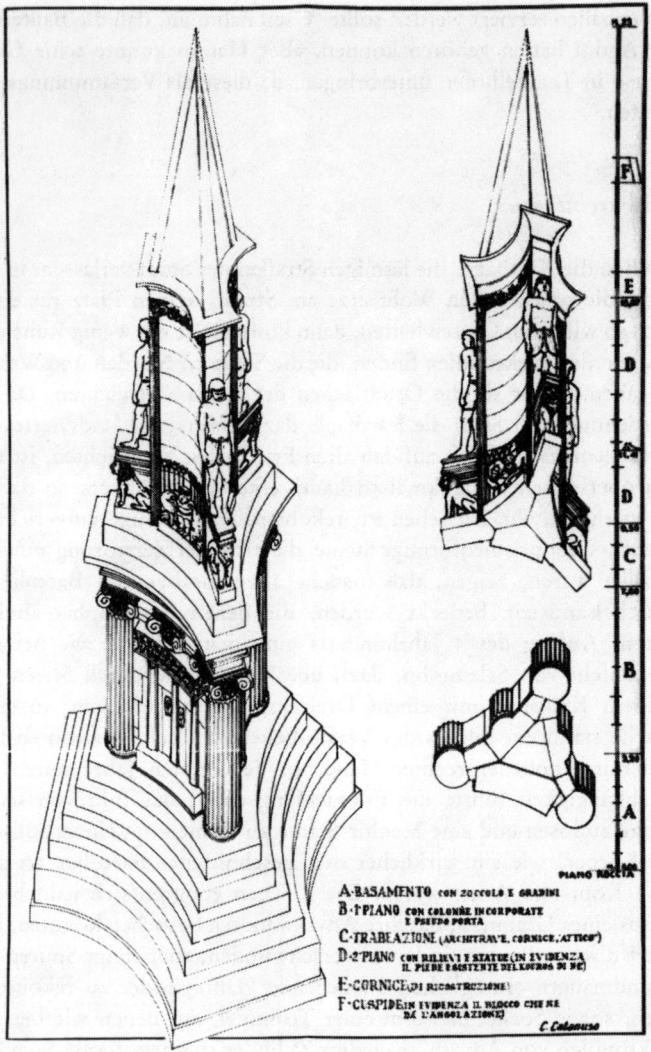

A·BASAMENTO con zoccolo e gradini
B·1ºPIANO con colonne incorporate e pseudo porta
C·TRABEAZIONE (architrave, cornice, attico)
D·2ºPIANO con rilievi e statue (in evidenza il piede esistente del kouros di Nè)
E·CORNICE (di ricostruzione)
F·CUSPIDE (in evidenza il blocco che ne dà l'angolazione)

C. Catanuso

Abb. 11. Aufrißzeichnung des Mausoleums von Sabratha (C. Catanuso).
Foto: Archiv Picard

Abb. 12. Detail des Mausoleums von Sabratha.
Foto: Archiv Picard

Um sich über den Reichtum der punischen Grabarchitektur klar zu werden, muß man Karthago verlassen und sich nach Tripolitanien begeben. Dort hat nämlich di Vita inmitten einer Reihe von Häusern, denen das Monument als Fundament diente, ein gigantisches Mausoleum zutage gefördert; es war massiv, dreistöckig und gekrönt von einer spitzen Pyramide, deren Spitze 25 m über den Boden ragte.[52] Die zu Füßen des Monumentes aufgefundene Keramik ermöglicht es, eine Datierung auf ungefähr 300 v. Chr. vorzunehmen. Die abgestufte Basis hat die Gestalt eines krummlinigen Dreiecks, dessen Ecken stumpf sind; das ganze erinnert an Chora-Monumente. Eingebundene Säulen umgeben die erste Etage. Schäfte und Kapitelle sind mit Palmetten und Wasserpflanzen verziert. Inmitten der nach Osten gelegenen Hauptseite verdeckt eine Türblende, deren Schlußstein mit einer Sonnenscheibe und einem Uräus-Fries ausgeschmückt ist, teilweise die Hauptsäule. Die zweite Etage ist höher als die erste und zurückversetzt. In den Ecken stehen drei übergroße Kouros-Statuen, deren Haare wie Perücken frisiert sind und die nach ägyptischem Brauch einen Schurz tragen, auf Sockeln, die wiederum auf sitzenden Löwen ruhen. Die wie die Basis gekrümmten Seitenwände bilden Nischen, die drei im Voll-Relief skulptierte Metopen einrahmen; die eine zeigt Bes mit zwei jungen Löwen, eine andere Herakles und den nemeischen Löwen; von der dritten sind nur zwei Köpfe, einer männlich und einer weiblich, erhalten. Halbsäulen mit äolischen Kapitellen, die ein Palmettenfries miteinander verbindet, umfassen diese Flächen. Wie sein Ausgräber bemerkt, ist dieser Pfeiler das älteste Beispiel barocker Architektur im Hellenismus. Sein Architekt war somit unter den ersten, die entschlossen mit den Traditionen der griechischen Architektur des vierten Jahrhunderts gebrochen haben. Hier wie in Karthago war der Baumeister über die letzten Schöpfungen der zeitgenössischen Kunst auf dem laufenden, fürchtete, während er sie ganz übernahm, sich nicht davor, seine Neigung zum Traditionellen erkennen zu lassen; so überlagerte er äolische und ionische Ordnungen, setzte auf eine von korinthischen Säulen eingefaßte Tür einen Schlußstein, der mit einer Sonnenscheibe und einem Uräus-Fries verziert ist, und stellt Herakles neben Bes dar (vgl. Abb. 12 und 13).

In Dougga[53], einer kleinen numidischen Bergstadt, die 100 km westlich von Karthago liegt, erbaute ein Jahrhundert später ein punischer Architekt namens Atban für eine bedeutende Person, vielleicht einen Fürsten aus der Familie Massinissas, ein Grabmal in Form eines viereckigen Turmes, der in Stockwerke unterteilt auf einem abgestuften Sockel errichtet worden war und von einer kleinen Pyramide gekrönt wurde. Das Hauptstockwerk ist von eingebundenen ionischen Säulen umgeben, das obere von äolischen Pfeilern. Vier Sirenen und vier Reliefs, die die Abfahrt des Verstorbenen im Wagen darstellen, nehmen den gleichen Platz ein wie die Kouroi und die Metopen in dem Mausoleum von Sabratha. Hundert Jahre sind seit dessen Erbauung verstrichen, und in dieser Zeit folgte hellenistischer Üppigkeit die – von Schroffheit nicht freie – italische Strenge (Taf. 7).

Zweites Kapitel
Die karthagische Gesellschaft.
Die herrschenden Schichten

Der Stadtstaat und die Nation

Bei der Untersuchung der karthagischen Gesellschaft muß man berücksichtigen, daß Karthago ein Stadtstaat war; zweifellos eine offensichtliche Tatsache, aber doch nicht so banal, um nicht beachtet werden zu müssen. Die »Polis« ist so sehr verbunden mit der Zivilisation des klassischen Altertums – sie ist der Anfang unserer Kultur –, daß es uns ganz natürlich erscheint, in ihr eine notwendige Stufe der menschlichen Entwicklung zu sehen. Sie ist ein ursprüngliches Gebilde, das vielleicht in den Ebenen Mesopotamiens oder Indiens entstand, aber an den Ufern des Mittelmeeres, und ganz allein dort, die menschlichen und wirtschaftlichen Bedingungen fand, die es zu seinem Aufblühen benötigte. Als Stadtbewohner gehörten die Karthager ungeachtet vieler Gegensätze zum gleichen sozialen Typus wie die Griechen und Römer. Die Trennungslinie in dieser Hinsicht verläuft nicht zwischen indoeuropäischer und semitischer Welt, sondern im Inneren Asiens zwischen Phönizien einerseits und Ägypten, Israel sowie Persien, die die Form der Polis nicht kannten, selbst Mesopotamien, wo die sumerischen Städte schon früh ihre Eigenständigkeit im Rahmen der semitischen Königreiche verloren hatten, auf der anderen Seite. In Europa trennt eine ähnliche Kluft die Griechen und Italiker von den Kelten und insbesondere den Germanen und Slawen. Diese grundsätzliche Feststellung wurde schon von griechischen Soziologen klar erkannt: Eratosthenes zögerte nicht zu sagen, daß Menschen mit einer derart guten Staatsverfassung wie die Karthager nicht als Barbaren angesehen werden können.[1]

Ursache dieser Übereinstimmung war wohl weder der Einfluß griechischer Institutionen auf Karthago, der sich nur zögernd bemerkbar machte, noch das anfängliche Einwirken der Phönizier auf Griechenland. Sie rührt viel wahrscheinlicher daher, daß Griechen und Phöni-

zier von den Bewohnern der Ägäis zur Zivilisation geführt wurden:
Menschen, deren Denkweise bezüglich der wichtigsten Probleme wie
des allgemeinen Weltbildes, der Beziehungen des Menschen zur
Natur, des Übernatürlichen oder ähnlichem (Spuren der alten sozialen
Rangordnung finden sich in dem Stadtstaat wieder, wie Dumezil
nachgewiesen hat) vollkommen und von Grund auf verschieden war,
wurde ein gemeinsamer Rahmen auferlegt; folglich sprachen die Karthager, obwohl sie sich ganz wie die Griechen verwalteten, die gleiche
Sprache wie die Hebräer, richteten ihre Religion nach Grundsätzen
aus, die denen der Bibel sehr ähnlich waren, und zeigten im Bereich
plastischer Kunst eine fast totale Unfähigkeit. Die ähnlichen wirtschaftlichen Bedingungen auf dem Balkan und den Hängen des Libanon konnten demnach hier wie dort nur eine Ordnung aufrechterhalten und verstärken, die, wäre sie nur von außen auferlegt worden,
allmählich hätte zusammenbrechen müssen.

Der Stadtstaat stellt sich zunächst als ein Zusammenschluß von Menschen dar, der im wesentlichen städtisch geprägt ist, selbst wenn seine
Wirtschaft überwiegend agrarisch bestimmt ist: Der Großteil der
Bevölkerung wohnt in der Stadt selbst, dort, wo in der Regel die
reichen Schichten leben; selbst die Armen und Sklaven unter den
Stadtbewohnern leben im allgemeinen vergleichsweise besser als die
entsprechende Landbevölkerung. In der Tat ist die Stadt nicht nur das
finanzielle Zentrum eines Gemeinwesens, sondern sie ist auch und vor
allem einziges politisches Zentrum. Demzufolge sind die Fläche und
die Bevölkerung zwangsläufig begrenzt. Ein Stadtstaat kann seine
Vormachtstellung noch so weit ausdehnen, die Bewohner der unterworfenen Gebiete mit Ausnahme eines ziemlich begrenzten Umlandes
werden dennoch niemals etwas anderes sein als Unterworfene, Leibeigene, Tributpflichtige oder günstigenfalls Halbbürger bzw. untergeordnete Verbündete.

Stärker noch als in vielen griechischen Stadtstaaten oder sogar in Rom
sind diese Merkmale ganz offenkundig in Karthago erkennbar. Während der ersten drei Jahrhunderte ihres Bestehens hatte die punische
Gesellschaft als Lebensraum lediglich die 50 km² ihrer Halbinsel. Ihre
Wirtschaft beruhte ganz auf dem Seehandel oder der Seeräuberei. Im
6. Jahrhundert erobert sie in Afrika ein für einen Stadtstaat sehr

umfangreiches Gebiet: mindestens 30 000 km², vielleicht sogar 40 000 oder 50 000. Aber dieses »Imperium« ist politisch und wirtschaftlich geteilt: auf der einen Seite das eigentliche Gebiet der Stadt, die *chora*, wo das Land den Bürgern gehört, die es hauptsächlich mit Hilfe von Landsklaven bebauen und dessen Erträge in der Regel der Versorgung der Stadt zuführen, und auf der anderen Seite eine Provinz, die von Tributpflichtigen bewohnt ist. Hier bilden die verbündeten autonomen Städte Enklaven, deren Einkünfte der Staat zu politischen Zwekken nutzt (Polybios 1,71,1). Wir werden weiter unten versuchen, die ungefähre Ausdehnung dieses Gebietes, das etwa ein Viertel des punischen Afrika umfaßte, festzulegen.

Über die Bevölkerungszahl wissen wir nur wenig. Strabo, der als Zeitgenosse des Augustus ein Jahrhundert nach der Zerstörung Karthagos lebte, behauptet, daß die Stadt selbst 700 000 Einwohner hatte.[2] Diese Schätzung kann allerdings nicht aufrechterhalten werden; das eigentliche Stadtgebiet war nicht größer als 300 Hektar. Selbst unter Annahme einer sehr großen Bevölkerungsdichte dürfte die Einwohnerzahl kaum 100 000 überschritten haben. Die Vorstadt lag innerhalb der Stadtmauern auf einer Fläche von etwa 20 km². Wenn man annimmt, daß die dortige Bevölkerungsdichte mit der der heutigen Sahelvorzone – der Wechsel von bewohnter Fläche und Gärten liefert uns eine Vorstellung der Landschaft der Megara – vergleichbar ist, konnten dort kaum mehr als 100 000 Einwohner zusätzlich leben. Die von den antiken Geschichtsschreibern vorgenommenen Schätzungen der Truppenstärken müssen mit Vorsicht aufgenommen werden, und meist rekrutierten sich diese Truppen zum größten Teil aus Söldnern. Man kann aber davon ausgehen, daß die Karthager in dem unversöhnlichen Krieg, als sie keinerlei Unterstützung von außen erhielten, Hamilkar nicht mehr als 10 000 Mann zur Verfügung stellen und etwa ebenso viele dem Befehl Hannos unterstellen konnten. Bei der Belagerung im Jahre 149 v. Chr. wurde Karthago von 30 000 Mann verteidigt; ein weiteres, zahlenmäßig wohl schwächeres Heer operierte außerhalb auf dem Land. Da man alle gesunden Männer einschließlich der Sklaven zu den Waffen gerufen hatte, dürfte die Gesamtbevölkerung zu dieser Zeit bei 200 000 Personen gelegen haben.[3] Das Ende der Belagerung erlebten 50 000 Menschen in der Festung von Byrsa.

Die Zahl, die uns von Strabo überliefert ist, bezieht sich vielleicht auf die Bevölkerung der *chora*, wo allein die Karthager die zivilen und politischen Rechte innehatten. Dieses Gebiet kann man auf ungefähr 10 000 km² schätzen, was – außerhalb der Stadt natürlich – eine Bevölkerungsdichte von 40 Bewohnern pro Quadratkilometer ergäbe, eine Zahl, die angemessen erscheint.

Die Vormachtstellung der Stadt innerhalb des Stadtstaates bewirkt einen starken sittlichen Zusammenhalt. Wir werden sehen, daß die Karthager aller Schichten, ungeachtet aller trennenden politischen Auseinandersetzungen, eine Einheit bildeten, nicht nur Fremden, sondern auch Verbündeten oder Untertanen gegenüber, mochten diese auch dem gleichen politischen Gebilde angehörten. Diese Einigkeit beruht nicht allein auf den Institutionen sowie einem Patriotismus, dessen Kraft in allen Krisen offenbar wird, sondern auch auf religiöser Empfindung. Jeder Stadtstaat entschied sich im gemeinsamen Pantheon der Nation für einen oder mehrere Schutzgötter und ehrte sie mehr als die anderen Götter. In Karthago nahm seit dem 5. Jahrhundert Tanit diese bevorzugte Stellung ein, auf Kosten von Astarte und sogar Baal Hammon, der in die zweite Reihe rückt. Man kann davon ausgehen, daß das neue Tyros vor dieser umwälzenden religiösen Veränderung dem Schutzgott seiner Mutterstadt, Melqart, verbunden war. Es schickte ihm jährlich eine Gesandtschaft, die einen sehr bedeutenden Zehnten darreichte. Die Veränderung des 5. Jahrhunderts hatte also Karthago auf religiösem Gebiet endgültig emanzipiert. Melqart wurde aber weiterhin sehr geehrt, und es kam vor, daß man in besonders schwierigen Situationen sich hilfesuchend an ihn wandte, etwa als erstmals eine fremde Armee, geführt von Agathokles, vor den Mauern erschien. Möglicherweise spielten innenpolitische Gründe bei dem Rangverlust des tyrischen Gottes mit. Anscheinend war dieser »König der Stadt« – das bedeutet der Name im Phönizischen – insbesondere der Beschützer der Monarchie. Die Tatsache, daß er durch Tanit ersetzt wurde, bestätigte im religiösen Bereich die Errichtung der oligarchischen Republik. Gestützt wird diese Vermutung durch die Verehrung Melqarts von seiten der Barkiden, die zweifellos eine Restauration zu ihren Gunsten planten.

Dieser bürgerliche Gemeinschaftsgeist, der fähig war, ausgeprägte

Hingabe zu wecken, lastet dennoch schwer auf dem einzelnen und den unteren sozialen Gruppierungen. In Karthago führte, wie wir sehen werden, der Zwang oft zu einer Tyrannis, die um so grausamer war, als sie nicht wie in Griechenland durch das aufkommende Gefühl für den Wert des Menschen oder wie in Rom durch höchste Sorge um juristische Formen gemäßigt war. Ebenso wie in Griechenland äußerte sie sich durch argwöhnisches Mißtrauen jedem gegenüber, der, im Guten wie im Bösen, von der Norm abwich.

Ein weiterer Nachteil des Stadtstaates ist sein Unvermögen, sich zu erweitern, seine Ablehnung aller, die von außen in seine Gesellschaft drängen wollen. Karthago hat unter diesem Mangel, der auch Athen zugrunde richtete, ganz besonders gelitten; beide Städte, eine wie die andere, haben sich gleichermaßen ungerecht gegenüber ihren Verbündeten gleicher Abstammung gezeigt, indem sie ihnen stets die politische und wirtschaftliche Gleichstellung versagten. Diese Haltung straften ihre Verbündeten in Zeiten größter Gefahr durch den Abfall. In dieser Hinsicht waren die Griechen und die Punier zu ihrem eigenen Unglück weniger großzügig als die vorausschauenden Römer. Der Gegensatz zeigt sich bei Karthago um so deutlicher, als es zu fast der gleichen Zeit wie sein italischer Rivale mit dem Problem konfrontiert war. Die Krise des Stadtstaates, in Griechenland seit Anfang des 4. Jahrhunderts offenkundig, trat im Westen erst später zutage. Andererseits muß man aber hinzufügen, daß zumindest einem punischen Politiker, nämlich Hannibal, die Bedeutung des Problems bewußt war, und daß er auch Mittel und Wege zur Lösung kannte, an deren Ausführung ihn einzig und allein seine militärische Niederlage hinderte.

Aber auch der politisch vollkommen autonome Stadtstaat ist nur Zelle eines Volkes, das seine Einheit im Bereich der Moral und der Kultur bewahrt.

Karthago gehört zunächst zur phönizischen Nation und darüber hinaus durch seine Sprache zur semitischen Kultur. Diese Sprache hat viele Jahrhunderte in Afrika und in Sardinien weitergelebt, nachdem sie in Asien nicht mehr gesprochen wurde, und ihre Kenntnis verdanken wir hauptsächlich der Epigraphik. Tausende von Votiv- und Grabinschriften sind uns erhalten, leider in banalen und stereotypen

Wendungen. So heißt es auf allen Stelen des Tophet mit Ausnahme von drei oder vier Monumenten, die vor die Reform des 5. Jahrhunderts zu datieren sind: »Der Herrin Tanit, Angesicht des Baal, und dem Herrn Baal Hammon. Dieses weihte der Soundso, Sohn des Soundso.« Die wenigen Texte, die von dieser allgemeinen Formel abweichen, sind einige religiöse Inschriften mit Tarifen, die für jede Art von Opfer genau den Anteil für den Priester festlegten, sowie Weihinschriften von Tempeln. Interessanter sind oft die neo-punischen Inschriften aus der Zeit nach der Zerstörung Karthagos, so besonders die Weihinschriften weltlicher oder religiöser Monumente aus den Städten Tripolitaniens und Zentral-Tunesiens. Viele sind zweisprachig, lateinisch-punisch oder, wie in Dougga, libysch-punisch. Im literarischen Bereich sind nur die punisch geschriebenen Passagen im *Poenulus* des Plautus überliefert, deren längste ein Gebet des Händlers Hanno an die Götter der Stadt ist, in dem er bittet, sie mögen ihn seine Töchter und seinen Neffen wiederfinden lassen.

Diese Texte sind in einer Sprache abgefaßt, die dem Hebräischen sehr verwandt ist. Die Ähnlichkeit war derart stark, daß sie noch im 4. Jahrhundert n. Chr. nicht nur von gebildeten Personen wie dem heiligen Augustinus und dem heiligen Hieronymus, die sie oft herausgestellt haben, sondern auch von afrikanischen Bauern bemerkt wurde; allerdings war das Phönizische zu dieser Zeit nur noch ein Dialekt, den man nicht mehr schrieb und der vielerlei Veränderungen erlitten hatte. Man erinnere sich aber, daß die Griechen und die Römer niemals die Verwandtschaft erkannten, die ihre Sprachen miteinander und mit anderen indoeuropäischen Sprachen wie dem Keltischen verband.

Die Schrift fußt auf dem Alphabet von 22 Buchstaben, das die Phönizier um das 12. Jahrhundert v. Chr. erfanden, nachdem sie verschiedentlich versucht hatten, keilförmige oder ägyptische Schriftzeichen zu benutzen. Bekanntlich steht dieses System, das zunächst von den Griechen, dann von den Römern angenommen wurde, am Anfang aller heute gebrauchten Schriftsysteme, ausgenommen natürlich die des Fernen Ostens. Das phönizische Alphabet wird von rechts nach links geschrieben; es hat keine Zeichen für Vokale, besitzt aber Halbvokale, die Gutturale »aleph« und »he«, das »wav« (w) und das

»yod« (y). Als die karthagische Schrift sich um das 5. Jahrhundert verbreitet – wir werden noch versuchen, diese späte Verbreitung zu erklären –, ähnelt sie noch sehr der Schrift des Mutterlandes. Etwa zur Zeit des Falles von Karthago wandelt sie sich durch die Verwendung von Kursivzeichen, die die Grundlage des neo-punischen Alphabets bilden.

Zu keiner Zeit haben die Karthager auf Sprache und Schrift ihrer Heimat verzichtet, vielmehr haben sie auch zu deren Verbreitung bei den unterworfenen Völkern beigetragen. Schon die Fremden in Karthago, insbesondere die Söldner, bedienten sich des Punischen als Umgangssprache. Bei den Libyern wurde das Phönizische eine Kultursprache. Die Schrift, die sie zum Transkribieren ihrer Dialekte wohl um das 2. Jahrhundert v. Chr. erfanden und die sogar noch heute unter der Bezeichnung »Tifinagh« bei den Tuareg existiert, hat ihren Ursprung zweifelsohne im phönizischen Alphabet.

Darüber hinaus behielten die Karthager auch den phönizischen Kalender sowie das Maß- und Gewichtssystem bei.

Aber Sprache und Verfahren zum Messen von Zeit und Raum sind letztlich nur Mittel im Dienst philosophischer Weltanschauung. Hinsichtlich der Metaphysik stehen die Karthager ganz im Gegensatz zum griechischen Geist und der darin zum Ausdruck kommenden klassischen Denkweise. In der Tat haben sie niemals das Prinzip einer rationalen Kausalität angenommen. Die Welt erscheint ihnen nicht als ein Räderwerk, das von Gesetzen gesteuert wird, die zu begreifen der menschliche Geist imstande ist und die aus ihm den Herrn der Natur machen. Das Protagoreische Grundprinzip »Der Mensch ist das Maß aller Dinge« ist ihnen vollends zuwider. Der physikalischen Kausalität setzen sie eine mystische Kausalität entgegen, die in den Gedichten von Ugarit – für uns die älteste Bekundung phönizischer Denkweise – ebenso zum Ausdruck kommt wie in den neo-punischen Stelen des 2. Jahrhunderts n. Chr., als diese Kultur im Begriffe stand, unterzugehen. Seit dem Ende des 14. Jahrhunderts v. Chr. beschreiben die Dichter von Ugarit[4] die Entwicklung der Vegetation, das Reifen der Ernte und deren Umwandlung in für den Menschen genießbare Nahrung als die Folge eines unaufhörlich sich wiederholenden Konfliktes zweier Gottheiten, die allerdings letztendlich, die eine wie die andere, von El, dem obersten Vater, abhängen: Es sind dies Aleyan Baal, der das Prinzip der Feuchtigkeit darstellt, und Mot, die Verkörperung der sommerlichen Dürre und des reifenden Korns.

Die Stelen von Ghorfa[5] (Taf. 12) verdeutlichen den Kreislauf, durch den die Vorsehung den Kosmos belebt. Die Welt, die sie darstellen, bewahrt ein Bild derer, die Psalm 148 beschreibt: Auf dem Gipfel der Stelen beleuchten Sonne und Mond den Ort, an dem die Götter verweilen; diese erscheinen noch nicht als »Personen«, aber später, in der römischen Zeit, sieht man Saturn, den Nachfolger Baal Hammons, zwischen den beiden Gestirnen thronen. Darunter folgt die Atmosphäre mit ihren Winden, dargestellt von herumflatternden Vögeln, dann der von Delphinen oder manchen Fischen bevölkerte Obere Ozean, aus dem der wohltuende Regen kommt, schließlich die Erde mit Pflanzen, Tieren und Menschen. Die Gehilfen der Götter, die deren Wohltaten auf der Erde in Empfang nehmen sollen, stehen in der Mitte dieses Sternenparadieses: Dazu dient ein zur Hälfte menschenförmiges Zeichen der Tanit, so wie der »Engel« des Psalms, oder Hermes. Auf dem Dach der *cella*, in der sich die weihende Person befindet, sieht man noch Schadrapa in Gestalt von Liber Pater, der mit Efeu bekränzt ist und seinen Thyrsus hält, sowie Ištar-Venus, erkennbar an ihrer Nacktheit und dem kleinen Eros, der sie zuweilen begleitet. Eine bereits erwähnte Stele aus Karthago, auf der der »Priester« mit Kind abgebildet ist, weist ebenfalls auf eine überirdische Welt hin, in welcher der Mond leuchtet, der die Sonne bedeckt; diese bildet über Delphinen, die sich auf einer Wellenlinie bewegen, eine Rosette, das Symbol der Ewigkeit. Meist aber stellen in Form von Begriffszeichen nebeneinandergereihte kleine Bilder die Beziehung zwischen Göttern und Menschen dar: Eine erhobene Hand steht für das Gebet des Widmenden, *caduceus* oder Tanitzeichen symbolisieren Wohltaten ankündigendes göttliches Eingreifen.

In dieser Verbindung übernatürlicher Kräfte ist der Mensch allerdings nicht völlig ohne eigene Mittel zum Handeln; diese sind magischer Art. Äußerstes Mittel ist das Opfer, durch das die göttliche Energie selbst wiederbelebt wird. Dabei handelt es sich aber nicht um eine einfache Opfergabe an die Götter: Im Grunde bringt der Opfernde sich selbst zum Opfer dar, und die Opfergabe ist immer nur ein Ersatz

seiner selbst; die Wirksamkeit des Aktes entspricht derjenigen der
Hostie, was das langandauernde Fortbestehen von Menschenopfern
erklärt. Der Molk, das Kinderopfer, ist somit die vollkommene Form
des punischen Opfers, und nichts zeigt besser das unerschütterliche
Festhalten der Punier in Afrika an ihren Traditionen als ihre hartnäk-
kige Weigerung, Druck und Zwang zum Trotze auf diesen Brauch zu
verzichten.

Aus dieser metaphysischen Einstellung ergibt sich logischerweise die
moralische und ästhetische Haltung.

Die punische Ethik ist uns nur indirekt bekannt; ihre ungünstige
Beurteilung durch Griechen und Römer erklärt sich leicht, sei es
infolge politischer Feindschaft, sei es durch den hauptsächlich auf
rücksichtsloseste Angehörige der karthagischen Gesellschaft, nämlich
Händler oder Soldaten, beschränkten Kontakt: Man kann jedoch
sagen, daß die Karthager mit Menschen bei sich und auch bei anderen
leichtfertiger umgingen als die Griechen: Davon zeugen die Leichtigkeit, mit der sie sich aufopferten, die grausamen Strafen, die sie schon
bei unbedeutenden Anlässen nicht nur gegen Leute von niederer
Herkunft, sondern auch gegen wichtige und hochgestellte Persönlichkeiten verhängten. Diese Verachtung des Menschen kann bei einem
Volk, für das der mystische Selbstmord die verdienstvollste Tat
schlechthin ist, nicht überraschen. Bis zu der Zeit, als der griechische
Einfluß entscheidend wurde, waren die einzigen, die wie Dido göttlicher Ehren für würdig befunden wurden, die Philenen und Hamilkar
der Magonide, auf diese Art ums Leben gekommen. Wurden durch
deren Tod wenigstens die Verfehlungen der Opfer oder der Gemeinschaft gesühnt? Wie die Hebräer kannten auch die Karthager das
Sühneopfer. Das Menschenopfer konnte diese Bedeutung haben: So
führten die Karthager, als sie von Agathokles bedroht wurden, ihr
Unglück auf ihre Nachlässigkeit gegenüber den Göttern zurück und
opferten auf einen Schlag Tanit und Baal 500 Kinder aus den vornehmsten Familien. Sie glaubten also wie die alten Phönizier und die
Hebräer, daß das allgemeine Unheil durch göttlichen Zorn hervorge-
rufen werde. Die Verfehlungen aber, die sie sich vorwarfen, waren
ritueller und nicht moralischer Art: Die vornehmsten Familien, denen
die Verpflichtung oblag, ihre Erstgeborenen hinzugeben, hatten statt

derer junge Sklaven den Göttern geopfert, somit geweihte Opfer unterschlagen und damit auf die gesamte Stadt die Vernichtung gelenkt, zu der eigentlich ihre Kinder bestimmt waren; man hatte die Melqart von Tyros zustehenden Gaben vernachlässigt. Schon im Jahre 396 hatte man eine in Sizilien erlittene Niederlage dem Zorn der Götter zugeschrieben: In diesem Fall handelte es sich um fremde Götter, nämlich Demeter und Kore, die man durch den Bau eines Tempels in Karthago besänftigte. Deren Zorn aber war nicht durch die Grausamkeiten, die die punischen Soldaten an den Griechen, Anhängern von Demeter und Kore, begangen hatten, verursacht worden, sondern allein durch die Zerstörung eines ihrer Heiligtümer in der Nähe von Syrakus.

Die Götter straften auch Privatpersonen für gewisse Vergehen, etwa diejenigen, die ein Gebäude oder ein Grab beschädigten, wenn dieses unter ihren Schutz gestellt war, und diejenigen, die einen Schwur brachen, für den sie sich verbürgt hatten. Dieses Eingreifen der Götter beruhte nicht auf dem Unwillen, den das Vergehen bei ihnen erregte, sondern auf der persönlichen Beleidigung, die ihnen widerfahren war, und es kam auch nur dann dazu, wenn man sie durch Aussprechen einer Verwünschung auf die Angelegenheit aufmerksam gemacht hatte.

Ebenso wurde die göttliche Gunst, der Segen, dessen Bedeutung durch die Schlußformel auf manchen Stelen: »Weil er seine Stimme gehört und ihn gesegnet hat« bezeugt ist, nicht durch einen der Moral entsprechenden Lebenswandel erworben, sondern durch die peinlich genaue Ausführung ritueller Praktiken, insbesondere des Opfers, oder mittels eines wirklichen Vertrages, wie ihn das Gelübde darstellte. Die Punier bedienten sich bei diesen Geschäften mit der Gottheit der gleichen Gerissenheit wie bei ihren irdischen Angelegenheiten, und sie zeigten sich entzückt, wenn es ihnen gelungen war, den so gefürchteten Baal zu überlisten.

Die große religiöse Erneuerung, die bei den Hebräern die Propheten und bei den Griechen die Philosophen einleiteten und die aus der Gottheit den Garanten einer absoluten Moral machte, die vollkommener war als die der Gesellschaft, hat somit bei den Puniern nicht stattgefunden.

Zweifelsohne reinigte die Reform des 5. Jahrhunderts, die der gleichen geistigen Entwicklung entsprang, das Ritual von den gröbsten sexuellen Praktiken und präsentierte den Gläubigen ein verehrenswertes Bild der Götter. Aber die Punier waren niemals in der Lage, die Tugenden der Liebe, der Selbstlosigkeit und der Barmherzigkeit zu entdecken: Diese Tatsache verhinderte, daß sie, wie der Buddhismus und das Christentum, die doch aus einem ähnlichen Opferglauben entstanden sind, zu einem mystischen Glauben gelangten, der die Persönlichkeit bereichert und nicht vernichtet.

Die mehr oder weniger bewußte Weigerung, die Übereinstimmung des Menschen mit der Welt einzugestehen, und die Furcht vor den magischen Kräften, die sich mit dem Bild vermischen, behinderten die Entwicklung einer naturalistischen Kunst. Der punischen Kunst gelingt es nur dann, ein Gefühl nüchterner Größe zu schaffen, wenn sie sich sehr einfacher geometrischer Figuren bedient, wie etwa der Mondsichel, der Rosette, der beiden Zeichen für die »Flasche« und Tanit; deren Strenge milderte sie oft durch Ornamente aus der Pflanzenwelt, wie etwa Akanthus- und Palmblätter, Lotusblumen und Rankenornamente, die den Einfallsreichtum der ebenfalls auf der Verbindung gradliniger Motive oder Schriftzeichen mit Darstellungen aus dem Pflanzenreich beruhenden Arabeske vorwegnehmen.

Priester und Adel

Vier oder fünf Jahrhunderte lang lebten Didos Kolonisten und ihre Nachfahren im wesentlichen von dem, was das Meer ihnen zu bieten hatte. Die spätere politische und wirtschaftliche Entwicklung des Staates führte dann zwangsläufig zu einer starken Diversifizierung der punischen Gesellschaft. Eine der verwertbarsten Angaben karthagischer Epigraphik ist der Hinweis auf den Beruf des Dedikanten. Alle sozialen Schichten, von Adel und Priesterschaft bis zu Angehörigen niedrigster Berufsstände und hinunter zu einem armseligen Proletariat, von dem es in allen Mittelmeerstädten zu allen Zeiten wimmelt, sind hier vertreten, ebenso wie Sklaven, seßhafte Fremde und libysche Bauern, die sich im Laufe der Zeit in der Stadt niedergelassen hatten.

Die Lebensweise all dieser Menschen unterscheidet sich in diesem sozialen Gefüge entsprechend ihrer Position. Wir werden uns zunächst mit den Bewohnern der Stadt befassen, um uns später denen zuzuwenden, die außerhalb ihrer Mauern tätig wurden: den Kaufleuten und Freibeutern, den Karawanenführern der Sahara, deren kühne und äußerst anstrengende Märsche wir ebenso verfolgen werden wie die Heerführer, die ferne Reiche gründeten, die Condottieri in Spanien und Italien.

Die Priesterschaft[6]

Die größte Bedeutung kam in der Stadt sicherlich den Priestern (*kohanim*) zu, den Dienern der Tanit, Baal Hammons, Melqarts, Eschmuns, Reschefs, Akadrapas, der Ištar, Yams und Dagons und noch etlicher anderer.[7] Ihre Aufgabe bestand darin, sich um den Schutz der gefürchteten Götter für ihre Stadt zu bemühen. Durch Opferhandlungen erneuerten sie deren übernatürliche Kräfte, damit sie die Ernten hervorzubringen, die Fruchtbarkeit von Mensch und Vieh zu sichern, den Magistraten Klugheit und den Kriegern Kraft einzugeben vermochten. In Zeiten politischer oder wirtschaftlicher Not beklagten die Priester denn auch die fehlende Frömmigkeit der Gläubigen und entfesselten die Leidenschaften eines Mystizismus, der zu schrecklichen Menschenopfern führen konnte, wie Flaubert sie aufgrund seiner persönlichen Erfahrungen im Umgang mit den Brüderschaften der Isawijas so genau hatte beschreiben können.

So ehrenvoll das Dasein eines *kohen* auch ist, ungefährlich ist es sicher nicht. Wer sich dem Gotte weiht, begibt sich ganz in dessen Hand, ja die furchterregende Gottheit könnte im Ernstfall plötzlich sein Leben verlangen. Manchmal trat dieser Fall wirklich ein: Aus Verärgerung über seinen Sohn, einen Priester des Melqart-Kultes, der sich geweigert hatte, ihn bei einem Umsturzversuch zu unterstützen, ließ König Malchos den Unglücklichen in seinem Opfergewand kreuzigen. Diese grausame Todesstrafe war ganz ohne Zweifel ein echtes Menschenopfer. Noch im 3. nachchristlichen Jahrhundert mußten sich im römischen Karthago diejenigen, die dazu verurteilt waren, im Amphi-

theater den Löwen vorgeworfen zu werden, in bestimmte Gewänder
hüllen; so trugen die Männer die Gewänder der Saturnpriester (das
römische Gegenstück zu Baal Hammon) und die Frauen die für den
Ceres-Kult bestimmten. Auf diese Weise reichte man den Göttern
Menschenblut dar und umging dabei das Verbot, nach dem Menschenopfer zu jener Zeit nicht mehr erlaubt waren.

Selbst wenn der Priester dem Tod entging, mußte er sein Menschen-
dasein aufgeben; im Heiligtum des Saturn Sobarensis, nahe der Stadt
Nepheris, lebte er in Knechtschaft wie ein besiegter Krieger. In
Gegenwart der furchterregenden Gottheit war er in jedem Augenblick
Gefahren ausgesetzt, denen er sich allein durch vollkommene Reinheit
entzog, welche er durch strenge Beachtung der Tabus zu erreichen
suchte. Nach einer Darstellung von Silius Italicus[8] dienten im Tempel
dem Zölibat geweihte Priester; sie sind bartlos und kahlgeschoren,
tragen lange, nur mit einem breiten, gestickten Band verzierte Gewänder und gehen barfuß. Frauen und Schweinen war das Betreten des
Heiligtums verboten. Eine merkwürdige Ähnlichkeit besteht zwischen
diesen Verboten und denjenigen auf einer Inschrift in Thuburbo
Majus[9] mit Vorschriften für die Gläubigen, welche den Äskulap/
Eschmun-Tempel betreten wollen: Sie durften sich drei Tage lang
keiner Frau nähern, keine Bohnen sowie kein Schweinefleisch zu sich
nehmen und sich weder rasieren lassen noch Bäder besuchen. Die
beiden letzten Verpflichtungen zielten zweifellos darauf ab, sie für eine
heilige Waschung zu präparieren, die der Weihung vorausging. In
anderen Heiligtümern war es den Priestern oder Priesterinnen verboten, Wein zu trinken.

Enthaltsamkeit wurde nicht ständig von allen punischen Priestern
gefordert, viele unter ihnen waren nämlich verheiratet und übertrugen
ihr Amt im Erbgang. Durch Tertullian[10] ist uns bekannt, daß noch zu
seiner Zeit (Ende 2. bis Anfang 3. nachchristliches Jahrhundert) die
Priesterinnen des Kults der »afrikanischen Ceres« dazu angehalten
waren, den Umgang mit Männern – selbst mit den nächsten Verwandten – völlig zu meiden. Für dieses Amt wurden jedoch angesichts der
Härte dieser Bestimmung nur alte Damen ausgewählt, die es auf sich
nahmen, sich von ihrem Gemahl zu trennen, und ihm, in bleibender
Sorge um sein Wohlergehen, eine jüngere Stellvertreterin zuführten.

Wenn man dem Erzähler glauben darf, stimmten die Ehemänner dem Austausch mit lebhafter Freude zu.

Den Demeter- bzw. Ceres-Kult übernahmen die Karthager von den Griechen in Sizilien, änderten ihn aber stark ab, so daß von da an zwischen der afrikanischen oder punischen und der griechischen Ceres unterschieden wurde. In griechisch beeinflußten Ländern wurden die Menschen von gewissen kultischen Verehrungen der beiden Göttinnen ferngehalten, die Phönizier haben aber wahrscheinlich – beeinflußt von Vorschriften, die bei ihren anderen Kulten bestanden – ein ursprünglich für eine beschränkte Zeit eingeführtes Gebot zu einem ständigen umgewandelt. Das bedeutet nicht, daß dieser Kult nicht auch ausschweifende Feierlichkeiten hätte zulassen können. Carcopino[11] wies anhand der geistvollen Interpretation einer Textstelle bei Sallust nach, daß der am 13. Dezember in ganz Afrika begangene höchste Festtag Gelegenheit gab zu Lustbarkeiten, Gelagen und Vergnügungen, die Obszönitäten nicht ausschlossen (*lascivia*).

Diesen Hinweis illustriert ein merkwürdiges plastisches Relief auf dem Grab-Cippus einer Priesterin der afrikanischen Ceres, das sich im Bardo-Museum in Tunis[12] befindet. Zu sehen ist, gleichsam von Kinderhand gezeichnet, die Darstellung eines Festmahls. Zwei menschliche Figuren liegen auf Betten, voneinander durch kleine Tische getrennt, auf denen sich die Schüsseln und die Kratere mit den Getränken befinden; eine von beiden – die einzig erhaltene – ist eine Frau, die nur mit einem Büstenhalter und Ohrringen bekleidet ist. Bei einem heiligen Mahl, an dem der Geladene in so leichter Bekleidung teilnehmen durfte, ging es offensichtlich nicht sehr sittenstreng zu.

Überraschend ist es übrigens nicht, wenn derselbe Kult seine Anhänger einerseits zu strenger Enthaltsamkeit anhielt und andererseits die gewagtesten Ausschweifungen begünstigte. Der Anlaß für das Keuschheitsgebot war nämlich nicht moralische Besorgnis. Eine dahin gehende Interpretation stieß auf Widerstand und setzte sich nur zögernd unter dem Einfluß der Philosophen durch. Ursprünglich gehen Verbote sexueller Kontakte wie auch die Freizügigkeiten auf magische Vorstellungen zurück. Durch ihre Verbundenheit mit dem Kult der Götter, von denen die Fruchtbarkeit der Natur abhing, wollten sie diese Fruchtbarkeit fördern, indem sie eine magische

Verbindung zwischen dem Menschen und den übernatürlichen schöpferischen Kräften herstellten.

Das führt uns zu der sehr umstrittenen Frage der Tempelprostitution.
Ganz zweifellos beherbergte der Ištar-Tempel auf Zypern Tempeldie-
nerinnen, die sich den Besuchern hingaben. In diesem Brauch sah man
oft ein Charakteristikum phönizischer Religion und hat es folglich in
allen tyrischen Kolonien wiederantreffen wollen. Viele Autoren glaubten, daß in Karthago der Tanit-Kult, den sie als eine Form des Ištar-
Kultes ansahen, Kurtisanen in seinen Tempeln zuließ. Carton meinte
in dem neo-punischen Heiligtum der Göttin, das er bei El Kenissia in
der Nähe von Sousse ausgegraben hatte, das dem Tempel angefügte
heilige Hurenhaus zu erkennen.

Das dürfte aber wohl ein Irrtum sein. Tanit ist von Ištar durchaus zu
unterscheiden. Nur einer der antiken Autoren bezeugt die Existenz
der Tempelprostitution in Afrika: Der römische Moralist Valerius
Maximus, ein Zeitgenosse des Tiberius, brandmarkte die Unmoral
»punischer Damen«, die ihre Jungfernschaft im Venus-Tempel von
Sicca[13] (El Kef) opfern würden. Aber Sicca war keine eigentlich
punische Stadt, sondern eine Kolonie, in der Karthago eine aus dem
westlichen Sizilien gekommene Gruppe Elymer untergebracht hatte.
Nun verehrte dieses ursprünglich wohl aus dem Orient stammende
Volk eine berühmte Fruchtbarkeitsgöttin, die die Phönizier Ištar, die
Griechen Aphrodite und die Römer Venus nannten; der Haupttempel
auf dem Berg Eryx an der Westspitze Siziliens, dessen Kopie das
Heiligtum in Sicca war, war tatsächlich berühmt wegen seiner Tempel-
dienerinnen. Wenn aus ganz Afrika Phönizierinnen in das Heiligtum
von Sicca, das fremden Ursprungs war, zu rituellen Opferhandlungen
kamen, ist es offensichtlich, daß sie das in ihrer Geburtsstadt nicht tun
konnten. So wurde anscheinend die Tempelprostitution – weit entfernt davon, ein kennzeichnendes Element der punischen Religion zu
sein – nur in bestimmten Tempeln praktiziert, in welchen speziell
»eingewanderte« Götter verehrt wurden.

Wahrscheinlich wurde der naturalistische und lose Charakter der
phönizischen Religion gezähmt durch die religiösen Umwälzungen
des 5. Jahrhunderts, die der Tanit zum Durchbruch verhalfen. In den
Grabungsschichten des Tophet, die auf die Zeit vor dieser Reform

zurückgehen, finden sich Terrakotta-Statuetten von rohem Realismus, bei denen die Geschlechtsmerkmale der Frauen und Männer übertrieben ausgeprägt sind. Weitere Geschlechtssymbole sind auf den Cippi graviert. Alle diese Darstellungen verschwinden im 5. Jahrhundert. Wir haben bereits dargelegt, daß das Bemühen um Strenge, diese Reaktion gegen den Naturalismus, sich wenigstens anfänglich mit den Reinigungsbemühungen israelitischer Propheten und griechischer Philosophen vergleichen läßt.

Silius Italicus, der uns eine hinreichende Vorstellung von den auf dem punischen Priesteramt lastenden Verpflichtungen vermittelt, war auch gut unterrichtet über die Kleidung, deren Strenge das Reinheitsideal symbolisierte. Wichtigstes Teil war das – von den Ägyptern übernommene – über einem Schurz getragene durchsichtige Leinengewand. Mit ihm ist der Priester, der das Kind opfert, auf der berühmten Tophet-Stele im Bardo-Museum bekleidet. Der *kohen* ist hier bartlos wie die ägyptischen Priester und die von Cadiz, seinen kahlgeschorenen Schädel ziert eine runde Kopfbedeckung, die einem Fez ganz ähnlich sieht. Die Kleidung entspricht der eines Baalyaton genannten Priesters auf einer in Phönizien entdeckten Stele, die in der Ny-Carlsberg-Glyptothek[14] aufbewahrt wird. Aber die Karthager hatten das ägyptische Opfergewand nicht direkt übernommen, sondern über die Vermittlung ihrer Mutterstadt erhalten: Viele andere Vermächtnisse der Nilkultur haben übrigens auf demselben Weg nach Afrika gefunden. Auf einer anderen Tophet-Stele ist ein barhäuptiger und kahlgeschorener Priester zu sehen.[15] Hier ist der ägyptische Einfluß noch deutlicher; das Gewand ziert ein wahrscheinlich auf den Stoff gesticktes »Tanitzeichen«. Die Stele aus Hadrumetum[16] mit dem thronenden Baal Hammon zeigt vor dem Gott eine kleine kahlköpfige Gestalt, die von der göttlichen Majestät zerschmettert zu werden scheint.

Die Verpflichtung zum Scheren der Haare und des Bartes wurde aber nicht allen Priestern strikt auferlegt. Im Tophet[17] findet sich auch eine Person, deren Status sich sowohl durch das lange, durchsichtige Leinengewand, das hier über einer kurzen Tunika getragen wird, als auch durch die Oinochoë und eine Schale für das Trankopfer nachweisen läßt. Das Kinn ziert ein Spitzbart, und das über der Stirn sichtbare Haupthaar ist von einem Schleier bedeckt, der nach Art der ägypti-

schen *klaft* auf die Schultern fällt. Auf einem anderen Ex-voto ist
ebenfalls ein bärtiger Mann in langem Gewand zu sehen; im Anbe-
tungsgestus verharrt er vor einem Altar, auf dem der Kopf eines
geopferten Stiers liegt.[18]

Einziger Schmuck des weißen Gewandes der Priester von Cadiz war
ein bei Silius als »laticlavius« bezeichnetes Band, das demnach dem
purpurnen Ehrenzeichen der römischen Senatoren ähneln mußte. Der
bärtige Priester des Tophet trägt exakt über der linken Schulter einen
langen, breiten, rechtwinkligen Stoffstreifen. Auf den Sarkophagen
der Kirche von Sainte-Monique tragen die männlichen Statuen – die
Priester oder nach unserer Auffassung eher Götter – über einem langen
Gewand eine Art fransenbesetzte Epitoga.[19]

Auf einer kaiserzeitlichen Stele aus Mactar ist eine Gestalt in einem
Mantel abgebildet, der mit einem gestickten Band besetzt ist. Dieses
Zeichen ist zweifellos mehr eine Art bürgerlichen Zierats als ein
heiliges Emblem; lateinische Inschriften aus Leptis Magna[20] belegen
nämlich, daß Senat und Volk dieser Stadt das Tragen des »laticlavius«
ihren angesehenen Bürgern für persönliche Verdienste und vornehme
Abstammung als höchste Ehre zuerkannten.

An die Amtstracht jüdischer Geistlichkeit erinnert ein anderes, heiliges
Emblem; es handelt sich um ein Metallband, das die Priester auf der
Stirne befestigten. Unsere Museen besitzen mehrere von diesen
Emblemen, die zwar offensichtlich aus römischer Zeit stammen, aber
neo-punischen Kulten gedient haben müssen. Man erkennt darauf das
Zeichen der Tanit, die Büste der Göttin und des Baal Hammon,
dargestellt in Gestalt des Zeus Ammon, mit dem er oft verwechselt
wurde.

Die Kleidung bleibt vergleichsweise einfach; die Götter selbst, deren
Diener ihr Erscheinungsbild nachahmen mußten, sind auf den karthagischen Monumenten gewöhnlich nicht besonders ausstaffiert. Auf der
Stele aus Sousse (antik: Hadrumetum), deren Vorbild eine auf zahlreichen Denkmälern wiedergegebene berühmte Kultstatue ist, trägt Baal
Hammon ein langes Gewand und eine spitz zulaufende Tiara, die an
anderer Stelle auch durch eine Federkrone ähnlich der Kriegstracht der
Indianer ersetzt ist: Dieser fremd erscheinende Ornat war mesopotamischen Ursprungs (Taf. 15). Derselbe Gott trägt auf den Wangen

ein nach ägyptischer Art vorn gefälteltes Tuch und eine hohe Mütze.
Die Göttinnen waren gelegentlich aufwendiger zurechtgemacht; einen
berühmten Sarkophag in der Sainte-Monique-Kirche[21] krönt eine
liegende Frau, die in das Federkleid einer riesigen Taube gehüllt ist:
der Kopf mit dem Schnabel bildet eine Art Helm, und die über den
Beinen gekreuzten Flügel bedecken einen Unterrock. Bei der Entdek-
kung des Sarkophags ging man ohne Zögern davon aus, daß dieses
Bildnis die in vollem Ornat darin beigesetzte Priesterin darstellte, doch
statt dessen enthielt er nur die Gebeine einer alten Negerin! Es handelt
sich – wie wir annehmen – um Tanit, die über den Schlaf ihrer
Dienerin wacht (Taf. 11).

Angesichts der oben dargelegten Fakten darf man davon ausgehen, daß
die punischen Geistlichen zum Teil strengster Disziplin unterworfen
waren, die ihnen weltliche Tätigkeiten praktisch verunmöglichte;
andere daneben, die Würdenträger aus den Reihen des politischen
Adels, waren vom ständigen Gehorsam und den ihrem Amt prinzipiell
auferlegten Geboten befreit. Auch in Rom beispielsweise gibt es neben
den Flamines und Vestalinnen, die mit Verpflichtungen geradezu
überhäuft waren, die Pontifices oder die Auguren, welche außerhalb
ihres Dienstes ein normales Leben führten.

Die phönizische Geistlichkeit prägte indes ein ausgesprochener Korps-
geist; die Inschriften belegen, daß die Hauptämter bestimmten Familien vorbehalten waren, die zweifelsohne ein Monopol ausübten, wie
es sich entsprechend in Israel zugunsten des Hauses Aaron herausge-
bildet hatte. Um diese Priester-Kasten zu überwachen und vielleicht
auch um eventuelle interne Streitigkeiten zu schlichten, faßte die
Republik den Beschluß, Beamte einzusetzen, die von den Römern
»praefecti rerum sacrarum« (Präfekten heiliger Dinge) genannt wurden; in Karthago bildeten sie ein aus zehn Mitgliedern bestehendes
Kollegium.

Innerhalb der eigentlichen Geistlichkeit herrschte eine sehr strenge
Rangordnung; jeder Tempel hatte einen Oberpriester (*rab kohanim*),
der den eigentlichen Priestern, den Priestern zweiten Ranges und
zahlreichen Gehilfen vorstand, wobei unter den letzteren die Schreiber
an erster Stelle standen. Danach kamen die Kultgehilfen: die mit dem
Zerlegen des Opferfleisches beauftragten Schlachter, Diener, die im

Heiligtum die Lichter anzündeten, und geweihte Barbiere; sie mußten den Priestern wie auch den einfachen Gläubigen, die eingelassen werden wollten, oder den niedrigeren Rängen die Haare scheren. Schließlich noch eine Schar mit allgemeinen Aufgaben betreuter »Hilfskräfte«; das konnten einfache Fromme oder in bestimmten Fällen Tempeldiener sein. Darunter befanden sich sicherlich auch Sklaven, die den Tempelboden pflegten, und die in den Werkstätten beschäftigten Arbeiter. Die Tempel waren in Ägypten und in ganz Asien große Wirtschaftsbetriebe, es wäre deshalb erstaunlich, wenn es in Karthago anders gewesen wäre.

Die Priester hatten zunächst für den reibungslosen Ablauf des Kultlebens Sorge zu tragen, indem sie sich an sehr genaue heilige Gesetze hielten, von denen uns Bruchstücke überliefert sind und die auffallende Ähnlichkeiten mit dem 3. Buch Mose haben. Hauptanliegen war die Organisation der Opferhandlungen: diese standen im Mittelpunkt der punischen Religion und ihrer Zeremonien, mit denen die göttliche Kraft erneuert und beinahe zwangsläufig der Segen der Gottheit in Form einer Wohltat erwirkt wurden; außerdem begründeten sie eine äußerst intensive mystische Verbindung zwischen dem Opfernden und dem Gott.

Neben den Trankopfern und den Weihrauchgaben, die eine große Bedeutung genossen – so nannte man den großen Gott El wie Baal Hammon »Herr wohlriechender Altäre« –, wurden die Blutopfer ihrem Gegenstand gemäß eingeordnet. Die Kategorien entsprechen dabei genau denen der Israeliten: das Brandopfer, das Opfer, mit dem ein Vergehen gesühnt wird, und das Gemeinschaftsopfer. Außerdem gab es natürlich noch das Menschenopfer. Opfertiere waren Stiere, Kälber, Widder, Schafe, Ziegenböcke, Federvieh ..., und ihr Geschlecht richtete sich ganz exakt nach dem Gott, an den sich der Darbietende wandte. Hauptthema der Inschriften, die uns die Vorschriften überliefern, war die Bestimmung der Nebeneinkünfte, auf die die Geistlichkeit ein Anrecht hatte: Im allgemeinen bestanden sie aus einer Geldabgabe und einem Teil des Opferfleisches[22].

Die karthagischen Priester begnügten sich jedoch im Unterschied zu den römischen nicht damit, über die Opferzeremonie zu wachen. Die phönizischen Tempel waren stets Zentren regen geistigen Lebens

gewesen. Dort erörterte man die Natur der Götter und verfaßte neben
den Vorschriften auch heilige Gedichte, wahre Heldenepen, welche
die Abenteuer der Götter erzählten, die rituellen Vorschriften und
Symbole der Zeremonien auf eine mystische Ebene übertrugen und auf
diese Weise erklärten.

Die Ausgrabungen von Ugarit (Ras Schamra)[23], denen wir die Tem-
pelbibliothek einer nordphönizischen Stadt etwa des 14. Jahrhunderts
v. Chr. verdanken, haben uns den erstaunlichen Reichtum dieser
während Jahrtausenden verlorenen Schriften enthüllt. Verschiedene
Passagen sind offensichtlich mit der Genesis verwandt, ohne daß sich
aber jemals das einheitliche Gedankengebäude, das der Bibel zugrunde
liegt, erkennen ließe. Wie Hesiods *Theogonie* bilden die Epen von
Ugarit ein dicht bevölkertes Pantheon, in dem die Götter sich oft in
blutige Kämpfe verwickeln. Tatsächlich hatte jede phönizische Stadt
ihr eigenes Pantheon, wobei sich die Rangordnung der Unsterblichen
von denjenigen der Nachbarstädte unterschied. Innerhalb der einzelnen Städte wiederum stellten die Priester, jeweils zugunsten des Gottes, dem sie dienten, verschiedene Weltordnungen auf. Daher rührten
auch die heftigen theologischen Auseinandersetzungen, von denen uns
manches überliefert ist, wie z. B. die Namen der beiden berühmtesten
Lehrer und Schulleiter, Sanchuniathon und Thabion.

Die karthagische Geistlichkeit hat mit Sicherheit die intellektuellen
Traditionen ihrer ursprünglichen Heimat nicht aufgegeben. Die
Geschichte der Dido, wie sie uns von lateinischen Geschichtsschreibern und Dichtern überliefert wurde, ist die verbesserte und rationali-
sierte Bearbeitung eines der ehrwürdigen Epen aus Karthago. Leider
sind diese Werke, von denen doch viele die Belagerung von 146 v. Chr.
überstanden hatten und die Scipio mit den Bibliotheken den Numider-
königen geschenkt hatte, in der Folgezeit verlorengegangen, als man
aufgehört hatte, punisch zu lesen und die Handschriften in dieser
Sprache abzuschreiben.

Die intellektuelle Rolle karthagischer *kohanim*, mit derjenigen ägyptischer und mesopotamischer Priester vergleichbar, ist von beachtlicher
historischer Bedeutung. Die Geistlichkeit pflegte und bewahrte jahrhundertelang die phönizische Sprache und Kultur, als diese nach der
römischen Eroberung in der Hauptstadt selbst allmählich verfremdet

wurden und schließlich der Synkretismus die Unterschiede zwischen afrikanischen Kulten tyrischer Tradition und anderen mystischen Religionen, die im Römischen Reich damals verbreitet waren, völlig verwischte.

Trotz der spärlichen Quellen läßt sich der Einsatz der Priester für das geistige Erbe des Volkes erahnen. Die in dieser Hinsicht grundlegenden Geschehnisse gehen auf den Beginn des 4. Jahrhunderts (v. Chr.) zurück, als Karthago nach der Niederlage in Sizilien und dem rituellen Suizid seines letzten Königs, Himilkos des Magoniden,[24] Republik wurde. Zu jener Zeit trat Tanit Pene Baal an erste Stelle unter den Göttern, die bislang Baal Hammon eingenommen hatte; und die Stadt wurde unter ihren besonderen Schutz gestellt. Man folgte damit dem Beispiel vieler griechischer Städte, das an eine sehr weit zurückgehende Tradition des Mittelmeerraumes anknüpfte. Tanit übernahm somit das Erbe der allmächtigen Muttergöttin, Herrin des Himmels, der Erde und der Unterwelt, der zentralen Kultfigur schon der vorhellenischen Völkerschaften, deren religiöse Vorstellungen bei den Griechen und Phöniziern weiterlebten. Sicher ist es jedenfalls kein reiner Zufall, wenn das berühmte Zeichen der Tanit die Silhouette eines Idols mit erhobenen Armen beibehält, wie es in den kretischen Palästen des 2. Jahrtausends die Große Göttin verkörperte. Die semitische Herkunft Tanits ist heute durch eine vor kurzem in Sarepta gefundene Inschrift bewiesen, die im 7. Jahrhundert v. Chr. zu Ehren von Tanit und Ištar geschaffen wurde.[25] Die geistige Umwälzung, in deren Verlauf Tanit an die Spitze der Götterschar ihrer Stadt gelangte, scheint deren Beziehungen zur Kolonie nicht beeinträchtigt, eher sogar verbessert zu haben. Die bis dahin spärlichen Inschriften werden in dieser Epoche, in der Tyros von Sidon abgeschnitten ist und die phönizische Sprache zugunsten des Aramäischen und bald auch des Griechischen an Boden verliert, zu Tausenden verfaßt.

Möglicherweise wanderten tyrische Schreibschulen in die Kolonie aus, die nun eine der wichtigsten Stätten phönizischer Kultur wurde. Karthago öffnete sich gleichzeitig dem Hellenismus: Die formelle Einführung des Demeter- und Kore-Kults im Jahre 376 v. Chr. und dessen rasche Verbreitung in der Bevölkerung veranschaulicht aber auch die Gefahr, die der punischen Kultur aus der Beeinflussung durch das offenere, menschlichere und vor allem dem Einzelschicksal stärker verhaftete Gedankengut drohte[26]. Die Priester erkannten die Bedrohung und begegneten ihr, indem sie den fremden Kult, dessen Verwaltung zunächst Griechen anvertraut worden war, den phönizischen Verhältnissen anpaßten und für ihre eigene Theologie erschlossen. Das Phänomen läßt sich besonders deutlich am Beispiel des semitischen Heilgottes Schadrapa verfolgen: Dieser in Karthago verehrte Gott wurde einer zweisprachigen Inschrift aus Leptis Magna[27] zufolge in Nordafrika mit Dionysos, lateinisch »Liber Pater« genannt, identifiziert. Gravierte Motive auf Elfenbeintafeln,[28] die zum Schmuck von Beinhäusern angefertigt worden waren, belegen sehr deutlich, daß die Entwicklung gleichzeitig in zwei entgegengesetzte Richtungen verlief; einerseits fand der Hellenismus bereitwillige Öffnung und andererseits heftige Ablehnung. Die Tafeln enthalten nämlich charakteristische Darstellungen des dionysischen Zyklus, Bilder von Trinkgelagen, von tanzenden Mänaden und vom Ehrengeleit der Nereiden, doch wurden die griechischen Vorbilder nicht sklavisch kopiert, sondern nach sorgfältiger Prüfung den semitischen Glaubensverhältnissen adaptiert. So tragen die punischen Nereiden, wie sowohl die Grabausstattung als auch die Ikonographie der Flächen zeigt, das für den im Beinhaus aufgebahrten Toten bestimmte Refrigeriumsgeschirr und nicht wie ihre griechischen Schwestern die Waffen des Achilles – die zu einem der karthagischen Religion zweifellos fremd gebliebenen Mythos gehören. Die Öffnung gegenüber dem Hellenismus ist somit lediglich formal: Sie beeinflußt die Formen des Ausdrucks, aber nicht den Glaubensinhalt. Den Karthagern blieb es dadurch erspart, sich in ihrer eigenen Umgebung entfremdet zu fühlen; und die Griechen wiederum, die in Karthago seßhaft geworden waren oder sich ihrer Geschäfte wegen vorübergehend dort aufhielten, konnten so am kulturellen und religiösen Leben teilnehmen. Man hat von letzteren übrigens mehrere dem Tophet zugedachte Stelen gefunden. Jedenfalls deutet alles darauf hin, daß im Zuge dieser Annäherungsbemühungen Bräuche Verbreitung fanden, nach denen totgeborene Kinder geopfert werden konnten oder anstelle eines Menschenopfers ein Hammel oder eine Ziege dargeboten wurde. Dies erklärt auch die grenzenlose Popularität des Molk-Kults in der hellenistischen Zeit. Nur wenige Traditionalisten lehnten strikt ab, was ihnen als Betrug erscheinen mußte: Sie hielten beharrlich daran fest, ein Brandopfer »aus Fleisch und Blut« darzubringen.

Das Jenseits erscheint als Hierarchie göttlicher Wesen, die einem höchsten Gotte untergeordnet sind. Die Vollziehung gewisser Rituale – verbunden mit fortschreitender Offenbarung – sichert dem eingeweihten Gläubigen nicht nur auf Erden sein Wohlergehen, sondern auch den ewigen Frieden, den man sich als einen Übergang der Seele in höhere Sphären vorstellte, wo sie sich der Gesellschaft der Götter erfreute. Die Einführung dieser Lehren in Afrika ist anscheinend nicht auf den Einfluß Roms zurückzuführen, das sie selbst nur passiv übernommen hatte, und auch nicht auf eine aus dem Orient kommende propagandistische Strömung, die dann auch neue Gottheiten mit sich gebracht hätte; vielmehr machte sich die punische Geistlichkeit, deren Verbindung zu Ägypten und Syrien nicht abgerissen war, mit einer von den Anhängern aller Sekten bereits angenommenen und so gut wie möglich ihrer eigenen Tradition angepaßten Fundamentaltheologie vertraut. Wir werden auch noch sehen, daß in Karthago seßhafte griechische Philosophen ihren Teil zu der Verbreitung dieses Synkretismus beitrugen.

Die Ausdrucksformen des Mystizismus in Afrika blieben also phönizisch, was mit dazu führte, daß die karthagische Kultur die Zerstörung des neuen Tyros überlebte. Zwar hatte die Annexion durch die Römer die politischen Führungsschichten der punischen Gesellschaft zerschlagen, aber die religiösen Führungsschichten bestanden in Form von seitens der römischen Oberhoheit gebilligten Betgemeinschaften fort; ihre interne Organisation orientierte sich gleichermaßen an der alten Hierarchie der punischen Geistlichkeit und der Struktur der Thiasos-Sekten bzw. der – wenn man so will – dionysischen Kirchen, die sich in der ganzen hellenistischen Welt rasch verbreiteten. Die phönizische Tradition beherrschte also weiterhin völlig einen sehr wichtigen Teil des geistlichen Lebens der Afrikaner, obwohl alle anderen Lebensbereiche schon seit langem latinisiert waren. Schritt für Schritt machten sich die Römer indessen daran, diese Religion, der sie zunächst mit Verachtung begegneten, zu rezipieren. Mit den Severern, Kaisern afrikanischer Abkunft, erhalten Saturn und Caelestis, die

Erben von Baal Hammon und Tanit, den gleichen Rang und die gleichen Ehren wie Jupiter und Juno, von denen sie sich immer weniger unterscheiden. Das war dann das Ende der phönizischen Kultur, als das Latein in den klassischen Tempeln, wo eine romanisierte Geistlichkeit den Gottesdienst zelebrierte, zur Sprache der Liturgie geworden war.[29]

Mit der Rolle, die Bewahrer und Hüter überlieferten Kulturguts zu sein, kam den karthagischen Priestern die Verantwortung für das lange Fortbestehen von Bräuchen zu, die bereits die Antike mit Schrecken erfüllt haben und die unser moralisches Empfinden in einem Maße schockieren, daß wir, der Unwiderlegbarkeit der Quellen wie auch der archäologischen Zeugnisse zum Trotze, die Realität nur sehr widerstrebend anerkennen.

Der Historiker darf sicher keine Handlungen auf der Basis unserer Ethik beurteilen; denn notwendigerweise weicht sie von derjenigen der Antike ab, zumal wenn es um religiöse Handlungen geht, die vom Mystizismus inspiriert sind, der an allen Orten und zu allen Zeiten eine Veränderung der ständigen Wertordnung bewirkt. Er muß jedoch das Festhalten mancher Völker an von ihren Nachbarn bereits aufgegebenen Bräuchen, die daher allgemein als unmoralisch und schrecklich gelten, konstatieren und zu erklären suchen. Die abwegigen Formen karthagischer Religiosität geben jedenfalls aber Anlaß zu Mißbilligung und Ablehnung.

Der grundbesitzende Adel

Karthago war von seiner Entstehung bis zu seinem Untergang von einer Adelsschicht beherrscht, die sich durch edle Herkunft und Reichtum auszeichnete. Schon die Sage erzählt von Dido, wie sie sich, umringt von tyrischen Adligen, gegen die Schreckensherrschaft Pygmalions erhob. Jene zwangen sie wiederum nach der Überlieferung Justins[30] durch eine äußerst plumpe List zum Selbstmord. Im 6. Jahrhundert kämpfte der Adel gegen die persönliche Macht der Könige, zuerst gegen Malchos und in der Folge gegen die Magoniden. Im 5. Jahrhundert wurde durch den Fall dieser Dynastie die Einsetzung einer oligarchischen Regierung ermöglicht, die bis zum Ersten Punischen Krieg erhalten blieb. Den Barkiden gelang es danach mit Unterstützung des Volkes, eine Art Prinzipat zu errichten, doch mußten sie auf den Senat Rücksicht nehmen, wo ihre Gegner zahlreich blieben.

Nach Zama ließ Hannibal vom Volk Gesetze bestätigen, welche die Macht der Aristokratie erheblich einschränkten, indem ihnen die Rechtsprechung entzogen und korrupte Beamte entlassen wurden. Der Adel zögerte nicht, zur Vernichtung seiner Feinde die Intervention Roms in Anspruch zu nehmen, doch gelang es nach einiger Zeit der Volkspartei, die Hannibals Andenken treu geblieben war, die Macht zurückzuerlangen. Der konservative griechische Historiker Polybios sieht in dieser relativen Vorherrschaft des Volkes in Karthago während des Krieges gegen Rom einen der Gründe für den Untergang der Stadt.

Immerhin steht fest, daß die Unnachgiebigkeit der Demokraten die Pläne Catos und der beharrlichen Feinde ihres Landes begünstigten und daß sie die einzige Überlebenschance, nämlich ein Bündnis mit Massinissa, das von einer dritten Partei proklamiert wurde, verwarfen. Aber die letzten Senatoren Karthagos hatten den unbeirrbaren Stolz, den ungebrochenen Patriotismus, worauf die Stärke ihrer Vorfahren beruht hatte, bereits verloren: Mehr um ihre gesellschaftliche Stellung als um das Wohl des Staates besorgt, verbitterten sie ihre Landsleute durch ihre Gleichgültigkeit, und es gelang ihnen nicht, den unversöhnlichen Gegner zu unterwerfen, der ihren Untergang beschlossen hatte.

In einem Kolonialstaat mit sehr gemischter Bevölkerung waren die Adligen vor allem darauf stolz, der dominierenden Rasse anzugehören. Die Sorgfalt, mit der sie auf den Stelen ihre Abstammung aufzeichnen und dabei die Ämter ihrer Vorfahren aufzählen, das Festhalten an den phönizischen Namen, die von Generation zu Generation weitergegeben werden – oft vom Großvater an den Enkel – zeugen von diesem Rassenstolz.

Bei den Karthagern war allerdings, wie bei den meisten Orientalen, nur die Abstammung der männlichen Linie von Bedeutung. Die größten Familien waren gerne bereit, Verbindungen mit Fremden einzugehen. Die Mutter des anfangs des 5. Jahrhunderts lebenden

Magoniden Hamilkar war Syrakuserin, was ihn jedoch nicht daran
hinderte, ihren Landsleuten mit unverhüllter Feindseligkeit zu begegnen. Die Barkiden Hasdrubal und Hannibal vermählten sich mit
Spanierinnen. Zahlreiche punische Adlige heirateten libysche Prinzes-
sinnen, und das Beispiel der karthagischen Generalstochter Sophonisbe – der späteren Numiderkönigin, deren rührende Geschichte
Corneille in einer Tragödie aufgegriffen hat – beweist, daß ein Austausch in beiden Richtungen stattfand. Möglicherweise duldete die
punische Aristokratie gelegentlich fremde Adelsfamilien in ihrer
Mitte; der Überlieferung nach hatten sich zyprische Familien bereits
mit den Gefährten der Dido verbunden, und unter ihnen befand sich
auch jene des Hohenpriesters einer Göttin, die Justin Juno nennt und
die vielleicht mit Tanit identisch ist: Die Priesterwürde mußte in seiner
Linie erblich bleiben.

Das Prestige des Adels beruhte in erster Linie auf seinem Wohlstand;
alle klassischen Autoren teilen die Auffassung, daß das Geld in Karthago eine wichtige Rolle gespielt hat. In den ersten Jahrhunderten, als
sich das punische Territorium auf die Stadt und ihre nähere Umgebung
beschränkte, konnte dieser Reichtum nur übers Meer gekommen sein.
So war es schon in Tyros. In Ägypten wurde der König aufgrund
seiner Macht und der theologischen Überlieferung vergöttlicht, in
Tyros wegen seines Reichtums, den er dem Handel verdankte. Nicht
nur um der einfachen Metapher willen läßt Ezechiel den tyrischen
König ausrufen: »Ich bin ein Gott, meine göttliche Wohnung liegt am
Busen des Meeres ...« Man sieht daran, wie sehr dem Propheten der
phönizische Kultus mit dem Handel verbunden schien[31]. Darin unterschied sich die Kolonie wohl kaum von der Hauptstadt: Wahrscheinlich hatten die »Könige« der ersten Jahrhunderte, etwa die Magoniden,
im Schiffsverkehr mit dem fernen Abendland fast eine Monopolstel-
lung inne und verdienten große Summen daran. Noch einer der letzten
Angehörigen dieser Dynastie, Hanno der Seefahrer, spielte eine Rolle
als abenteuernder Kapitän und Entdecker fremder Gestade. Wir werden darauf weiter unten zurückkommen.

Im 5. Jahrhundert vollzogen sich in den sozialen und wirtschaftlichen
Grundlagen des karthagischen Staates tiefgreifende Veränderungen:
Dank der Eroberung des Festlandes konnte sich neben der handeltrei-

benden und seefahrenden eine grundbesitzende Aristokratie bilden
oder vielmehr, die herrschenden Familien sicherten ihre Macht nun
doppelt, indem sie sowohl zur See fuhren als auch Landwirtschaft
betrieben. Wenn man bedenkt, welch ungewissen Bedingungen der
Seehandel in der Antike unterworfen war, kann man sich leicht die
stabilisierende Wirkung auf den punischen Staat vorstellen, die nun
eintrat, als mit den vergleichsweise regelmäßigen Einkünften aus der
Landwirtschaft die mehr zufälligen Gewinne aus dem Seehandel aus-
geglichen wurden.

Einer entscheidenden Textstelle bei Polybios[32], die anscheinend nicht
die verdiente Beachtung gefunden hat, entnehmen wir die Verteilung
der landwirtschaftlichen Einkünfte im punischen Staat in der Mitte des
3. Jahrhunderts. Der Historiker spricht von der Bestürzung der Karthager über den Söldneraufstand: »In Wahrheit«, sagt er, »genügte
ihnen ihr Land für die Bedürfnisse des täglichen Lebens, doch für die
Kriegsvorbereitungen und die Anlage großer Vorräte benötigten sie
die Einkünfte aus Libyen.« Das punische Territorium in Afrika
bestand demnach aus zwei Teilen, von denen einer für die Versorgung
der Hauptstadt ausreichte. Aber wie soll man sich dieses Territorium
vorstellen? Zweifellos kann damit nicht nur die unmittelbare Umgebung auf der Halbinsel gemeint sein, die sicher für die Versorgung der
Stadt nicht ausgereicht hätte. Polybios versteht darunter wohl das
ziemlich ausgedehnte Gebiet, das karthagisches Eigentum war; er
unterscheidet dabei jene Randzone, in der die Libyer als Landbesitzer
blieben, aber hohe Abgaben bezahlen mußten.

So versteht man dann, welche Gefahren von den Expeditionen des
Agathokles und Regulus ausgingen: Die eine wie die andere zielte
weniger auf die Hauptstadt, die einzunehmen ihnen auch wirklich
nicht gelang, als auf die fruchtbare Landschaft des Kap Bon, wo sich
die größten Güter der Aristokraten befanden. Diodor und Polybios[33]
berichten übereinstimmend, daß die griechische wie die römische
Armee vor allem die reichen Besitzungen der punischen Senatoren mit
ihren Weingärten, Olivenhainen, Obstbäumen und Viehweiden
angriffen. Die Grabungen in den Nekropolen des Kap Bon, die leider
noch nicht vollständig veröffentlicht sind, bestätigen nur die Aussagen
der Historiker, wonach diese Region dicht bevölkert und sehr wohlha-

bend war, obwohl dort keine großen Städte lagen. In römischer Zeit
blieb Afrika eine der ersten Agrarmächte des Mittelmeers, wobei die
Getreideproduktion in den Ebenen der Medjerda, den Talbecken des
Tell und den feuchten Tälern von Byzacène die Haupteinnahmequelle
bildete. Die wirtschaftliche und soziale Organisation, die sich daraus
entwickeln sollte, unterschied sich wesentlich von der des punischen
Afrika, dessen Landwirtschaft besonderen Bedingungen unterworfen
war und dadurch eine eigene Prägung erfahren hatte.

Die *chora*, das punische Landwirtschaftsgebiet, ist nicht groß; es
umfaßt den westlichen Teil des tunesischen Tell, das untere Medjerda-
Tal, das Kap Bon und den westlichen Abschnitt des Sahel-Gebiets.
Insgesamt ist es eine ausreichend bewässerte Hügellandschaft mit Ton-
oder Kalkböden, deren Vegetation in unkultiviertem Zustand eher
uniform war: ein dichter Buschwald, der hauptsächlich aus wilden
Oliven- und Mastixbäumen bestand. Die Karthager erfaßten schnell,
daß auf diesem Boden ertragreichere Kulturen gedeihen konnten:
Olivenbäume, Weinreben, Mandelbäume, Granatapfelbäume. Der
Ertrag aus diesen Pflanzungen war von hohem Wert; vor allem das Öl
– nahezu der einzige Rohstoff, der im ganzen Mittelmeerraum gleichermaßen zur Ernährung wie zu Industrie- und Haushaltszwecken
verwendet wurde – war außerordentlich kostbar. Dort, wo der
ursprüngliche Buschwald nicht dem Anbau von Nutzpflanzen weichen mußte, boten seine süßen und duftenden Blüten den Bienen die
Grundlage für einen hervorragenden Honig, der anstelle von Zucker
verwendet wurde, und für das im Vergleich zu heute wesentlich
vielfältiger benutzte Wachs. Das Kleinvieh fand im Dickicht des
Macchia-Buschwaldes ausreichend Nahrung, während Rinder und
Pferde in den sumpfigen Wadis grasen konnten.

Die fruchtbarsten Ebenen des Medjerda-Beckens und des Milian-
Wadis sind dagegen dem Getreide vorbehalten, das auch auf dem
Boden des Sahel-Tals gut gedeiht. Die Baumkulturen erstrecken sich
erst in römischer Zeit bis in diese Gegenden, ohne allerdings den hier
weiterhin bevorzugten Getreideanbau zu verdrängen.

Politische und soziale Gründe trugen zur gegensätzlichen Prägung der
beiden Regionen bei: Die Karthager bemächtigten sich natürlich zuerst
der ihrer Stadt nächstgelegenen Gebiete und ließen sich dort als

Herren nieder, wobei sie die Eingeborenen verjagten oder sie als Sklaven und Arbeiter in ihre Dienste nahmen. Dagegen war die später erworbene Region der Getreidefelder in den Händen der eingesessenen Bauern verblieben, die in keiner persönlichen Abhängigkeit zu den punischen Herren standen; der Staat forderte von ihnen lediglich eine Naturalabgabe, die prinzipiell aus dem Zehnten der Ernte bestand, die aber auch auf ein Viertel oder sogar auf die Hälfte erhöht werden konnte. Nun ist die Heranziehung von Sklaven für den Getreideanbau nicht empfehlenswert. In Italien hat Cato den Grundbesitzern, für die er schrieb, davon förmlich abgeraten, und zu dem gleichen Urteil war zweifellos auch Mago gekommen, da sich nahezu alle der uns überlieferten Teile seines Œuvre mit der Züchtung von Bäumen oder Haustieren befassen. Nahe der Stadt gelegen, boten die großartigen Herrschaftsgüter, außer im Falle einer schweren Krise, Schutz vor den Einfällen unabhängig gebliebener Libyer. Diese konnten dagegen in die äußere Region eindringen, wo ihre seßhaften Landsleute wohnten, die bei Bedarf in der Erntezeit als Saisonarbeiter beschäftigt wurden.

Die punischen Grundbesitzer waren sehr darauf erpicht, sich das Monopol über die auf ihren Gütern hergestellten Edelprodukte zu bewahren, und scheinen deren Anbau nicht allein den Libyern untersagt zu haben, die sich auf den für die Versorgung der Stadt wichtigen Getreideanbau spezialisieren mußten, sondern auch den Sarden, von denen man die gleichen Dienste erwartete. Nach den Bestimmungen für die kaiserlichen Domänen in Afrika war der Anbau aller anderen als der Getreidekulturen noch im ersten nachchristlichen Jahrhundert nur beschränkt gestattet; erst mit der liberaleren Politik Hadrians und seiner Nachfolger wurden diese Restriktionen aufgehoben und statt dessen die Ausbreitung des Oliven- und Weinbaus bis an die Grenzen der Sahara besonders gefördert.

Die Agrarwirtschaft Karthagos basierte also auf strenger Spezialisierung sowie geschickter und intensiver Nutzung eines ziemlich begrenzten Gebiets.

Der punische Landherr hat nichts gemein mit den römischen Latifundienbesitzern, die zum Ende der Republik und zu Beginn der Kaiserzeit die schönsten Gebiete der Provence in Beschlag nahmen. Er ist mehr

dem *agricola* Catos ähnlich, dem Herrn eines vergleichsweise bescheidenen Gutes, aus dem er in grimmiger Anstrengung das menschenmögliche herausholt. Er wohnt auf seinem Grund und Boden.

»Wer Land gekauft hat«, schrieb Mago[34], »muß sein Haus verkaufen,
aus Furcht, lieber in der Stadt als auf dem Land zu leben; wenn jemand
es vorzieht, in der Stadt zu wohnen, braucht er kein Landgut.« Doch
diese Weisung schreckte die Karthager nicht: Sie haben zweifellos als
erste die Wonnen des Landlebens entdeckt, deren sich die Einwohner
von Hammamet und La Soukra noch immer erfreuen und die auch
Gide, Bernanos und viele andere genossen. Große Obstgärten auf
sandigem Boden, wie Oasen von Tausenden von Bewässerungskanälen
durchzogen, erstrecken sich bis zum Meer; die Ausstattung und der
raffinierte Komfort der Wohnsitze runden das Werk der Natur vollen-
det ab.

Sicherlich erstrahlten diese »punischen Paradiese« nicht wie heute in
den prächtigen Farben der Orangen und Zitronen, sondern glichen
mehr den alten arabischen Gärten mit ihrer charakteristischen
Mischung aus hundertjährigen Olivenbäumen, Granatäpfeln und Feigen. Zierpflanzen wuchsen neben Nutzpflanzen: Blumen offenbarten
ebenso wie Früchte göttliches Wohlwollen und fanden daher ihren
Platz auf den Stelen, doch sind sie leider zu stark stilisiert, als daß man
sie danach näher bestimmen könnte. Die Herrenhäuser schließlich
boten jenen mediterranen Komfort, der vor allem danach trachtete,
durch fließendes Wasser überall für Erfrischung zu sorgen.

Ein vergleichsweise bescheidenes Haus in einem einfachen Fischernest
an der Spitze des Kap Bon hatte, wie wir bereits gesehen haben, einen
Baderaum nach der neuesten griechischen Technik. (Vgl. S. 58.) Die
Gräber dieser Gegend bargen mehr Kunstgegenstände und Schmuck
aus Griechenland als die karthagischen aus dem gleichen Zeitraum.
Oft hatte eine Villa Türme, wo man auf einer zum Meer hin weit
geöffneten Loggia im ersten Stockwerk eine frische Brise genießen
konnte. In dem Maße, wie man weiter nach Süden vordrang, nahmen
diese Türme einen strengeren Charakter an, wie z. B. jener, den
Hannibal in Byzacène unweit von Tapsus besaß: Dies waren dann
richtige »bordjs«, die einem Nomadenüberfall durchaus stand-
hielten.

Der Gutsherr bewirtschaftete mit Hilfe seiner Sklaven seinen Besitz selbst. Viele der Sklaven kamen nicht aus dem Land, sondern waren Kriegsgefangene oder wurden auf dem Markt erworben. Die Erforschung der Nekropolen hat allerdings gezeigt, daß es auf dem Kap Bon weiterhin eine libysche Bevölkerung gab; sie benutzte grobes, handgeformtes Geschirr, wie man es noch bei den Beduinen sieht, und pflegte Bräuche, wie wir sie aus vorgeschichtlicher Zeit kennen, wie das Bemalen der Toten mit einem roten Farbstoff und ihre Bestattung in hockender Stellung. Ob diese Urbevölkerung unabhängig von den Kolonisten eigene Felder bestellte oder ob sie für letztere als einfache Lohnarbeiter tätig war, können wir nicht mit Sicherheit beurteilen. Die Existenz eines mit seinem Schicksal unzufriedenen Landproletariats stellte auf jeden Fall eine ernsthafte Bedrohung in Zeiten politischer Krisen dar, mit der Karthago rechnen mußte.

In ruhigen Zeiten hing die Wirksamkeit des Systems natürlich von den Aufsehern ab. Ein überlieferter Text des Schriftstellers Mago betrifft die Arbeitsaufseher, die selber Sklaven waren und von denen man gleichermaßen Autorität wie technische Kenntnisse erwartete. Es war zwingend notwendig, sie für ihre Aufgabe zu interessieren; der Agronom Mago empfahl daher, ihnen einige Vergünstigungen einzuräumen: das Recht, eine Familie zu gründen – das den übrigen Arbeitern verweigert wurde –, sowie die Möglichkeit, Privateigentum zu erlangen, mit dem sie sich dann eines Tages ihre Freiheit erkaufen konnten. Er wollte außerdem, daß man diejenigen, die ihre Untergebenen allzu gewalttätig behandelten, entfernte: nicht aus Menschlichkeit, sondern weil der Sklavenerwerb teuer war und die unter den Schlägen abgestumpften Männer schließlich ihre Arbeit vernachlässigten.[35]

Das Hauptverdienst der karthagischen Kolonisten bestand darin, die in den schon früher zivilisierten Ländern des Mittelmeerraumes verbreiteten Nutzpflanzen nach Afrika gebracht, sie dem Klima angepaßt und die Anbauverfahren soweit perfektioniert zu haben, daß sie ihrerseits als wahre Landwirtschaftsexperten gelten konnten. Der berühmteste unter ihnen war ein pensionierter General namens Mago, der das gesamte agronomische Wissen seiner Zeit in 28 Büchern zusammenfaßte. Diese Abhandlung war so berühmt, daß der römische Senat, in dem doch Cato – selber Autor eines entsprechenden Werks –

saß, sie nach der Eroberung ins Lateinische übersetzen ließ. Es war sogar das einzige punische Werk, von dem die Römer meinten, daß es für sie von Interesse sei! Noch im ersten nachchristlichen Jahrhundert grüßt Columella in Mago den Vater der Agronomie. Leider bewahrte diese Wertschätzung das Œuvre nicht davor, schließlich verlorenzugehen. Wir kennen nur die bei Plinius, Varro, Columella und einigen anderen Schriftstellern minderer Bedeutung überlieferten kurzen Fragmente. Die selben Autoren machen uns mit einem Landsmann und Nacheiferer Magos namens Hamilkar bekannt.

Diese Entwicklung der Landwirtschaftswissenschaft verdient Beachtung. Man weiß ja, wie langsam sich die Anbaumethoden in der Antike verbessert haben, obwohl sie für die Gemeinschaft von vitalem Interesse waren. Die Karthager scheinen indes auch keinen besonderen Erfindergeist gehabt zu haben: wir werden sehen, daß ihr handwerkliches Können in dem doch grundlegenden Bereich des Schiffbaus dem ihrer Nachbarn nicht nennenswert überlegen war. Der Fortschritt, der ihnen in der Landwirtschaft gelang und der bald in das gemeinsame Erbe der mediterranen Zivilisation überging, bildete daher eine bemerkenswerte und glückliche Ausnahme.

Mago hat wohl in der Zeit der Punischen Kriege gelebt, d. h. in dem Zeitraum, als Karthago aus seiner Isolation heraustrat und in ständig zunehmendem Maße die Einflüsse der hellenistischen Zivilisation aufnahm. Wir wissen übrigens, daß er die Arbeiten griechischer Spezialisten zu Rate zog, deren Sprache er gut kannte. Es handelt sich bei ihm also um einen jener »aufgeklärten« Karthager, deren berühmtester Hannibal ist und die es verstanden, sich mit griechischem Gedankengut vertraut zu machen sowie durch neue Ideen zu ergänzen. Die Bemühung, handwerkliche Techniken zu rationalisieren, ist in der Tat bezeichnend für den hellenistischen Geist; der größte Teil der Neuerungen, die in der Antike für die Verbesserung der Lebensbedingungen des Menschen eingeführt wurden, waren die Frucht der drei Jahrhunderte, die dem ersten christlichen Jahrhundert vorangingen und nachfolgten; aber die praktische Anwendung wissenschaftlicher Erkenntnisse wurde aufgegeben, bevor sich entscheidende Ergebnisse abzeichneten, und erst ein Jahrtausend später, mit dem Ende des Mittelalters, wiederaufgenommen.

Da der größte Teil von Magos Werk verlorengegangen ist, können wir den Umfang der Errungenschaften der punischen Agronomie nicht genau bestimmen. Wir haben bereits gesehen, daß der den Libyern fast gänzlich überlassene Getreideanbau davon wenig profitiert hat. Gleichwohl ist auf den Tophet-Stelen oft eine Pflugschar oder eher ein einfacher Holzpflug ohne Rad, wie ihn in unserer Zeit noch der tunesische Fellache verwendet, abgebildet.[36] Die Karthager müssen auch eine recht brauchbare Dreschmaschine entwickelt haben, eine Art Schlitten, der mit Zahnrädern ausgerüstet war und den die Römer den »punischen Wagen« nannten (*plostellum punicum*).[37]

Die Hauptanstrengungen galten aber dem Oliven- und Weinanbau, den in Afrika sicherlich die Tyrer als erste betrieben. Mago formulierte für den Winzer eine ganze Reihe eigener Empfehlungen, um mit der außerordentlichen Hitze des afrikanischen Klimas und seiner Trokkenheit zurechtzukommen; die Weinstöcke mußten nach Norden ausgerichtet sein, die Pflanzungen wurden in Gräben angelegt, die auf dem Grund mit Steinen bedeckt waren, um die Wurzeln im Winter vor Nässe und im Sommer vor der Hitze zu schützen; man füllte die Gruben nur allmählich, um die Wurzeln zu zwingen, sich in die Tiefe zu entwickeln. Mit Trester gemischter Mist diente der Düngung; schließlich schnitt man den Weinstock im Frühjahr und nicht wie die Italiker im Herbst.[38]

Der Oleaster wächst wild in der tunesischen Macchia. Die Karthager ließen es sich nicht nehmen, diese wilden Ölbäume zu pfropfen; aber sie pflanzten auch neue Olivenbäumchen, die gewöhnlich im Abstand von 75 Fuß (22,2 m) pro Stamm in einander kreuzenden Reihen kultiviert wurden, wie heute in der Umgebung von Sfax. Manche Stämme, die deswegen Tausender genannt wurden, konnten bis zu 1000 »Pfund« Oliven (372 kg) erbringen.

Die Obstproduktion war weniger abwechslungsreich als heute: Die im Mittelalter von den Arabern eingeführten Agrumen, die zur Zeit den Hauptertrag tunesischer Obstgärten ausmachen, waren noch unbekannt. Viele moderne Autoren haben, ohne zu zweifeln, angenommen, daß die von Herakles der Wachsamkeit der Hesperiden und ihres Drachen vom Rand der westlichen Welt geraubten goldenen Äpfel nichts anderes waren als Orangen und daß der griechische Heros diese zusammen mit anderen Beutestücken vielleicht dem tyrischen Melqart zugeführt hat. Es ist jedoch wahrscheinlicher, daß diese wunderbare Frucht ebenso wie die Edelsteinbäume Aladins gänzlich der Phantasie orientalischer Erzähler entsprungen sind.

Auch die kleinen Feigen, die in der Berberei wachsen und den Bedui- nen oft als Nahrung dienen, sowie die Kakteen, welche die modernen Gärten wie eine undurchdringliche Zäunung einfrieden, waren in der Antike unbekannt – sie kamen erst im 16. Jahrhundert aus Amerika.

Die Karthager waren jedoch stolz auf ihre eigenen Feigen und Granat- äpfel. Die ersteren waren so schön, daß Cato sie angeblich im Senat vorzeigte, um die Begehrlichkeit der römischen Bauern auf ein nahes, fruchtbares und schutzloses Land zu wecken. Dieselben Römer nann- ten den Granatapfel häufiger »mala punica« als »granata«; man expor- tierte ihn also aus Afrika bis hin nach Italien. Er diente übrigens der Tanit als Emblem. Auf den Stelen wurde der Granatapfel oft oben an bevorzugter Stelle abgebildet.[39] Das Emblem teilte sich die Göttin mit Kore. Nach einer wohlbekannten Erzählung, die ein erfinderischer Alexandriner erdacht hatte, legitimierte Pluto den Raub seiner Gemahlin damit, daß er sie den Kern eines Granatapfels essen ließ; die glänzende Frucht, in deren Kerngehäuse zahllose Samenkörner eingebettet liegen, erschien tatsächlich als Symbol der Fruchtbarkeit. Sicher wählten die Bewohner der Ägäis den Granatapfel als Emblem für die Erdgöttinnen – sie waren die Königinnen aller geheimnis- vollen Schätze, die in der Erde ruhen, und Herrinnen aller Lebens- quellen.

Die Dattelpalme ist ohne Zweifel der auf Stelen am häufigsten abgebil- dete Baum[40]: Eine amüsante Darstellung zeigt zwei Männer, die wie Affen an einem langen, am Stamm befestigten Riemen schaukeln; diese Turnübung war erforderlich, um den Pollen zur Befruchtung bis zu den Staubgefäßen des weiblichen Baumes zu tragen. Die Dattelpalme erscheint auch auf karthagischen Münzen, in Verbindung mit einem Streitroß. Die Phönizier sahen, wie alle Orientalen, in der Palme ein Symbol der Vorsehung und ihrer Segnungen. Im Griechischen bedeu- tet daher das Wort *phoinix* zugleich »Palme« und »Phönizier«. Die besten tunesischen Datteln werden allerdings in der Gegend des Schott Djerid produziert, in der sich eine karthagische Herrschaft, sollte sie

überhaupt jemals bestanden haben, mit Sicherheit nicht lange aufrechterhalten ließ; die Palmen in der Umgebung von Gabès und Tripolitanien liefern dagegen wegen der zu großen Nähe des Meeres nur
mittelmäßige Früchte.

In der an die Wüste grenzenden Steppenzone zwischen der Ostküste
und dem tunesischen Hinterland wurden erfolgreich Mandelbäume
gezüchtet, oft zusammen mit Olivenbäumen. Nach einem Text von
Mago wurden aus Olivenkernen mit Hingabe Sprößlinge gezogen und
anschließend in gleichmäßigen, sich kreuzenden Reihen ange-
pflanzt.[41]

Die wichtigste und häufig einzige Existenzgrundlage der Libyer war
die Viehzucht, die sie jedoch ebenso nachlässig betrieben wie ihre
heutigen Nachfahren. Ganz im Gegensatz dazu verwandten die Karthager größte Sorgfalt und Planung darauf.

Während auf dem tunesischen Boden Obstbäume gut gedeihen, ist er
für die heutigen Viehherden mit seinem harten, trockenen Spartgras
und den kleinblättrigen, steifen Pflanzen der Buschsteppe eine ziemlich magere Weide. Lediglich in den seltenen, halbsumpfigen Niede-
rungen der Wadis wachsen saftige Gräser. Zweifellos waren die Vor-
aussetzungen in der Antike günstiger; man weiß, daß es damals in der
Berberei Elefanten gab, also muß es auch eine Grassavanne gegeben
haben. Die Vermutung liegt nahe, daß es sich um die Ebenen des Tell
handelte, in denen später Getreide angebaut wurde.

Die libyschen Nomaden – die Wörter »Nomade« und »Numider« sind
gleichen Ursprungs – ließen dort ihre Herden weiden, Berberschafe
mit den dicken, langen Schwänzen sowie Ziegen. Im Winter zogen sie
mit ihnen in die der Sahara vorgelagerten Grassteppen hinunter. Diese
Lebensweise – wie alle Hirtenvölker waren sie auch Jäger und Straßen-
räuber – war nur möglich dank der Kraft und Ausdauer ihrer Berber-
pferde, deren Rasse in dieser Gegend beheimatet ist.

Auch die Karthager hielten einheimische Schafe und Pferde; erstere
wurden oft als Opfertiere auf Stelen abgebildet.[42] Der Schafbock war
u. a. eines der Tiere, die mit dem frühzeitig mit Ammon identifizierten
Baal-Hammon in Verbindung gebracht wurden. Das Pferd wiederum
wurde dem Kriegsgott zugeordnet, hier zweifellos Hadad: Dies erklärt
auch, weshalb es auf Münzen abgebildet wurde. Die Organisation der

karthagischen Viehzucht schloß dann in der Folge die Herdenwanderungen aus.

Rund um die herrschaftlichen Güter wurden Weiden angelegt, so vor allem auf dem Kap Bon; offensichtlich fanden die Rinder dort besseres Futter vor als die Wanderherden der Libyer. Die Rasse war so schön, daß die Beschreibung der von Mago gekauften Rinder in allen antiken Schriften über die Viehzucht wörtlich zitiert wurde: »Sie seien jung, stämmig, mit großen Gliedmaßen, langen, starken, schwärzlichen Hörnern; die Stirn sei breit und faltig, die Ohren wollig, die Augen und Lefzen schwarz; die Nüstern offen und aufgeworfen, der Nacken lang und muskulös, die Wamme breit und fast bis zu den Knien reichend, die Brust gut entwickelt, die Schultern mächtig, der Bauch groß wie bei einem trächtigen Tier, die Flanken überlang, die Lenden breit, der Rücken flach oder gar ein wenig abfallend, der Steiß gerundet, die Beine dick und gerade, eher kurz als lang, die Knie fest, die Hufe groß, der Schwanz sehr lang und zottig, mit dichtem Fell aus kurzen, rötlichen oder braunen Haaren, das sehr weich und angenehm zu berühren sei.«[43]

Es ist ziemlich bekannt, daß die Karthager Elefanten gefangen und gezähmt haben; sie setzten sie jedoch, wie übrigens alle Mittelmeerbewohner, nur im Krieg ein. Im Gegensatz zu den Phöniziern in Asien hielten sie keine Kamele, während dagegen die Gätuler oder die Wüstenstämme der Libyer anfingen, nach dem Vorbild ihrer ägyptischen Nachbarn Dromedare zu halten; die Sahara durchquerte man jedoch immer noch mit Pferden oder Ochsen.

In den Ställen der punischen Landgüter gab es auch reichlich Geflügel. Auf vielen Monumenten sind Hähne abgebildet, die auch als Opfertiere Verwendung fanden. Die Tauben, der Ištar und der Tanit geweiht, tummelten sich zu Tausenden auf den Vorhöfen ihrer Tempel. Zweifellos kamen sie an manchen Tagen in riesigen Scharen angeflogen, und so muß auch das Märchen entstanden sein, wonach die Göttin des Eryx jedes Jahr neun Tage lang, in Begleitung aller ihrer Tauben, Karthago besuchte. Unzählige Wasservögel, karthagische Hühner und roséfarbene Flamingos fanden sich am See von Tunis ein, wie sie es heute noch tun. Häufig wurden Stelen mit ihrem Bild geschmückt. Eine der gelungensten punischen Stelen, die um so wertvoller ist, als der Künstler anscheinend ausnahmsweise nicht phantasielos ein Modell kopiert hat, findet sich im Musée Lavigerie; auf dem Fries der Stele ist eine Gruppe von stelzenden Flamingos zu sehen. Außer dem Geflügel gab es gelegentlich gezähmte Gazellen und manchmal sogar Strauße.[44]

Im mediterranen Buschwald mit seinen vielen Blumen fanden die Bienen reichlich Nahrung; die auch heute noch in Bauernhöfen im nördlichen Tunesien zahlreich vorhandenen Bienenstöcke lieferten dem französischen Naturforscher Mathis das Material für seine höchst interessanten Studien. Nur verfallen wir nicht mehr, wie Mago, dem naiven Irrglauben, daß diese Insekten ursprünglich aus der Flanke eines geschlachteten Stiers hervorgegangen seien, doch hatte die Bienenzucht für die Karthager, wenn sie auch wenig über diese Insekten wußten, eine weit größere Bedeutung als für uns; denn die Bienen lieferten ihnen mit ihrem Honig den einzigen damals verfügbaren Süßstoff. Ihr Wachs stand im Ruf, von unübertrefflicher Qualität zu sein, und wurde auch in der Heilkunst sowie bei der Wachsmalerei verwendet.

Die punischen Landwirte waren, wie man sieht, weder ungebildete Bauern noch Gutsherren, denen der Ertrag aus ihren Feldern gleichgültig war; sie sind eher jenen englischen Adligen des 18. Jahrhunderts vergleichbar, welche, ebenfalls in einem Seestaat und auf eigene Rechnung arbeitend, aus ihren Ländereien mit rationellen Methoden und gründlichem Fleiß den gleichen Gewinn erwirtschaften wollten, den ihnen ein Handelsunternehmen oder eine Manufaktur eingebracht hätte. In einem Punkt allerdings unterschied sich der karthagische Gutsbesitzer ganz wesentlich von dem aufgeklärten, skeptischen »gentleman farmer«: Sein ganzer Arbeitsaufwand mitsamt seiner Erfahrung wäre ihm ohne eine Unterstützung durch übernatürliche Kräfte sinnlos erschienen. Dabei darf nicht vergessen werden, daß es in Afrika mehr als in irgendeinem anderen Land von den wechselhaften meteorologischen Bedingungen abhing, ob derselbe Boden einer Wüste oder einem blühenden Paradies glich.

Schon die Mythologie und die Riten der alten Phönizier von Ugarit, die eher als Bergbauern denn als Küstenbewohner zu gelten haben, basierten auf der Vorstellung von übernatürlichen Wesen, die mit wechselndem Geschick über das Wachstum der Pflanzen wachten. Der Gott Baal erscheint als Inkarnation des Lebensprinzips und als Ursprung aller Fruchtbarkeit, die sich aus dem Regen, den Quellen und Wasserläufen erschließt und im Wachstum der Prärien und Wälder sichtbar wird; auch die Regenzeit wird seinem Wirken zugeschrieben. Er wird gewaltsam abgelöst von Mot, seinem unerbittlichen Feind. Im Unterschied zu Baal wurden Mot keine Opfer dargeboten: Mot war die dramatische Verkörperung des Todes (Mot bedeutet Tod), der in Gestalt der glühenden Sommerhitze die Trockenheit und das Absterben der Pflanzen verursachte. Mot verschlang Baal mit »seinem gähnenden, unersättlichen Maul«. Aber Anat, auch genannt »Herrin der höheren Sphären«, die Göttin der Fruchtbarkeit und des Krieges, begab sich auf die Suche nach Baal in das »unterirdische Gefängnis« und half ihm, sich zu befreien und seine Herrschaft über die Erde wiederzuerlangen: So kehrte die feuchte Jahreszeit wieder, und die Pflanzen lebten wieder auf.

In einem ähnlichen Mythos verkörperte später Adonis den Ursprung des Lebens, der mit dem Wasser in Verbindung gebracht wurde, das die Keimung des Getreides bewirkte.

Die Karthager sahen also in der Fruchtbarkeit der Natur ein Geschenk des göttlichen Paares, und deshalb findet man auf den Stelen Darstellungen von Tauben und Fischen zusammen mit Nutzpflanzen wie Dattelpalmen, Granatapfelbäumen und Getreide oder mit dem für die Landwirtschaft unentbehrlichen Pflug. Diese Attribute sind keineswegs, wie oft angenommen wird, einer göttlichen Gestalt zugeordnet, sondern beziehen sich auf eine bestimmte Funktion, ein Amt, von dem der Gläubige die Wohltaten erwartete, nachdem er sein Opfer dargeboten hatte. So kann die Kornähre die fruchtbarkeitsspendenden Tugenden von so verschiedenen Gottheiten wie Tanit, Demeter oder Baal Hammon symbolisieren; die Taube wiederum ist auf Monumenten abgebildet, die zu Ehren von Tanit, Ištar oder ihrer Schwester Anat errichtet wurden.

Der Begriff der »vermittelnden« oder »stellvertretenden« Götter der Karthager ist schwer faßbar: Die Widmungen auf den Weihtafeln erwähnen sie nicht, und die bildlichen Darstellungen weisen, wie bereits erläutert wurde, auf ihre Funktion und nicht auf ihre Persön-

lichkeit hin. Auf alle Fälle führte der Streit zwischen den verschiedenartigen punischen und griechischen Göttern dazu, daß in das Reper-
toire der nationalen schließlich auch die hellenischen Bilder aufgenommen wurden, die uns vertraut sind und deren Identität wir daher
feststellen können. So belegen *caducei* und geflügelter Petasus die
Gegenwart des Sakon/Hermes im Tophet von Salammbô und Phlyax,
Satyr, Kantharoi, *hedera* und Weintrauben die des Schadrapa/Diony-
sos. Auf den Stelen von Ghorfa[45], wo Bacchus natürlich den Rebstock
gedeihen läßt und man an seiner Seite Venus, die über die Obstbäume
wacht, an ihrer Nacktheit erkennt, gelang dem Bildhauer mit dem
üppigen Durcheinander auf diesen Flachreliefs ein glückliches Bild der
mit göttlicher Hilfe verschwenderisch sprießenden Natur.

Der Weizen verblieb nach einer verbreiteten Auffassung unmittelbar
in der Zuständigkeit Baal Hammons; die Kultstatue dieses Gottes in
Hadrumetum hielt ein Ährenbündel und wurde oft unter dem Namen
des *frugifer* angerufen, was dem lateinischen »Saturn« entspricht.
Diese Verbindung zwischen dem wichtigsten Getreide und dem König
der Götter war schon im phönizischen Hadrumetum anerkannt; ein
schöner Cippus-Thron, der im Museum von Sousse aufbewahrt wird
und zweifellos auf das 4. Jahrhundert[46] zurückgeht, zeugt davon:
zwischen den Armlehnen des Sitzes liegt, von Ähren umkränzt, ein
eiförmiger Stein, ein Baetulus. Fast überall in Afrika wurden jedoch
Demeter und Kore als Getreidegöttinnen verehrt und seit dem 4. Jahrhundert v. Chr. auch von den Puniern als solche übernommen. Man
findet sie auf den Stelen von Althiburos und Umgebung[47], wo sie dem
hier als Sonnengott dargestellten Baal Hammon untergeordnet sind.
Sie spielen also die gleiche Rolle wie Bacchus und Venus im benach-
barten Heiligtum von Ghorfa. Ihr Gefährte Pluto streitet sich übrigens
mit Saturn um den Titel des *frugifer*.

Trotz dieser theologischen Divergenzen, die den Reichtum und die
Mannigfaltigkeit des religiösen Gedankenguts bezeugen, war man sich
einig über die vorrangige Bedeutung des Opfers, das fördernd auf die
universelle Fruchtbarkeit einwirkte. Dieses Prinzip, das als eigentliche
Grundlage der phönizischen Religion betrachtet werden kann, blieb
bis ans Ende der Antike, d. h. bis zum Vorabend des christlichen
Siegeszugs, lebendig. Es gibt den Anstoß zur Errichtung eines der

letzten heidnischen Denkmäler in Afrika, der Stele des Cuttinus aus
der Zeit der diokletianischen Tetrarchie (284–305)[48]: Der Träger dieses
punischen Namens, ein reicher Gutsbesitzer aus den fruchtbaren
Ebenen des Hohen Tell, hatte durch die Opferung eines prächtigen
Ochsen und eines dicken Schafbocks den Segen Saturns erlangt. In
übereinander angeordneten Bildfolgen zeigt die Weihtafel die Gottheit
selbst auf dem Stier, der schon dem alten phönizischen El als Reittier
diente, von Dämonen in römischen Uniformen bewacht, dann das
Opfer, dargebracht von Cuttinus und seiner Familie. Die beiden
letzten Szenen stellen mit der ganzen naiven Anmut eines römischen
Reliefs die Angestellten des Cuttinus dar, bei der Feldarbeit und beim
Schneiden des Getreides mit der Sichel sowie beim Einbringen der
sichtlich durch göttliche Vorsehung begünstigten Ernte in ihren
Wagen (Taf. 13).

Diese Entwicklung der religiösen Haltung der Phönizier im Hinblick
auf den Boden und die Bodenprodukte ist unmittelbar im Zusammenhang mit der jeweiligen Bedeutung von Landwirtschaft und Seefahrt
für ihre Wirtschaft zu sehen. Im zweiten Jahrtausend begann das
»rote« Volk, das erst kurz vorher, aus dem Negeb kommend, in den
Libanon eingewandert war, mit der Erschließung seiner neuen Heimat; sein Interesse galt in erster Linie den Göttern, die das Wachstum
der Nutzpflanzen förderten und sich sogar mit ihnen identifizierten.
Rund tausend Jahre später sind die Götter des Himmels und des
Meeres vor allem zu Beschützern der großen Häfen geworden und
verlieren im Bewußtsein ihrer Anbeter den starken Bezug zum Wechsel der Jahreszeiten. Als die Phönizier in Afrika sich schließlich wieder
vermehrt der Landwirtschaft und damit den chthonischen Göttern der
Fruchtbarkeit von Land und Vieh zuwandten, verehrten sie doch
weiterhin die Herrscher des Himmels und der Gestirne in ihrer
Funktion als lebenspendende Gebieter über Regen und Sonne.

In der Entwicklung der karthagischen Zivilisation im 5. Jahrhundert
spielte das ›Zurück aufs Land‹ zumindest eines Teils der punischen
Aristokratie eine entscheidende Rolle. Sicher trug diese Entwicklung
wesentlich zu der verhältnismäßigen Stabilität der Regierung in der
Republik während dieser letzten Jahrhunderte bei.

So hing es von der wirtschaftlichen Macht der führenden Schichten ab, welches Maß an Einfluß sie geltend machen konnten. Wir wissen, daß eine beträchtliche Anzahl Menschen in einem persönlichen Abhängigkeitsverhältnis zu den Angehörigen der besitzenden Klasse standen. Außer den Sklaven, die sie im Haus und auf dem Feld beschäftigten, und den freien Angestellten in ihren Unternehmen verpflichteten sie sich vermögenslose Bürger durch Zuwendungen, z. B. durch die Verteilung von Lebensmitteln. Ein ehrgeiziger Zeitgenosse des 4. Jahrhunderts, Hanno der Große, hoffte, die Stimmen der Wähler zu gewinnen, indem er für sie anläßlich der Hochzeit seiner Tochter festliche Gelage veranstaltete; der Anlaß schien ihm günstig, dabei gleichzeitig die Mitglieder des Senats zu vergiften.[49]

Diese prunkvollen Gelage, die gewöhnlich in der Portikus eines Tempels stattfanden, sind vielleicht das Überbleibsel einer zahlreichen primitiven Gesellschaften gemeinsamen Einrichtung, welche die Soziologen mit dem Namen ›potlatch‹ bezeichnen: Bei diesen Festen überbieten die höchsten Persönlichkeiten einander gegenseitig an Verschwendung und Zurschaustellung ihrer Reichtümer, da die Autorität dem Sieger dieser Turniere zukommen mußte. Im römischen Afrika wurden die im Prinzip auf dem Wege der Wahl vergebenen städtischen Würden von den Notabeln in Wirklichkeit um den Preis kostspieliger Stiftungen erworben, wie die Inschriften selbstgefällig aufzählen: Errichtung öffentlicher Gebäude, Verteilung von Lebensmitteln, Geld und Geschenken, Schauspiele und Vergnügungen aller Art.

Diese Freigebigkeit war natürlich keine Eigentümlichkeit des afrikanischen Bürgertums, sondern fand im ganzen Römischen Reich Verbreitung. Wahrscheinlich übte sich schon der punische Adel darin, denn in den Städten, in denen die phönizische Tradition besonders lebendig geblieben war – Leptis Magna, Mactar –, begegnet man einer speziellen Titulatur, die aus dem Phönizischen übersetzt wurde und dazu bestimmt zu sein schien, die Spender auszuzeichnen: die Beinamen *amator civium*, *amator* und *ornator patriae*, die in verschiedenen Weihinschriften begegnen, sind keine einfachen rhetorischen Formeln, sondern scheinen durchaus einem bestimmten gesellschaftlichen Rang zu entsprechen, zu dem man mit Hilfe von Spenden befördert werden konnte.[50]

Aristoteles hatte in Karthago das Vorhandensein einer Art von Gesellschaften[51] (hetairia) bemerkt, deren Mitglieder ihre Mahlzeiten gemeinsam einnahmen (syssition). Es handelte sich um Körperschaften öffentlichen Rechts. Höchstwahrscheinlich wurden die Kosten ihrer Bankette von ihren jeweiligen Leitern getragen, die in der Folge von der Solidarität und Unterstützung ihrer Leute bei ihren politischen Karrieren profitierten. Movers, Gsell[52] und andere Gelehrte dachten, daß diese »hetairiai« auch gleichzeitig religiöse Bruderschaften waren; die öffentlichen Festessen fanden, wie schon festgestellt wurde, wahrscheinlich wirklich in den Portikus der Tempel statt.

Das Volk war also praktisch auf die Gnade des Adels angewiesen; das läßt sich damit erklären, daß es – außer in der vergleichsweise demokratischen Zeit, die dem Söldnerkrieg folgte – nur sehr begrenzten Anteil an der Leitung der Staatsgeschäfte hatte, der Existenz einer schon im 6. Jahrhundert belegten Volksversammlung zum Trotze; die tatsächliche Macht lag in Händen von zahlenmäßig beschränkten Gruppen, des Senats und eines fünfköpfigen Komitees, bei denen es sich vielleicht um eine Art – auf die Leitung bestimmter Staatsgeschäfte spezialisierter – Ausschüsse handelte.

Die »karthagische Verfassung«, wenn man diesen Terminus anwenden kann – denn die punische Republik hatte, übrigens nicht anders als die meisten antiken Städte, niemals ein Grundgesetz, sondern eine Sammlung von Gesetzen und Gewohnheitsrechten, wie heute England –, ähnelte ziemlich jener der griechischen Oligarchien; und Aristoteles hat diese Analogie betont.[53] Das originellste Element war hier ein von den eigentlichen politischen Instanzen völlig unabhängiges Richterkorps, das seit der Revolution im 5. Jahrhundert in gesellschaftlichen und moralischen Dingen rigorose Strenge walten ließ. Durch die Einrichtung dieses Gerichts der Einhundertvier – von Aristoteles wurde es mit den Ephoren in Sparta[54] verglichen und von heutigen Zeitgenossen mit den Zehn in Venedig – sicherte sich der Adel nach dem Sturz der Magoniden endgültig die Macht.

Als Hannibal die Herrschaft des Adels beseitigen wollte, ließ er die Unabsetzbarkeit dieser Magistrate durch eine Volksabstimmung aufheben. Ihre Macht entfaltete sich um so ungehinderter, je weniger sie klar definiert war, und ihrer Autorität unterstanden die Massen ebenso wie die Exekutive. Diese war seit dem Sturz des Königtums in zwei

Schofetim geteilt; dieser Titel, den die Römer in *sufes* umformten, bezeichnet Richter. Es ist derselbe, den die Anführer des Volkes Israel vor der Etablierung des Königtums trugen. Diese Entsprechung weist darauf hin, daß die Aufgabe der Magistrate nicht in erster Linie darin bestand, Recht zu sprechen. Von dieser Aufgabe waren sie durch die Gerichtshöfe des Adels sicher entbunden worden. Sie waren politische und militärische Leiter wie die römischen Konsuln, indes erfreuten sie sich geringeren Ansehens als jene. Einer der großen Fehler der karthagischen Aristokratie war nämlich ihr unheilbares Mißtrauen gegenüber eigenständiger Initiative, und das war eine der Hauptursachen für die Schwäche ihrer Außenpolitik. Während des Ersten Punischen Krieges wurden vier Generäle auf Anordnung der Einhundertvier gekreuzigt.[55] Da sie nicht wie die Gewaltregime moderner Staaten über einen perfektionierten Polizeiapparat verfügten, übten die karthagischen Oligarchen mit der Furcht vor dem Scharfrichter Zwang auf ihre Untertanen aus.

Die bemerkenswertesten Züge der punischen Gesellschaft erklären sich, wie man sieht, durch ihre koloniale Herkunft. Die Bedeutung des Priestertums entspricht sicherlich der Wichtigkeit der Religion in den semitischen Gesellschaften, erklärt sich aber auch daraus, daß ein von seinen Wurzeln abgeschnittenes und nahezu ausschließlich von feindlich gesinnten Fremden umgebenes Volk wildentschlossen an seinen Traditionen festhielt.

Die Herrschaft der Aristokratie hatte sich um so leichter durchgesetzt, als sie niemals gegen eine Volksschicht gleicher Rasse hatte kämpfen müssen; die reichen tyrischen Kaufleute hatten, als sie sich in Afrika niederließen, nur strikt untergeordnete Hilfstruppen mitgebracht. Als diese später selber Landherren wurden, geschah das auf Kosten einer unzivilisierten, fremden Bevölkerung und nicht auf Kosten der Bauern, die es keineswegs versäumt hatten, sich wie ihre Standesgenossen in Griechenland und Italien einen achtbaren Platz in der Bürgerschaft zu erobern. Dennoch entwickelte sich in Karthago neben dem Kolonialadel ein Proletariat unterschiedlichster Herkunft, das sich selber jedoch als punisch verstand und dem wir uns jetzt zuwenden werden.

Drittes Kapitel

Die Volksschichten. Das Handwerk.
Das soziale Problem

Unsere Erkenntnisse über das karthagische Volk beruhen weniger auf schriftlichen Quellen, die vornehmlich den Taten und Handlungen großer Männer ihre Aufmerksamkeit widmen, als auf archäologischen Dokumenten. Zwangsläufig werden ja zahlenmäßig mehr Gräber von Armen als von Reichen entdeckt, und das bescheidene Gerät, das man neben ihren Gebeinen vorfindet, ermöglicht uns, das einfache Leben dieser Leute zu erfassen, die sich in die Politik allenfalls im Augenblick der Krise mischten, wenn ihr Elend gar nicht mehr zu ertragen war.

Wie bereits erwähnt wurde, ist das karthagische ein im wesentlichen städtisches Proletariat. Ihm gehören die Matrosen, die Zeughausarbeiter, die Handwerker, die Gemüsegärtner der Megara, die Angestellten der Handelshäuser, die Sklaven und schließlich die seßhaften Fremden an sowie ganz und gar abgesondert die Berufssoldaten, welche der punische Staat zu seiner Verteidigung unterhalten mußte, um die Unzulänglichkeit der Bürgerwehr auszugleichen.

Die Metallarbeiter

Die Arbeiter waren vergleichsweise zahlreich; gleichwohl sollte man sich natürlich keine Fabriken mit Hunderten von Angestellten vorstellen. Die wichtigsten Unternehmen, die vom Staat beaufsichtigt wurden, belieferten Flotte und Heer. In Cartagena, dem Karthago Spaniens, das die Barkiden als Hauptstadt ihres überseeischen Reiches gegründet hatten, gab es ein Zeughaus, in dem 2000 Personen arbeiteten.[1] Es war ohne jeden Zweifel nach dem Vorbild der Metropole organisiert worden. Den Produktionsumfang karthagischer Fabriken können wir danach beurteilen, was sie 148 v. Chr., bei der Eröffnung der Feindseligkeiten, unter größter Anstrengung lieferten: Die Römer

hatten die Auslieferung aller in der Stadt vorhandenen Waffen verlangt, und als man entschied, sich dem zu widersetzen, stellte man in
einem Monat 3000 Schilde, 9000 Schwerter, 15 000 Lanzen und 30 000
Katapultiervorrichtungen her.[2] Indessen waren nicht alle Berufsgrup-
pen mobilisiert worden; die Töpfer beispielsweise übten weiter ihr
Handwerk aus, und es wäre unklug gewesen, so heikle Arbeiten
unqualifizierten Leuten anzuvertrauen. Die uns überlieferten Zahlen
dürften der Arbeit von drei- bis vierhundert Schmieden entsprechen,
von denen jeder vier oder fünf Angestellte beschäftigte; nicht zu
vergessen die Schreiner, welche die Waffenschäfte anfertigten. Der
Vater des Redners Lysias[3] besaß im Athen des ausgehenden fünften
Jahrhunderts eine beachtliche Manufaktur, in der 120 Arbeiter
beschäftigt waren und die jener vergleichbar sein müßte, welche das
hellenisierte Karthago versorgte. In Friedenszeiten arbeiteten viele
Schmiede auf eigene Rechnung oder für private Arbeitgeber. Lancel
hat auf einem kleinen Hügel bei Byrsa unterhalb der Häuser, die noch
aus der Zeit vor der Eroberung stammten, kleine Werkstätten ausgegraben, die zweifellos den Bedürfnissen einer kleinen Heimproduk-
tion entsprachen.[4] Die nur etwa einen Quadratmeter messenden Öfen
waren aus Bruchstein errichtet und mit Röhren für die Blasebälge
ausgerüstet, mit denen das Feuer angefacht wurde. Daneben befanden
sich die Arbeitsplätze mit Amphoren, die im Boden eingelassen waren
und in denen die Wasser- und Tonerdevorräte aufgehoben wurden.
Einige Tiegel vervollständigten das karge Handwerkszeug. Verarbeitet
wurde Eisen oder Kupfer. Im Tophet von Salammbô fand man
übrigens Weihtafeln, die von Erzgießern dargeboten worden sind; auf
mehreren werden die hergestellten Werkzeuge abgebildet: Hacken,
Hämmer, Messer, Scheren, Harpunen, Zangen usw.[5] Diese Aktivität
zeugt von der Lebenskraft Karthagos zwischen den beiden ersten
Kriegen gegen Rom; sie endete mit der Niederlage bei Zama: Die
Werkstätten wurden nämlich stillgelegt und die Erzreserven zweifellos
der Herstellung von Militär- und Flottenausrüstung vorbehalten.
Die Rohstoffe für diesen Handwerkszweig wurden durch den Seehandel herbeigeschafft, Kupfer zunächst aus Spanien und dann aus Sardi-
nien, Zinn von den Kassiteriden, Eisen aus Spanien und von der Insel
Elba, vielleicht auch aus Sardinien. Erstaunlicherweise läßt sich fest-

stellen, daß die Karthager, die sich so große Versorgungsquellen für Rohmetalle sicherten, nicht versucht haben, ihre Endprodukte in andere Länder zu verkaufen, was ihnen sicher einen beachtlichen Gewinn eingebracht hätte. Das lag zum Teil wohl daran, daß ihre Handwerker den griechischen und etruskischen seit dem 7. Jahrhundert unterlegen waren. Sicherlich lag es auch an der Abhängigkeit, in der die Kolonie lange Zeit gegenüber Tyros, seiner Hauptstadt, stand, der sie gewöhnlich einen Zehnten entrichten mußte; schließlich an der schwachen territorialen Ausdehnung und der infolgedessen begrenzten Bevölkerung, deren Aufmerksamkeit und Arbeitseinsatz lange Zeit von der Sorge um die Sicherheit des Meeres und die Einrichtung gut ausgerüsteter Handelsplätze in Anspruch genommen war. Als Karthago das von den Babyloniern vernichtete Tyros ablöste, wurde der Außenhandel von seinen Rivalen beherrscht, und die punischen Werkstätten mußten sich damit begnügen, den Binnenmarkt zu versorgen; man findet keine in Afrika hergestellten Waren bei den europäischen Stämmen der Kelten, obwohl die karthagische Flotte deren Häfen häufig ansteuerte.

Diese eigentümliche Unterlegenheit der punischen Metallverarbeitung läßt sich sicherlich geschichtlich erklären. Solange Karthago Relaisstation blieb für die von Osten kommenden Schiffe, die nach Westen fuhren – also bis zur großen Wende des 5. Jahrhunderts –, scheint man dort die Erze, die durch den Hafen gingen, nicht verarbeitet zu haben, von einigen Kleinigkeiten abgesehen. Die nach Himera auferlegte autarke Ordnung zwang die Stadt dazu, wenigstens das Notwendigste selbst herzustellen; vielleicht wurden damals auch einige phönizische Handwerkertruppen aufgenommen. Indes scheinen die meisten Werkstätten erst im Laufe des großen sizilischen Krieges (409–338) mit Hilfe von Kriegsgefangenen eingerichtet worden zu sein, die aus zerstörten Städten, vor allem Selinunt und Agrigent, verschleppt worden waren. Bei der Arbeit für ihre neuen Herren zeichneten sich diese Sklaven nicht durch allzu großen Eifer aus: Sie begnügten sich mit dem Kopieren vertrauter Vorbilder und suchten nicht nach neuen Formen. Allmählich paßten sie sich ihrer punischen Umwelt an und erhielten sicherlich ihre Freiheit wieder, ohne aber den niedrigen Status, den man ihnen zugewiesen hatte, überwinden zu können. Den

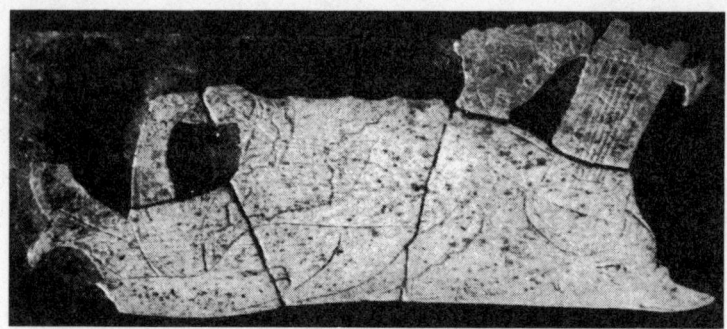

Abb. 13. Elfenbeintäfelchen zur Verzierung eines hölzernen Beinhauses, eine Nereide mit Lyra auf einem Delphin darstellend.
Foto: Archiv Picard

karthagischen Handwerkern fehlte stets der kreative Geist, der die Agrarwirtschaft kennzeichnete und der Menschen nur beflügeln kann, wenn sie sich eines gewissen sozialen Ansehens erfreuen.

Die Schreiner

Das holzverarbeitende Handwerk scheint in höherem Ansehen gestanden zu haben. Die kleinasiatischen Phönizier, die nach Ägypten und Palästina Pinien und Zedern aus dem Libanon verkauften, standen in dem Ruf, gute Zimmerleute zu sein, und es ist bekannt, daß Salomon einen von ihnen für die Errichtung seines Tempels heranzog. Einige dieser Handwerker schlossen sich den ersten Kolonisten an, die nach Afrika auswanderten: Noch im ersten nachchristlichen Jahrhundert konnte man die Balken des Apollo-Tempels von Utica besichtigen, die seit mehr als 1000 Jahren nicht ersetzt worden waren. Ebenso hat man in Utica, in Karthago, im spanischen Trayamar und ebenso im marokkanischen Chellah (dem antiken Sala) äußerst prachtvoll gebaute Gräber gefunden, bei denen die punischen Architekten, den Vorbildern ihrer Ahnen folgend, einen dekorativen Effekt erzielten, indem sie

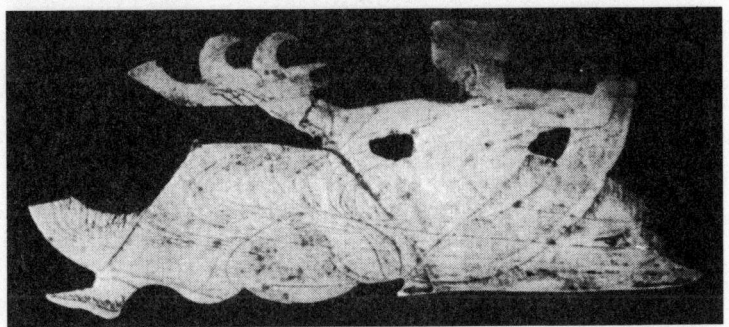

Abb. 14. Elfenbeintäfelchen zur Verzierung eines hölzernen Beinhauses, eine Nereide auf einem Delphin darstellend.
Foto: Archiv Picard

nebeneinander Holz- und Steinmaterial verwendeten.[6] Die Trockenheit des afrikanischen Klimas hat auch mehrere Holztruhen vor dem Zerfall bewahrt, die sich in den Gräbern befanden, um als Särge oder Behälter für Gebeine zu dienen, die aber vorher vielleicht als Möbel gebraucht worden sind. Angefertigt sind sie aus sehr dicken Bohlen, die in scharfkantige Bretter zersägt und perfekt geglättet wurden; die verschiedenen Teile sind mit Hilfe von Zapflöchern und Zapfen nach Art einer Schwalbenschwanzverbindung ineinandergepaßt, jedoch so, daß diese von außen nicht sichtbar ist. Jeder Winkel erhielt ein Loch, das mit Hilfe eines schweren Bohrers quer durch die Bretter gebohrt wurde. Durch diese Löcher ließ man geschmolzenes Blei einfließen, das in alle Zwischenräume und Ritzen drang und damit eine äußerst widerstandsfähige Verbindung bildete. Am häufigsten wurde Zedernholz verwendet, daneben aber auch Sandel- und Teakholz. In die Deckel der luxuriösesten Truhen waren Skulpturen geschnitzt. Auf einem von ihnen ist die Horus stillende Isis abgebildet, während ein anderer, von der Truhe der »Prinzessin«, den Fantar am Kap Bon entdeckt hat, ein Frauenbildnis mit einem *polos* enthält, der vielleicht Demeter verkörpert.

In kleinen Truhen waren feingravierte und in Reihen angeordnete

Elfenbeintafeln eingelassen, mit Darstellungen der bereits erwähnten Trinkgelage, der Nereiden und des Ungeheuers Skylla.[7] Die entsprechenden Vorbilder finden sich auf Sarkophagen aus Tarent und vom Schwarzen Meer. Einst hatten die Holzmöbel mit ihren Elfenbeinintarsien den Ruhm phönizischer Handwerker begründet, und die Mächtigen jener Zeit, die Könige von Assyrien, von Samaria und von Zypern, ließen bei ihnen ihre Thronsessel anfertigen. Die Tradition der Elfenbeinarbeiten (Abb. 13–15 sowie Taf. 16 und 17) wurde in den westlichen Kolonien von Spanien fortgeführt; dort kauften die Tartessier von den Phöniziern Elfenbeinkämme, die von den Archäologen in ihren

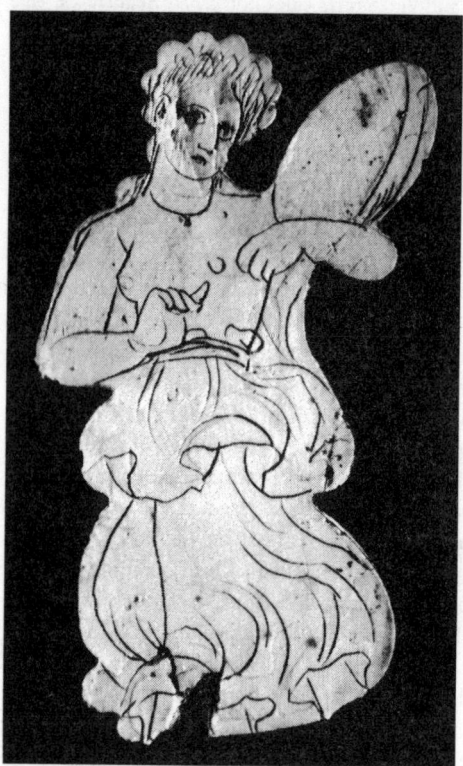

Abb. 15.
Elfenbeintäfelchen
einer Tänzerin mit
Tamburin.
Foto: Archiv Picard

Gräbern gefunden wurden. Griechische Seefahrer, die das Königreich des Arganthonios besucht hatten, haben ebenfalls solche Kämme erworben, um sie im Hera-Heiligtum auf Samos zu opfern; sicherlich dankten sie damit der Göttin für ihren Schutz auf der Reise und für erfolgreiche Geschäfte.

Textilien

Die Textilherstellung war einer der wichtigsten Industriezweige Karthagos. Wie in allen Gesellschaften des Altertums wurde die gewöhnliche Kleidung fast ausschließlich von den weiblichen Angehörigen des Hauses angefertigt. Sie spannen und webten Wolle oder Leinen: Spindel und Weberschiffchen finden sich in den meisten Gräbern. In den Inschriften werden aber auch Weber genannt, und wir wissen, daß es Werkstätten gab, die etwa in den Frauengemächern der herrschaftlichen Güter eingerichtet sein konnten, wo Dutzende von Sklaven unter der Anleitung der Hausherrin und ihrer Aufseherinnen arbeiteten.

Die Viehzucht des Landes, die von den Karthagern wie auch von den Ureinwohnern betrieben wurde, lieferte Rohmaterialien in Hülle und Fülle. Im 5. Jahrhundert wurden gestickte Kissen und Teppiche bis nach Griechenland verkauft. Die tunesischen Frauen sind heute noch bekannt für ihre Kunstfertigkeit in diesem Gewerbe; möglicherweise blicken die Ziermuster ihrer Arbeiten auf ein ehrwürdiges Alter zurück. Für die heutigen Nomaden sind die Teppiche und die häufig ebenfalls verzierten Zeltplanen als einzige bewegliche Habe unentbehrlich. Die alten Libyer dagegen lebten mit Vorliebe in primitiven Hütten, den sogenannten *mapalia*, und legten die Fußböden im Innern lediglich mit Tierhäuten aus. Der Teppich scheint eine syrische Erfindung zu sein, die vermutlich von den Phöniziern in Nordafrika eingeführt wurde. »Wir sind geneigt, anzunehmen«, schreibt Poinssot[8], »daß die tyrischen und sidonischen Geschäftsleute auf ihren Märkten der Hirtenbevölkerung des Landes beibrachten, wie die asiatischen Gewebe angefertigt wurden. Mit Rücksicht auf die wenig entwickelte Kultur ihrer Schützlinge und Untertanen mußten sie ihnen

Modelle vorlegen, deren geradlinige Muster am einfachsten zu kopieren waren und die man sich wohl den Ornamenten auf Teppichen und Zeltstoffen vergleichbar vorstellen darf: Gruppen von auf der Spitze stehenden Quadraten, Schachbrettmuster, Mäander, Sägezähne. Eine Anzahl von Monumenten des 8. und 7. vorchristlichen Jahrhunderts, die teils religiöse Inhalte haben und teils als Weihgaben oder Grabmäler geschaffen wurden, belegen dies.«

Außer den schweren Wollstoffen kannten die Karthager auch feine Musselingewebe, aus denen vielfach Kleidungsstücke hergestellt wurden.

Während das Spinnen, Weben und Sticken nur ausnahmsweise außerhalb der Familie gewerbsmäßig betrieben wurde, gab es eine richtige Färberei-Industrie, in der zahlreiche Menschen ein Auskommen fanden. Die Tyrer galten als Erfinder des Purpurfarbstoffs, den man aus dem verwesenden Fleisch von Stachelschnecken gewann. Dieses Schalentier lebt in den afrikanischen Küstengewässern; an vielen Küsten, die in der Antike besiedelt waren, von Djerba bis Marokko, findet man zwischen Scherben und Mauerresten Häufungen von zerbrochenen Schalen dieser Schneckenart. Einige dieser Küstengegenden waren nach der Zerstörung Karthagos nicht mehr bewohnt; dies ist z. B. bei Dar Essafi in der Nähe von Kerkuan der Fall. Dieser kleine Ort, von dessen Wohlstand bereits die Rede war, lebte zweifellos mehr vom Meer als von der Landwirtschaft des Binnenlandes. Rund um seinen an der Mündung eines Wadi gelegenen Hafen wurde das Muschelfleisch in zahlreichen aus dem Felsboden gehauenen Wannen gesammelt, wo man es verwesen ließ. Um durch den Gestank so wenig wie möglich belästigt zu werden, berücksichtigte man bei der Anlage dieser Becken immer die Windrichtung. Die Schalen der Schnecken wurden ringsherum weggeworfen und liegen meist noch dort. Die Purpurgewinnung war, noch vor dem eigentlichen Fischfang, die Hauptquelle des Reichtums der Einwohner, denn im Handel mit dem Farbstoff – er wurde zweifellos nach Karthago verkauft, wo sich die Färbereien befanden – wurden sehr hohe Preise erzielt.

Die Hirtenvölker Nordafrikas haben natürlich außer der Wolle auch Tierhäute verarbeitet. Die Libyer verwendeten diese Materialien schon seit dem Neolithikum, und vielleicht lag es an der Verbindung zu ihnen, daß die Punier lernten, eine Art Maroquin – rotgefärbtes Schafs- oder Ziegenleder – herzustellen, dessen Feinheit die Römer zu schätzen wußten.

Keramik

Am weitesten verbreitet war indes das keramische Handwerk; es ist zudem das einzige, das sich uns noch sehr lebendig erschließt. Man kann heute schwerlich die Bedeutung der Tonerde für die Antike ermessen. Abgesehen von den wertvollen Vasen der Reichen, die aus Metall gefertigt waren, wurden Behälter für jeden beliebigen Bedarf vom Töpfer gemacht – von den anstelle von Fässern, manchmal sogar anstelle von Schränken verwendeten Amphoren bis hin zu kleinsten Phiolen, die für Parfum und andere kostbare Flüssigkeiten bestimmt waren (Abb. 16). Aus Ton wurden auch manche kleinen Gebrauchsgegenstände und all die billigen Nippsachen hergestellt. Auf dem Boden verstreute Scherben sind oft ein erster Hinweis auf die Lage einer alten Werkstätte, deren Mauern nicht mehr zu sehen sind. Anhand dieser Scherben kann man schätzen, in welcher Zeit ungefähr die Werkstätte betrieben wurde. Nichts könnte die wirtschaftliche Abhängigkeit Karthagos von seiner Mutterstadt bis zur Mitte des 7. Jahrhunderts besser zeigen als die Tatsache, daß aus Tyros sogar das Gebrauchsgeschirr eingeführt wurde, dessen Gewicht und geringer Wert es für die Kaufleute gleichwohl zu keinem lohnenden Handelsartikel werden ließ. So sind es denn tyrische Tonwaren, die man in den untersten Grabungsschichten des Tophet findet: schwere zweihenklige Krüge, bemalt mit lebhaft roten breiten Streifen, die sich in regelmäßigen Abständen mit vertikalen Streifenbündeln kreuzen, oder Vasen ohne Henkel mit hohem, sich nach oben weitendem Hals, die einer Distelblüte ähnlich sehen.

Schließlich entstanden jedoch Werkstätten, die einheimischen Ton verwendeten. Der Handel mit Tarsos nahm allmählich ab und die einheimischen Werkstätten waren bald in der Lage, den Bedarf der punischen Bevölkerung zu decken und auch auswärtige Kunden zu beliefern.

Die Ausgrabungen von Gauckler, Poinssot und Lantier haben uns die
Arbeiten der punischen Töpfer aufs lebhafteste vor Augen geführt.
Fast vollständig erhaltene Werkstätten sind in der Nähe der Häfen und
vor allem der Nekropole von Dermech zutage gefördert worden; dort
standen die Töpfer bereit, um den Familien der Toten die für eine
Grabausstattung notwendigen Sachen zu verkaufen: Krüge für Öl,
Wein und Milch, Lampen, Parfumphiolen und Statuetten der schutz-
gewährenden Gottheiten.

Die Tonerde wurde auf der karthagischen Halbinsel abgebaut, und
zwar unmittelbar nördlich der Nekropolen[9]; nahe dem nach Hamilkar
benannten Bahnhof ist der Strand von roten, steil abfallenden Felsen
gesäumt. Diese bestehen aus Sand, der von rötlich-gelber Tonerde
zusammengehalten wird. In den Steinbrüchen wird heute noch Sandstein abgebaut, ohne Rücksicht auf die Stabilität des Hügels, dem
schon die Punier einen tiefen Einschnitt beigebracht hatten.

Ein anderes Lager befindet sich am Südhang des Saint-Louis-Hügels;
obwohl die Tonerde dort von außergewöhnlicher Qualität ist, scheint
es, sicherlich weil man befürchtete, daß der Steinboden unter der
Hochburg in Bewegung geraten könnte, nur wenig abgebaut worden
zu sein.

Auf dem Lande formten die libyschen Frauen noch ohne jedwedes
Arbeitsgerät die für ihre Hauswirtschaft benötigten Töpferwaren von
Hand, wie es ihre Vorfahren im Neolithikum taten und die von ihnen
abstammenden Beduinen heute noch praktizieren.[10] In den Gräbern
von Kap Bon und von Sahel, aber auch in den Kornfeldern des
Medjerdabeckens fand man Schalen, Kochgeschirr und Kannen, wie
man sie heute noch in den Hütten der Eingeborenen sieht. Manchmal
versuchten die Töpfer auch, die Formen punischer Gefäße nachzubil-
den, vor allem die der Lampen. In den Gräbern von Smirat wurden
modellierte Gefäße neben ihren auf der Töpferscheibe gedrehten Prototypen gefunden.

In der Stadt arbeitete der punische Töpfer an einer Drehscheibe;[11] es
handelt sich dabei allerdings um nichts weiter als einen primitiven, aus
zwei Steinen zusammengesetzten Apparat; der eine von beiden, ein zu
einem Untersatz gehöhlter einfacher Feldstein, bildet den Sockel, und
der andere hat die Form eines Champignon: Die Scheibe steht auf

einem Fuß, der sich in der Höhlung des Sockels dreht. Zwei Männer können zusammen eine solche »Maschine« bedienen: einer von beiden hockt auf dem Boden und treibt die Scheibe auf möglichst hohe Geschwindigkeit, der andere steht und formt mit seinen Händen die in Klumpen vorbereitete Tonerde.

Abb. 16. Askos mit Stierkopf (aus Alexandria).
Foto: Archiv Picard

Der Ofen ist dagegen vergleichsweise hochentwickelt. Gauckler[12] hat bei Dermech einen Ofen ausgegraben, der noch in demselben Zustand war, in dem er zuletzt benutzt worden ist, zur Zeit der Eroberung Karthagos durch Scipio. Er ist in einer Höhe von sechs Metern vollständig erhalten, davon befanden sich in punischer Zeit zwei Drittel unterhalb des Erdniveaus. Er besteht aus einer ellipsenförmigen Feuerstätte und einem hohen, zylindrischen Kamin. Der Kamin, der oben mit einer Kuppel gedeckt gewesen sein muß, wurde im

Innern durch eine zweigeschossige Röhre in zwei konzentrische Bereiche geteilt. Rund um die trennende Feuerplatte aus Ton sind große Öffnungen angeordnet, welche die Verbindung zwischen Brennraum und Feuer herstellen, und die innere Säulenröhre enthält Belüftungslöcher. Die heiße Luft zog also durch den ringförmigen Zwischenraum rund um die innere Säule, in dem die gröberen Töpferwaren zum Brennen gestapelt wurden; die Vasen wurden, entsprechend der Temperatur, die sie zum Brennen benötigten, in einem der beiden übereinanderliegenden Räume des inneren Kamins aufgestellt, wo der Brennvorgang gleichmäßiger ablief und wohin weder Staub noch Rauch und offene Flammen aus den Herdöffnungen drangen. Eine schmale, gewölbte Tür verband den Herd mit der im Untergeschoß liegenden Heizkammer, in der bei der Freilegung noch Haufen von Asche und Schlacken, verfaultes Holz und Reste von vorbereitetem Brennmaterial neben Scherben und mißlungenen Töpferwaren gefunden wurden.

»Dieser Keller, den kein Tageslicht erreichte, war unterhalb der eigentlichen Werkstätte angelegt. Von der Werkstätte aus hatte der Töpfer Zugang zu der ebenerdig gelegenen Brennkammer. In diesem Kellerraum wurden auch die rohen Gefäße in Reihen zum Trocknen aufgestellt, bevor sie gebrannt wurden. Kleine Knochenscheiben verhinderten, daß sie aneinander oder am Boden haften blieben. Dort bewahrte man auch die fertigen Stücke auf, die man prüfte und sortierte, bevor die fehlerfreien Exemplare in Lagerräume gebracht wurden.«

»Die Lagerräume waren mit der Werkstatt durch einen schmalen Gang von vier bis fünf Metern Länge verbunden; dort wurden eine Reihe von Modeln und einige mit weißer bzw. brauner Farbe gefüllte Töpfe gefunden, womit die Gefäße bemalt und relieffartig mit dick aufgelegter Farbe verziert wurden. Ferner lagerten dort Tausende von verschiedenartigen Gefäßen, säuberlich nach Formen geordnet und bereit für den Verkauf ...« Am merkwürdigsten unter diesen Tonwaren sind die Trinkschalen, an deren äußerem Rand sieben kleine Becherchen befestigt sind: Wir werden weiter unten darauf eingehen, welchem besonderen Zweck sie dienten.

Diese punischen Öfen entsprechen denen, welche die tunesischen Handwerker noch heute benützen. Nach einer Technik, die schon die alten Ägypter und sicher auch die Punier kannten, wird die Tonerde zunächst in Bottichen gewässert und danach zwischen Mühlsteinen, die ein Gehilfe dreht, gerieben. Von der entstandenen Masse werden Klumpen von 5 bis 6 Kilo abgetrennt und von Hand weitergeknetet; Lehrlinge picken mit einem Schilfrohr die letzten Steinchen heraus. Die so vorbereitete Tonerde wird dann auf der Drehscheibe zentriert, die gegenüber der von den Puniern verwendeten erheblich verbessert ist. Unter den Händen des Töpfers entsteht dann das Gefäß, das zuletzt mit einem Faden von der Scheibe »abgeschnitten« wird. Nun wird es zunächst eine bis zwei Stunden lang an der Sonne getrocknet und anschließend mehrere Wochen lang in einem kühlen und feuchten Magazin verwahrt, damit das bei der Formung zugefügte Wasser gleichmäßig austreten kann; bei verfrühtem Brennen würde die Masse springen. Der Ofen hat sich seit der Antike nicht verändert. Die in der Brennkammer eingeschlossenen Töpferwaren bleiben für drei Tage dort: Am ersten Tag werden sie gebrannt, und danach kühlen sie zwei Tage lang aus.

Wenn diese Techniken sich so lange erhalten haben, bedeutet das nicht, daß sie besonders ausgeklügelt waren. Der punische Töpfer ist im Unterschied zum griechischen nie ein Künstler gewesen. Die aus seinen Händen hervorgegangenen Formen sind schwer und ohne Eleganz, meist bleibt die Ware roh, ohne Guß und Firnis, lediglich an der Oberfläche ist sie von der Ofenhitze verfärbt. Nur einige antike Gefäße waren ganz oder teilweise mit roter Farbe überzogen; bemalte Gefäße bleiben die Ausnahme. Wenn überhaupt, sind sie spärlich mit einem einfachen Streifen und mit Triglyphen verziert, wie die alten tyrischen Krüge, oder – in späterer Zeit – mit naturalistischen Motiven, die wie von unbeholfenen Kinderhänden ausgeführt scheinen. Auf einer einzigen Amphore ist eine amüsante Szene dargestellt, in der zwei Strauße aus einem flachen, auf einem Sockel stehenden Becken trinken.[13]

Die einzige Sorge der karthagischen Töpfer bestand darin, unaufhörlich, in enormen Mengen und zu niedrigen Preisen, zu produzieren. Sieht man die Amphoren, Krüge jeder Größe, Lampen und Gefäße, die zu Tausenden in Gräbern und Heiligtümern gefunden wurden, denkt man an all das Geschirr, das für den Hausgebrauch erforderlich war, für den Transport von Lebensmitteln, von Wasser, sogar von Baumaterialien, dann kann man sich mühelos vorstellen, daß die Töpfer kaum die Zeit fanden, um ihre Werke herauszuputzen. Und dennoch wäre es für die karthagische Wirtschaft von Vorteil gewesen, sich von dem Tribut zu befreien, der den Griechen für die bis zum 5. Jahrhundert auf dem Schiffsweg eingeführten Luxusgefäße entrichtet wurde. Durch die strenge Politik der Aristokratie wurde diesem »Aderlaß« schließlich ein Ende bereitet, doch konnte oder wollte man im eigenen Land eine Industrie, welche die Herstellung der bis dahin importierten Töpferwaren übernommen hätte, nicht schaffen, was allein die völlige Unabhängigkeit auf diesem Gebiet gewährleistet hätte.

Nur wenn die Religion im Spiel war, waren die Keramiker dazu zu bewegen, den gewohnten Trott einmal zu verlassen. Es ging nämlich darum, ziemlich aufwendige Opfergefäße anzufertigen, an deren Hauptschale rundherum kleine Becherchen befestigt waren, die Leuchtereinsätzen gleichen. Sie dienten einem eigentümlichen Ritus bei den Feierlichkeiten zu Ehren Demeters; die Priesterin befestigte das Gefäß auf ihrem Kopf, nachdem sie zuvor das heilige Feuer in der Schale entzündet und Erstlingssamen in die Becherchen verteilt hatte (vgl. Abb. 17 und 18). Die Vorbereitungen für dieses Fest waren im Gange, und die Töpfer hatten begonnen, die nötigen *kernoi*[14] zu brennen, als die Stadt im Frühjahr 146 eingenommen wurde.

Doch lieferten die Keramikhersteller, oder wenigstens die fähigsten unter ihnen, die *koroplathoi*, vor allem den größten Teil der religiösen Bildwerke Karthagos. Selbst die lebensgroßen Statuen, für die Kulthandlung in den Tempeln bestimmt, waren oft aus Tonerde; bis zum 5. Jahrhundert haben übrigens auch die Griechen solche Idole nicht verschmäht, aber danach wurden sie allenfalls noch am Rande der hellenistischen Welt, beispielsweise in Etrurien, hergestellt. Wir besitzen eine Anzahl ziemlich wichtiger punischer Terrakotta-Statuen; einige hat man in dem von Carton[15] ausgegrabenen Tempelchen von Salammbô gefunden. Andere, die sich in den armen ländlichen Kultstätten am Kap Bon angesammelt hatten, wurden erst nach der Zerstörung Karthagos hergestellt, sind aber sicherlich punischen Prototypen

Abb. 17. Ton-Statuette der Kore aus Korba.
Foto: Archiv

Abb. 18. Ton-Statuette der Demeter aus Korba.
Foto: Archiv

Abb. 19. Ton-Statuette der Demeter aus Soliman.
Foto: Archiv

nachgebildet. Einige haben einen besonderen Charakter, wie die
löwenköpfige Tanit aus Thinissut in ihrer stolzen Wildheit,[16] andere
wurden einfach nach griechischen Vorbildern geformt, wie die Ceres-
Darstellungen von Korba,[17] oder sind so linkisch modelliert wie
manche der sehr alten Idole, so z. B. die Demeter von Soliman[18]
(Abb. 19). Die Frömmigkeit mediterraner Bevölkerung verlangte indes
die ständige Anwesenheit eines Götterbildes, die Gläubigen brauchten
Statuen, die sie in ihren Hauskapellen und in den Gräbern ihrer Toten
aufstellten, oder sie legten in den Tempeln, neben den Gefäßen, die die
Opferasche enthielten, Weihtafeln nieder.

So besitzen denn die Museen eine schöne Sammlung kleiner Statuen.
Die ältesten wurden an der ionischen Küste erworben, später übernahm Sizilien den Handel mit diesen Figuren. Im 5. Jahrhundert
besorgten sich die punischen Töpfer Formen und versuchten, die
Santone selbst herzustellen – die manchmal im Vergleich zu den
griechischen Vorbildern recht derb herauskamen. Manchmal änderten
die Handwerker auch die Erscheinungsformen der Statuen, um sie den
Glaubensverhältnissen ihrer Kundschaft anzupassen. So wandelt sich
eine Demeter-Anbetende, die – so scheint es – in den Armen ein Ferkel
hält, zur Betenden mit ausgebreiteten Armen.[19] Mit dem Demeter-
Kult kamen von Sizilien auch Bilder der Göttin, die sie mit einem
schweren Tuch auf dem Haupt, einem strengen Gewand und mehrfach
geschlungenen Halsketten mit schweren Anhängern darstellten.[20] Sie
fabrizierten auch auf eigene Faust Miniaturbilder der Nationalgötter;
so hat man zahlreiche Terrakotta-Plaketten gefunden, die Baal Hammon auf seinem Thron, ungefähr in der Haltung der ehrwürdigen
Kultstatue im Tempel von Hadrumetum, zeigen.[21]

Die Gräber des 7. und 6. Jahrhunderts wie auch die entsprechende
Grabungsschicht des Tophet enthalten oft Tonmasken. Junge Frauen,
deren Kopf mit einem Schleier bedeckt ist, der nach Art des ägyptischen *klaft* zu beiden Seiten des Kopfes herunterfällt, und junge
Männer haben die Grazie und stille Heiterkeit archaischer Koren und
Kouroi. Doch der liebenswerten Schönheit steht der Schrecken furcht-
barster Alpträume gegenüber: Köpfe mit deformierten Schädelkno-
chen, einer von Warzen und Tätowierungen überzogenen Haut,
das Gesicht in eine grauenerregende Grimasse verzerrt.[22] Einige

Archäologen wollten in diesen Fratzen Porträts erkennen, und man sprach sogar von einem punischen Realismus (Taf. 18).

Tatsächlich handelt es sich aber um magische Gegenstände, die dazu bestimmt waren, Lebenden und Toten den Schutz der Götter, die zweifellos durch die lächelnden Masken (Taf. 14) verkörpert wurden, angedeihen zu lassen und – nach dem Prinzip *similia similibus curantur* – die Dämonen zu vertreiben, denen die häßlichen Masken zuzuordnen sind. Diese schreckenerregenden Wesen wurden von maskierten Akteuren in kultischen Tänzen angerufen. Solche – den Medizinmännern schwarzer Stämme noch heute geläufigen – Bräuche waren bei den meisten Mittelmeervölkern verbreitet: Im Lateinischen bezeichnet das Wort *larva* gleichzeitig das Gespenst und die Maske. Man hat im Artemis-Orthia-Heiligtum in Sparta Fratzen ausgegraben, die denen aus Karthago gleichen.[23] Nach beendeter Zeremonie hängten die Akteure ihre Masken als Ex-voto auf, und dieser Brauch überlebte die eigentlichen Tänze, denn man glaubte noch lange, daß böse Geister sich durch die schrecklichen Gesichter fernhalten ließen. Die Büsten lächelnder Göttinnen und die Kouroi-Köpfe sind in gewisser Weise auf den wesentlichen Bestandteil reduziert, in dem sich die magische Kraft des Opus konzentrierte. Die Karthager begnügten sich also auf diesem wie auf allen anderen Gebieten der Kunsttöpferei, dem Beispiel der Griechen nachzueifern; ihre einzige Initiative bestand darin, dem Modell noch etwas Eigenes hinzuzufügen: Auf der Stirn tragen die Fratzen manchmal das Sternzeichen von Tanit und Baal, den Halbmond auf der Scheibe. Manche Kouroi haben silberne Ringe in den Ohren oder bisweilen sogar in der Nase.

Nach dem 5. Jahrhundert findet man übrigens fast nur noch Silenen- oder Satyrmasken und im späten Karthago nur noch Theatermasken. Für den schnell naturalisierten Demeterkult stellte man außer den bereits erwähnten *kernoi* spezielle Büsten her, bei denen der eigentliche *kalathos* der Göttin ausgehöhlt ist, um die glühenden und parfümierten Kohlen aufzunehmen.[24] Diese griechische Sitte, die einzige übrigens, die die karthagischen Handwerker inspirierte und gelegentlich von ihrer Routine abbringen konnte, setzte sich mit einer gewissen Verzögerung durch.

Gleichwohl gibt es einige originale kleine Figuren – Produkte einer

Volkskunst, die bei den Töpfern von Nabeul immer noch lebendig ist, wenn man ihren Geschmack nicht verdorben hat, indem man sie in Sèvres lehrte, diese amüsanten, mit Blumen, Bäumen und Tieren überladenen Rokokoszenen zu entwerfen. Man fand die Statuette eines Gläubigen[25] mit in Opferhaltung erhobenen Händen, in eine Djellaba aus rauher Wolle gehüllt; eine andere ist dagegen in eine reiche Tunika aus gefälteltem und besticktem Musselin und einen Umhang gekleidet;[26] ferner Lastesel mit den charakteristischen spitzen Wasseramphoren, wie man sie heute noch durch die Dörfer zu den Brunnen trotten sieht[27] (Taf. 19). Angesichts dieser Funde bedauert man den Snobismus der reichen Karthager und ihren Mangel an Geschmack, der sie den griechischen Schund diesen zwar groben, aber doch mit viel Charme ausgestatteten Figuren vorziehen ließ.

Glas

Die Phönizier gelten als die Erfinder des Glases, was zwar falsch ist, sich aber mit dem Geschick, das sie in diesem Handwerk bewiesen, erklären läßt. Kleine Phiolen in Amphorenform aus dunkelblauem opakem Glas mit Streifen und geometrischen Verzierungen in einem lebhaften Gelb sind in Karthago häufig zu finden. Gauckler hat die Herstellungsabläufe sorgfältig studiert. »Die Verzierung wurde mit Mustern im Innern der Masse erzielt. Der Alabaster erfährt zunächst eine erste Gestaltung, die ihm seine Form gibt. Er wurde in eine meist dunkle (blauschwarz, indigoblau) und nur ausnahmsweise helle (silberweiß) Grundierfarbe getaucht. In die heiße, noch nicht feste Oberfläche wurden dann Rillen eingraviert, in die hellfarbige Fäden (ocker, zitronengelb, weiß, türkisblau) eingelegt wurden. Diese Farbfäden heben sich reliefartig etwas aus den Rillen ab. Manchmal beließ man das Stück in diesem Zustand, meist wurde es aber noch einmal erhitzt, bis es glühte. Wenn in der Glut die Dekoration mit dem Untergrund verschmolz, vollendete das Rad, was das Feuer begonnen hatte, und die solchermaßen sorgfältig geglättete Oberfläche vermittelte den Eindruck einer homogenen Masse.«[28]
Aus Glasmasse fertigte man auch in sich gemusterte Glasperlen,

Achatkugeln ähnlich. Sie wurden zu Ketten aufgefädelt oder schmückten die Brustpartie von Kleidungsstücken, und auch Kästchen wurden damit verziert. Man fertigte viele Amulette aus Glas; am merkwürdigsten sind jene menschlichen Gesichter, deren gelbe Hautfarbe mit dem Dunkelblau und Schwarz des Bartes kontrastiert, oder Dämonen mit tiefblauen Fratzen und Warzen auf der Stirn. Die schimmernden Kopf- und Bartlocken sind aus Glaswülsten gebildet, die aus der noch heißen Glasmasse geformt worden sind. Sie haben stumpfe oder hakenförmige Nasen und große runde Augen aus dunklen und hellen Glasfäden, die zu konzentrischen Kreisen gefügt wurden, um die bösen Kräfte abzuschrecken. Diese Gesichter waren hohl, da man sie über einem Stein formte, den man anschließend wieder entfernte. Mittels eines oben angebrachten Ringes konnten sie aufgehängt werden; sie wurden als Ohrringe oder als Anhänger an Ketten getragen. Ursprünglich kamen sie aus dem Osten, aber zur Zeit Hannibals wurden sie am Ort hergestellt und waren so beliebt, daß sie bis nach Gallien, in die Schweiz und sogar an die russische Schwarzmeerküste gelangten, wo man sie später wiederfand[29] (Taf. 21 und 22).

Allgemeine Charakteristika des punischen Handwerks

Obwohl sie zahlreich und für die Stadt unentbehrlich waren, spielten die Handwerker keine so wichtige Rolle, wie man es angesichts der am Handel orientierten Wirtschaft, die über üppige Versorgungsquellen verfügte und enorme Absatzmärkte kontrollierte, vermuten würde. Sie waren gerade in der Lage, die geläufigsten Bedürfnisse ihrer Landsleute zu decken, doch konnten sie niemals mit ihren ägyptischen und vor allem griechischen Konkurrenten gleichziehen, auch nicht in einer Zeit, als eine rigorose Politik die Einfuhr von fremden Fertigprodukten nach Karthago verbot.

Man ist versucht, den Auswüchsen eines zu bedingungslosen Protektionismus die mäßigen Erzeugnisse der Werkstätten zuzuschreiben, die keine Konkurrenz kannten und außerhalb Karthagos nur barbarischen Abnehmern genügen mußten, die sich wenig Gedanken über die Qualität der gegen ihre eigenen Erzeugnisse getauschten Waren mach

ten. Dennoch ist es erstaunlich, daß in den weiten Ländern, die das
Tyrrhenische Meer säumen, so wenige in Karthago hergestellte
Gegenstände zu finden sind. Den punischen Handwerkern wirft man
zu Recht vor, daß sie weder schöpferisch noch technisch begabt
waren, und dieses Unvermögen ist um so eigenartiger, als die Griechen
– Sachkenner auf diesem Gebiet – von den karthagischen Händlern mit
Hochachtung sprachen und die karthagischen Landwirte ihre Betriebe
sehr geschickt und planmäßig bewirtschafteten. Andererseits scheinen
die Karthager ihr geringes Interesse an Industrie mit allen anderen
Völkern Nordafrikas geteilt zu haben.

Im römischen Afrika, wo die Landwirtschaft blühte und gedieh,
hatten die Arbeiterverbände im Vergleich zu der Rolle, die sie in
Italien, Gallien und Ägypten spielten, eine schwache Position. Auch
die Ifrikiya des Mittelalters beschränkt sich auf die industrielle Ferti-
gung beispielsweise von Textilien und Keramik, welche sich mit
denjenigen aus den Moslemstaaten des Nahen Ostens nicht messen
können. Man weiß, daß der Maghreb erst jetzt allmählich in das
Industriezeitalter eintritt, obwohl der westliche Einfluß dort seit
einem Jahrhundert spürbar wird, und daß die meisten Facharbeiter,
die man dort antrifft, europäischer Herkunft sind.

So darf man wohl daraus den Schluß ziehen, daß die Afrikaner von
Natur aus der technischen Betätigung abgeneigt sind und sich auch nur
sehr zögernd an den angewandten Wissenschaften orientieren, die die
Naturgesetze zu durchdringen suchen, um sie für die Verbesserung
der Lebensbedingungen zu nutzen. Diesbezüglich hatten sich die
Phönizier von dem physischen und ethnischen Milieu, in das sie
eingedrungen waren, beeinflussen lassen; doch bewahrten sie gegenüber den Eingeborenen ihre technische Überlegenheit, was später,
nach der Zerstörung ihrer Stadt, das Überleben ihrer Rasse sichern
half. Die numidischen Fürsten wußten wie andere Berberherrscher um
die Unterlegenheit ihrer Völker auf diesem Gebiet; schon die Legende
von Dido handelt von Hiarbas, dem König der maxitanischen Libyer,
der die Tyrer als Lehrer der Zivilisation zu gewinnen versucht.

Massinissa und seine Nachfolger stellten in ihren Staaten viele »punische Techniker« ein, mit deren Hilfe sie anstelle der *Duars* und *Kasbas*
(Zeltdörfer und Festungsbauten) auf ihren Gütern richtige Villen

erbauten. Die Inschrift des Mausoleums von Dougga (2. Jh. v. Chr.)[30] enthält z. B. den Namen eines Architekten, Abarisch, Sohn des Abdaschtart – unbestreitbar ein Punier –, in dessen Dienst zwei Numider standen, nämlich Zamar, Sohn des Ateban, und Mangi, Sohn des Varsacan. Zu der Mannschaft gehörten drei Maurer (?), die Eingeborene waren, wie auch die beiden Schreiner und zwei vermutlich phönizische Eisenschmiede.

Die Rolle der Karthager bestand also anscheinend darin, die eingeborenen Arbeiter auszubilden und anzuleiten. Die Inschrift des Tophet von Cirta[31] nennt Schreiber, Ärzte, einen Gießer, einen Bildhauer (?), Schreiner, einen Bogenbauer, die, ihren Namen nach zu schließen, alle Punier waren. Der Bereich, in dem diese Einwanderer tätig wurden, dehnte sich erstaunlich schnell und weit aus; sie erreichten sogar die Bergbevölkerung, die sich gegen alle fremden Einflüsse besonders stark wehrte. Man sprach daher in der Umgebung von Hippo noch im 4. Jahrhundert n. Chr. eine Mundart, die zweifellos von der Sprache der Libyer stark beeinflußt war, die aber immer noch so viele punische Wörter enthielt, daß die Anhänger des heiligen Augustinus darin eine Verwandtschaft mit dem Hebräischen der Bibel erkannten und sich stolz Kanaaniter nannten.

Die Fremden

Die Karthager waren zwar grundsätzlich wenig gastfreundlich, doch waren sie als Handelsunternehmer gezwungen, Fremde bei sich aufzunehmen. Die Händler aller Nationen hatten freien Zugang zu ihrem Hafen, welcher der einzige Umschlagplatz für die riesigen Territorien war, die von der punischen Marine kontrolliert wurden. Sie richteten dort auch feste Agenturen ein, und spätestens seit Beginn des 4. Jahrhunderts bildeten sich ziemlich große Kolonien, »Metöken«, wie die Athener sie nannten. Die nachlassende Strenge der oligarchischen Regierung begünstigte in der Folge zwangsläufig ihre Ausdehnung. In Anbetracht der guten Beziehungen zwischen Karthago und Etrurien verwundert es nicht, daß die Tyrrhener eine der größten und zweifellos angesehensten Gruppierungen darstellten; man hat auf karthagischem Boden mehrere Inschriften gefunden, die in ihrer Sprache abgefaßt waren. Diese Etrusker haben in ihrer Wahlheimat also nicht nur Handel betrieben, sondern auch, wie wir heute sagen würden, am kulturellen Leben teilgenommen. In der Nekropole von Tarquinia wurde ein Sarkophag mit einer männlichen Statue gefunden, der große Ähnlichkeit hat mit den Sarkophagen in der Nekropole bei der Sainte-Monique-Kirche, der aber die Reste eines Etruskers enthält. Dieser einzigartige Fund stellt für die Archäologie ein sehr schwieriges Problem dar, das im nächsten Kapitel erörtert werden soll.

Trotz den endlosen Auseinandersetzungen und dem Rassenhaß, der Griechen und Phönizier trennte, lebten auf punischem Gebiet auch Hellenen. Das Vorhandensein einer großen Kolonie ist zum ersten Mal im Jahre 396 nachgewiesen, als die punischen Behörden die vornehmsten Mitglieder dieser Kolonie zur Organisation des gerade offiziell eingeführten Demeter-Kults heranzogen.[32] Diese Griechen waren sehr unterschiedlicher Herkunft. Unter ihnen gab es zweifellos viele Sizilianer aus den Städten, die dem karthagischen Protektorat unterworfen worden waren, sowie Händler aus den freien Städten der großen Insel oder aus Süditalien, oder auch politische Flüchtlinge: Ein Gegner des Königs von Syrakus, Agathokles (Ende des 4. Jh.s v. Chr.), rettete sich nach Karthago, wo er eine einheimische Frau heiratete und mit ihr zwei Söhne hatte, Hippokrates und Epikydes, die zu den besten Offizieren Hannibals gehören sollten. Später werden wir das Abenteuer von Ophelas, dem makedonischen Condottiere, der von Agathokles nach Afrika gelockt und ermordet wurde, kennenlernen. Nach seinem Tod und der Flucht des Syrakuser Tyrannen waren viele der aus Griechenland und der Cyrenaika kommenden Expeditionsteilnehmer bereit, in karthagische Dienste einzutreten. Unter ihnen befand sich sicherlich auch jener Agesandros von Cyrene, dessen Tochter Pamphila in der Nekropole von Dermech[33] beigesetzt wurde. Die meisten wohlhabenden Soldaten kehrten jedoch wie Xanthippos von Sparta nach Ablauf der Dienstzeit in ihre Heimat zurück.

Auf den lebhaften geistigen Austausch zwischen Griechen und Puniern wurde bereits mehrfach hingewiesen. Die Karthager profitierten jedoch deutlich mehr davon, als daß sie einen eigenen Beitrag leisteten.

Dies gilt z. B. für das Handwerk: Mit Sicherheit müssen in der Stadt griechische Werkstätten eingerichtet worden sein. Bis vor kurzem neigte man dazu, ihnen alles zuzuschreiben, was »gut gemacht« war, die Sarkophage in der Nekropole an der Sainte-Monique-Kirche, die Bronzen usw. ... Wir müssen hier jedoch vorsichtiger urteilen und dürfen nicht vergessen, daß die Griechen selbst von der Geschicklichkeit der Punier sehr angetan waren. Viele Elfenbeinschnitzereien, Truhen, manche Tophet-Stelen und Glasarbeiten, von denen die Rede war, sind Beispiele punischer Kunstfertigkeit. Andererseits gehen viele Motive, welche auf den ersten Blick einfallslose Reproduktionen zu sein scheinen, auf Vorbilder zurück, die dem karthagischen Geschmack und Glauben angepaßt und entsprechend überprüft und verändert worden waren: Man kann sie also weder den einzigen Fremden zuschreiben, noch kann man unterscheiden, ob sie von punischer oder griechischer Hand ausgeführt worden sind oder wie die Arbeit gegebenenfalls verteilt war.

Karthago war sogar das Vaterland des berühmten Bronze-Bildhauers Boethos, Sohn des Apollodoros, dessen Signatur am Sockel einer Statue in Ephesos entziffert wurde. Diesen Künstler umgibt eines der schwierigsten Rätsel, das die Archäologen jemals beschäftigt hat – man könnte meinen, daß ein boshafter Geist es sich zum Vergnügen ausgedacht hat. Boethos ist nämlich ein Namensvetter eines berühmteren Bronze-Bildhauers, Boethos von Chalkedonien; die Schreibweise der beiden Künstler unterscheidet sich im Griechischen nur durch einen einzigen Buchstaben, denn »karthagisch« heißt Carchedonios und »chalkedonisch« Calchedonios, und das Meisterwerk des Boethos von Chalkedonien steht heute im Bardo-Museum! Es handelt sich um einen Agon oder Palästra-Dämon; die Skulptur war mit einem römischen Schiff vor der tunesischen Küste im Sturm untergegangen und wurde 1907 bei Mahdia gehoben.

Die geistigen Leistungen der Griechen in Karthago sind noch interessanter als ihre künstlerischen. Nach der Überlieferung eines der letzten Platoniker der Antike, Jamblichos[34], gab es in Karthago eine berühmte Pythagoreer-Schule, die nacheinander von vier Gelehrten geleitet wurde, deren Namen Jamblichos mit Miltiades, Anthenos, Hodios und Leokrites angibt. Wenn man davon ausgeht, daß der letzte von ihnen die Zerstörung der Stadt erlebt hat, muß die Schule ein Jahrhundert früher, d. h. Mitte des 3. Jahrhunderts, gegründet worden sein, in jener Epoche also, in der Karthago sich dem Hellenismus geöffnet hat. Es ist durchaus denkbar, daß einige Anhänger der Lehre von ihrem ursprünglichen Zentrum im süditalienischen Tarent aus in die große afrikanische Stadt aufgebrochen sind, während sich andere anscheinend etwa zur gleichen Zeit in Rom niederließen.

Von allen hellenistischen Lehren war übrigens diejenige der Pythagoreer den Karthagern am ehesten zugänglich. In ihrer »unlogischen« Denkweise wehrten sie sich zweifellos gegen die streng intellektuellen Prinzipien, nach denen sich alle Naturgesetze in mathematischen Gleichungen darstellen ließen; doch die fernen Schüler des Weisen von Samos hatten die Lehre ihres Meisters mit recht fremdartigen Ideen vermischt ... Anstatt sich, wie die meisten anderen Splittergruppierungen, in Richtung eines mehr oder weniger materialistischen Rationalismus zu orientieren, entwickelten sie einen Mystizismus, der dank einer kühn symbolistischen Auslegung mit der Moral und Vernunft aller mythologischen Dichtungen in Einklang stand. Sie erkannten den Polytheismus an, entwickelten ihn aber zu einem »Henotheismus«, in dem alle Mitglieder des Pantheon einem höchsten Gott als Diener unterstellt waren.

Die Bestrebungen gingen also exakt in die gleiche Richtung wie die der karthagischen Priesterschaft, die im 5. Jahrhundert begann, alle Götter von Tyros dem Götterpaar Tanit und Baal unterzuordnen. Für Pythagoras war der höchste Gott sogar identisch mit Apollo, in dem seine Anhänger ohne Zögern die Person ihres Lehrers reinkarniert sahen. Karthago verehrte indessen besonders einen Gott, der mit phönizischem Namen etwa Reschef hieß und den die Griechen mit Apollo identifizierten. Dieser Gott war wie sein griechisches Äquivalent ein Musiker, ein Leierspieler. Pythagoras lehrte die Entsprechung der Harmonie dieses Saiteninstruments mit den mystischen Klängen, die durch die Bewegung der Sphären des Universums entstanden und die Seelen der Eingeweihten entzückten. Ein Schüler des Weisen, der von treulosen Seefahrern ins Meer geworfene Musiker Arion, wurde vom apollinischen Tier, einem Delphin, gerettet, der von seinem Spiel verzaubert war. Schließlich verhalf die Schule des Pythagoras mehr als jede andere der Vorstellung zum Durchbruch, daß die Seelen der Verstorbenen in den Himmel eingingen und daß die besten unter ihnen auf den Sternen und vor allem auf dem Mond eine paradiesische Ruhestätte fanden.[35] Alle diese Lehren wurden von den neo-punischen Religionskreisen übernommen.

Entsprechende Darstellungen finden sich auf den Stelen von Ghorfa und Althiburos; diese numidischen Monumente sind von der karthagischen Zivilisation stark geprägt, während sich der römische Einfluß noch kaum bemerkbar macht. Schon das in der Zeit der Zerstörung Karthagos errichtete Mausoleum von Dougga[36] symbolisiert die Reise der Seelen zum Himmel durch die Statuen von Sirenen, an den Seiten der Endpyramide. Diese Frauen mit Vogelkörpern, ursprünglich selbst geflügelte Seelen von Verstorbenen, hatten die Aufgabe, den Toten auf ihrer Himmelsreise die Gefahren überwinden zu helfen, die ihnen in Form von Winden und bösen Geistern begegneten. Eine sehr pittoreske Darstellung der Seelenreise findet sich auf den Stelen von Ain Baschouch und Mactar aus dem 1. Jahrhundert n. Chr. Die verstorbenen »Astronauten« reisen auf Vogelrücken, was durchaus logisch erscheint, aber auch auf Delphinen – was uns nur verständlich ist, weil wir wissen, daß es nach babylonischem Glauben einen himmlischen Ozean gab. Die Karthager hatten diesen Glauben bewahrt, der übrigens in der Pythagoreischen Lehre von der Weltentstehung auch enthalten war. Man kann also durchaus einen Zusammenhang sehen zwischen der Sage des Arion, der dank Apollos Gunst und seiner wohlklingenden Leier gerettet wurde, und der gläubigen Seele, die ihre Erfüllung findet, wenn himmlische Delphine sie über das Sternenmeer tragen. Solche Übereinstimmungen gibt es noch viele: Die Vorschriften des Äskulap/Eschmun-Tempels in Thuburbo-Majus verbieten z. B. den Genuß von Bohnen, und dieses Verbot gehört wiederum zu den wichtigsten Pythagoreischen Verhaltensregeln. Es gab also vermutlich eine sehr enge und fruchtbare Zusammenarbeit zwischen der Sekte, deren griechische Angehörige aus Italien nach Karthago gekommen waren, und der punischen Geistlichkeit. Die Lehre des Weisen von Samos wurde etwa zur gleichen Zeit von alexandrinischen Juden aufgegriffen. Sie waren ebenso gottesfürchtig wie gelehrt und gründeten die fremdartige Glaubensgemeinschaft der

Essener, deren Prinzipien wir aus den Handschriften vom Toten Meer kennen.

Die Pythagoreer waren übrigens nicht die einzigen griechischen Mystiker, die sich in Karthago niedergelassen hatten. Wir haben bereits auf den Erfolg des Demeter-Kultes in Afrika hingewiesen, der seit Beginn des 4. Jahrhunderts von Sizilien herüberkam und durch die Berührung mit den unter der Herrschaft des Ptolemaios von Eleusis nach Alexandria übergeleiteten Mysterien befruchtet wurde. Andere ließen sich durch den mit Dionysos identifizierten Kindgott Schadrapa verführen; als ›Heiler‹ der Vermehrung wurde letzterer auch dem ägyptischen Horus angenähert[37]. Nun war Schadrapa, wie erinnerlich, mit Tanit und Baal Hammon assoziiert, und auf diesem Wege wurden die Bacchus-Symbole im Dekor der Tophet-Stelen, der Sarkophage und der Beinhäuser eingeführt. Die eschatologischen Hoffnungen, welche die Thiasoi verbreiteten, vervollständigten die Ausbildung der karthagischen Priester. Die Griechen haben in diesem Bereich aber nicht nur Neues eingeführt; manche unter ihnen wurden von den karthagischen Göttern angezogen und nahmen sogar am Molk-Opfer teil, wie zwei Stelen im Tophet mit griechischen Inschriften, wo sie die gleichen Menschenopfer erfüllten[38], und die siebzehn anderen Stelen belegen, die im Tophet von Cirta ausgegraben wurden.[39]

Schließlich lebten in Karthago zahlreiche Orientalen aus Asien. Es gab Phönizier, die als Mitbürger aufgenommen wurden; dann Zyprioten, von denen die Sage geht, daß die Gattinnen von Didos Gefährten und auch ein großer Priester von ihnen abstammten; ferner zweifellos auch Anatolier: Eine der von Hanno an der marokkanischen Atlantikküste gegründeten Städte hieß mit griechischem Namen ›Die Mauer der Karier‹; wenn dieser Name nicht eine ungenaue Übertragung einer phönizischen Bezeichnung ist, dann weist er auf die Einwanderung von Bewohnern dieser Provinz im 5. Jahrhundert nach Karthago hin. Sie scheinen so zahlreich gewesen zu sein, daß der Admiral mehrere Hundert von ihnen als Kolonisten rekrutierte. Anscheinend wurden jene Fremden, die in Karthago um Asyl ersuchten, eher dazu angeregt, sich in neugegründeten Orten niederzulassen, wo sie ihre nationalen Traditionen ohne Rücksicht auf eine bestehende Zivilisation pflegen konnten. So war die Stadt Acholla an der Küste von Byzacène sehr wahrscheinlich von Maltesern bevölkert, und Sicca, das heutige El Kef im westlichen Tunesien, scheint eine Kolonie der Elymer aus Sizilien gewesen zu sein.

Das soziale Problem

Die Bevölkerung der großen Stadt setzte sich aus Menschen sehr unterschiedlicher Herkunft und Kultur zusammen, deren Macht und Reichtum höchst ungleich verteilt waren. Dennoch scheint es keine schwerwiegenden Klassenkonflikte gegeben zu haben. Über die sicher sehr zahlreichen Sklaven in der Stadt wissen wir praktisch nichts; von einem brennenden Haß gegen ihre Herren scheinen sie jedenfalls nicht beseelt gewesen zu sein. Anfang des 4. Jahrhunderts versuchte der ehrgeizige Hanno der Große, ein Mann von hoher Geburt, einen politischen und sozialen Umsturz anzuzetteln mit dem Ziel, die Macht zu erlangen.[40] Er forderte die Sklaven auf, sich zu erheben, doch hatte er anscheinend bei denen, die in der Stadt arbeiteten und bei ihren Herren lebten, wenig Erfolg. Bomilkar, der in der Zeit der Agathokles-Kriege ebenfalls eine Diktatur zu errichten versuchte, stützte sich auf seine Söldner und fand wohl keine Sympathien im städtischen Proletariat. Zum Zeitpunkt der größten Gefahr schließlich, im Jahre 149, ordnete der punische Senat die Freilassung der Sklaven an. Es war also nicht zu befürchten, daß sie sich auf die Seite der Römer schlagen würden; und das in sie gesetzte Vertrauen erwies sich angesichts ihrer großen Tapferkeit, mit der sie bis zum Ende kämpften, als gerechtfertigt.

Soziale Gefahr drohte dagegen zunächst von den libyschen Bauern, die in den Jahren 396 und 379 revoltierten und jedesmal Karthago in ernsthafte Bedrängnis brachten.[41] Der Archäologe führt uns die Kargheit ihres Lebens vor Augen. Sie blieben zwar frei, doch mußten sie einen Zehnten und in Kriegszeiten ein Viertel, manchmal sogar die Hälfte ihrer Ernte abgeben, was natürlich äußerst bedrückend war. Dabei darf man allerdings nicht vergessen, daß bis vor kurzem im ganzen Nordafrika die *khamessat* in Kraft blieb, ein Pachtvertrag, der dem Landbesitzer vier Fünftel der Bodenerträge sicherte. Aber jene Afrikaner erinnerten sich, erst seit kurzem ihrer Freiheit beraubt

worden zu sein. Man hatte sie in ein Wirtschaftssystem integriert, das
ihnen zweifellos mißfiel und dem sie ihre Viehzucht und das gewohnte
Nomadendasein zweifellos vorgezogen hätten. Schließlich schürte die
Nachbarschaft ihrer unabhängig gebliebenen Mitbrüder ihre Unzu-
friedenheit so weit, daß sie sich zum Aufstand sammelten. Auch die
Landsklaven, die auf den Gütern der karthagischen Aristokraten
arbeiteten, haderten mit ihrem Schicksal. Die Aufständischen des
4. Jahrhunderts rekrutierten sich also aus den einheimischen Bauern,
den Landsklaven und aus den 20 000 Mann, die Hanno nach seinem
fehlgeschlagenen Umsturzversuch in der Stadt versammelte.

Die Söldner bildeten ein zusätzliches Krisenpotential. Wir werden
weiter unten darlegen, welch explosive Kräfte hier eher zur Zerstörung
der Stadt als zu ihrem Schutz bereit waren. Man muß dazu allerdings
anführen, daß der große, 240 beginnende Krieg – dank Polybios[42] und
Flaubert die berühmteste Episode der karthagischen Geschichte – in
erster Linie infolge der schweren sozialen Unruhen ausgebrochen war,
welche die antike Welt zwischen dem Tod Alexanders und der Wie-
derherstellung der Ordnung durch Augustus erschütterten. Das dyna-
mische Element des Heeres, das die unvorsichtige Regierung in Sicca
versammelt hatte, bestand aus Leuten, die Polybios als Halbgriechen
bezeichnete, nämlich aus ehemaligen Sklaven und aus Sizilien sowie
der Magna Graecia stammenden Deserteuren.

Das waren nun zusammen mit Kleinasien die Gegenden, in denen das
soziale Gleichgewicht am stärksten gestört war und von denen die drei
großen Sklavenkriege ausgingen, die Rom in den Jahren 134, 103 und
73 zurückschlagen mußte. Dort nämlich gab es gewaltige Massen
mißhandelter Sklaven, die angestachelt waren von einer aus dem Osten
kommenden revolutionären Propaganda und zusammengehalten wurden von Magiern oder Philosophen, die von einer Reform der sozialen
Ordnung träumten. Der eigentliche Anstifter der Revolte, Spendios,
der im letzten Augenblick das Übereinkommen scheitern ließ, zu
dessen Verhandlung Geskon gekommen war, war einer jener Halbgriechen, die die Römer versklavt hatten. Als sich der Bruch vollzogen
hatte, führten die Söldner die flüchtigen Sklaven zusammen; es waren
Landarbeiter von den punischen Gütern, die gegen ihre Herren rebel-
lierten. Die Libyer erhoben sich ebenfalls zuhauf: Polybios gibt uns

eine sehr genaue Beschreibung der traurigen Lage, in die diese bemit-
leidenswerten Menschen geraten waren, weil die Karthager von ihnen
während der Kriege gegen Rom rücksichtslos hohe Tribute gefordert
hatten. Zahlreiche Männer wurden eingekerkert, weil sie nicht hatten
bezahlen können; die Frauen hatten immerhin kleine Reserven, hauptsächlich aus ihrem persönlichen Schmuck bestehend, zurückbe-
halten.

Diese Wertsachen gaben sie den Söldnern, die damit den Krieg finanzierten und in den eigenen Reihen den ausstehenden Sold bezahlten. In
dieser Begebenheit spiegelt sich ein Brauch wider, der sich bei den
Beduinen im Maghreb noch heute beobachten läßt: Die kargen Erspar-
nisse, die sie bilden können, werden ausschließlich in Silberschmuck,
großen Fibeln, Armbändern und Fußreifen angelegt, die sie nur in der
größten Not angreifen. Die Söldner fanden auch in den phönizischen
Städten Unterstützung, die Karthago vorwarfen, sie als Untertanen
und nicht als gleichwertig zu behandeln. Die handeltreibenden Hafenstädte litten sicherlich schwer unter dem karthagischen Monopol über
den ganzen Außenhandel. Die Interessengegensätze erwiesen sich
stärker als die ethnische Solidarität; während des letzten Krieges gegen
Rom fielen die sieben wichtigsten Städte, Utica und Hadrumetum an
der Spitze, von Karthago ab und schlossen sich Rom an. Dadurch
konnten sie sich, nachdem das Gebiet römische Provinz geworden
war, eine theoretische Unabhängigkeit bewahren.

Der Bürgerkriegs- und Umsturzcharakter der Feindseligkeiten erklärt
die Grausamkeit des »unsühnbaren Krieges«, wie ihn die Antike
nannte: Geskon und die anderen karthagischen Botschafter wurden
verraten und gefangengenommen und – Nase und Ohren abgehackt,
mit gebrochenen Gliedmaßen – mehr tot als lebendig in einen Graben
geworfen. Die von Elefanten zermalmten gefangenen Söldner, die
langsame Agonie der aufständischen Armee im »défilé de la Scie«, die
»schmähliche Bestrafung« von Mathos sind Greuel, die durch Flauberts Roman bekannt geworden sind. Der kühle und trockene Bericht
des mitleidlosen Polybios erscheint heute vielleicht beeindruckender
als jenes pathetische Gemälde, dem doch etwas Exzessives oder
Unredliches anhaftet. Doch die Fakten stimmen überein, und ihre
Authentizität ist wohl nicht weiter diskutierbar.

Das soziale Problem ergab sich also in Karthago nicht aus Klassenge-
gensätzen innerhalb der Bürgerschaft, sondern aus dem Konflikt
ethnischer Gruppen, die in unterschiedlichen wirtschaftlichen Berei-
chen tätig waren. Alle Karthager, Reiche und Arme, Freie und Sklaven, fühlten sich solidarisch, weil sie – wenn auch zweifellos ungleich-
mäßig – vom Wohlstand der Stadt profitierten, und auch die Ärmsten
wußten, daß sie bei ihrem Untergang alles verlieren würden. Was sich
in Spanien bei der Einnahme Cartagenas durch die Römer abspielte,
beweist, daß diese Haltung begründet war:[43] Die Einwohner der Stadt
gehörten entweder einer Bourgeoisie an, die sich zum größten Teil aus
Kaufleuten zusammensetzte, oder einer Arbeiterklasse, die vornehmlich im Arsenal beschäftigt war; ihren genauen Status kennen wir
nicht, sie genoß aber in jedem Falle rechtliche Freiheit. Scipio hütete
sich wohl, an dieser Hierarchie etwas zu ändern. Er entließ die Bürger
und verkündete den Handwerkern, daß sie künftig Sklaven des römischen Volkes seien, nach dem Krieg aber, wenn man mit ihrer Arbeit
zufrieden wäre, ihre Freiheit wiedererhalten würden. Unterdessen
wurden sie militärisch in Trupps zu 30 Mann geordnet, jeweils mit
einem römischen Bewacher an der Spitze. Die anderen Gefangenen
kamen auf die Galeeren.

Die Libyer dagegen lehnten sich geschlossen gegen die Karthager auf
und konnten nur mit Gewalt in Abhängigkeit gehalten werden. Ähnlich wie sie fühlten die Eingeborenen der spanischen Kolonie. Es gab
da also im punischen Reich eine Schwachstelle, welche die Römer
gezielt auszunutzen wußten. Polybios[44] geht ausführlich auf die
Gewandtheit Scipios ein, der sich den Iberern als Befreier präsentierte
und die von den Puniern in Cartagena versammelten Geiseln sehr
rücksichtsvoll behandelte. Es waren die Familien der wichtigsten
Eingeborenenhäuptlinge, die Scipios Behandlung mit der Loyalität
ihres Stammes vergalten. »Danach rief er die Geiseln zu sich, mehr als
dreihundert. Die Kinder ließ er einzeln herantreten, liebkoste sie und
hieß sie guten Mutes sein: sie würden in wenigen Tagen ihre Eltern
wiedersehen. [...] Nach diesen Worten schenkte er allen von der
Beute, aus der er vorher das für diesen Zweck Geeignetste ausgewählt
hatte, was ihrem Geschlecht und Alter am meisten entsprach, den
Mädchen Ohrringe und Armbänder, den jungen Männern Dolche und

Schwerter. Als eine der gefangenen Frauen, die Gattin des Mandonius, der der Bruder des Ilergetenkönigs Andobales war, ihm zu Füßen fiel und ihn unter Tränen bat, sie anständiger zu behandeln als die Karthager, fragte er sie bewegt und ergriffen, woran es ihnen fehle. [...] Da begriff Publius, was die Frau wollte, und da er mit eigenen Augen die Jugend und Schönheit der Töchter des Andobales und mehrerer anderer Fürsten sah, mußte er weinen, denn er verstand, daß die Frau mit jenen knappen Worten ihm ihr schreckliches Schicksal hatte andeuten wollen.«

Diese rührende Passage ist nur ein Beispiel für die Propagandamethoden, deren man sich bediente, um ein Kolonialreich zu zerstören; sie haben sich seit der Antike kaum geändert. Der ›psychologische Dienst‹ der römischen Armee hatte sein Dossier der ›punischen Grausamkeiten‹ sehr gewissenhaft vorbereitet, und in Ermangelung von Journalisten wurden Historiker beauftragt, die öffentliche Meinung zivilisierter Länder, d. h. Griechenlands, wo sich das ›internationale Gewissen‹ jener Zeit befand, damit bekannt zu machen. Es wäre natürlich absurd, diese ganz offensichtlich scheinheilige Propaganda für bare Münze zu nehmen. In Karthago fehlte es nicht an fähigen Kolonialverwaltern, die das Vertrauen ihrer Untertanen zu gewinnen verstanden. Jener Teil der karthagischen Diplomatie, der sich der Beziehungen zu Eingeborenenfürsten annahm, verbuchte auch bemerkenswerte Erfolge. Einer ihrer besten Unterhändler war Hasdrubal, ein Sohn Geskons, dem es gelang, seine Tochter Sophonisbe, die ihrerseits mit allen Gaben und Fähigkeiten einer »schönen Spionin«[45] ausgerüstet war, mit Syphax zu verehelichen und ihn dadurch für ein Bündnis mit seinem Vaterland zu gewinnen. Doch in jener Zeit erwachte der nationale Stolz der Libyer, und Karthago bildete für ihre ehrgeizigen Pläne das hauptsächliche Hindernis. Syphax wollte die sich nun anbahnende Entwicklung verhindern, konnte sich aber gegenüber Massinissa, der sie zu seinem Vorteil zu nutzen und lenken wußte, nicht behaupten. So ging denn Karthago zugrunde, weil es ein äußerst schwieriges, für eine Kolonie typisches Problem nicht zu bewältigen vermochte: das Problem der Koexistenz verschiedener Bevölkerungsgruppen, deren Lebensstandard und Kultur zu krasse Gegensätze aufweist.

Viertes Kapitel
Der Alltag

Äußere Erscheinung

Über das Aussehen der Karthager wissen wir leider – woran sie selbst nicht unschuldig sind – weniger als über die meisten anderen Völker der Antike. Ihre Kunst bietet nichts, was den ägyptischen Fresken, den bemalten Vasen der Griechen, den Stelen und Mosaiken der Römer entspräche, die den einzelnen in seiner alltäglichen Umgebung zeigen, seine Kleidung und seine Werkzeuge wiedergeben, seine Freuden und Sorgen erkennen lassen. Die meisten Monumente, deren Gestaltung strengen religiösen Regeln unterworfen war, zeigen Götter wie Menschen in stark stilisierten Bildern, denen man nichts Wesentliches entnehmen kann. Die Grabbilder sind stereotyp und lassen sich in drei Gruppen gliedern:[1] der bartlose Jüngling, der gereifte, bärtige Mann und die verschleierte Frau. Das Antlitz eines jungen Mannes mit gelocktem Haar auf einer bereits erwähnten Tophet-Stele[2] spiegelt mit seinem in die Ferne schweifenden Blick eine idealisierte Physiognomie wider, wie sie die griechischen Bildhauer unter dem Einfluß so hervorragender Künstler wie Apelles, Skopas und Lysipp in den Anfängen der hellenistischen Epoche eingeführt hatten. Eine Besonderheit dieser namenlosen Figur deutet immerhin auf ihre punische Herkunft; ein Loch in der Ohrmuschel diente dazu, einen Ring aufzunehmen. Auf den Siegelringen jener Zeit ist oft ein weiblicher oder männlicher Kopf abgebildet, doch handelt es sich dabei, wie Quillard bemerkt,[3] ebenfalls um idealisierte, unpersönliche Bildnisse, deren Vorläufer man auf griechischen Münzen wiederfindet. Nur einige hohe Persönlichkeiten haben ihr Porträt im Profil auf ihr Siegel gravieren lassen. Eines zeigt kurze, krause Haare, eine niedrige Stirn, eine große, leicht gebogene Nase, fleischige, von einem glatten Schnurrbart schattierte Lippen; das etwas vorspringende Kinn ist von einem kunstvollen Spitzbart bedeckt. Ein anderes, ebenfalls bärtiges Porträt hat eine gewölbte, kahle Stirn und eine kurze, fleischige, ganz leicht aufgeworfene Nase;

im Ohrläppchen steckt ein Ring. Ein drittes zeigt straffe, aus der hohen und geraden Stirn zurückgekämmte Haare, eine sehr lange Nase mit dicken Nasenflügeln und einen kurzen Bart, ebenfalls mit einem Ring im Ohr.

Silbermünzen, die in den punischen Werkstätten Südspaniens geprägt und von den Barkiden in Umlauf gebracht wurden, führen das Porträt Hamilkars. Sie wurden nach seinem Tod von Hannibal herausgegeben und zeigen ihn im Alter von etwa 50 Jahren. Ein kurzer Bart verlängert das Profil; die gerade, hohe und faltige Stirn trennen die sehr stark vorspringenden Augenbrauenwülste von der Nase, die zusammen mit dem Wangenknochen das Auge mit der angedeuteten Pupille umschatten. Kraft, Energie und Ernst gehen von diesem Gesicht aus.[4] Hasdrubal, einer der jüngeren Söhne Hamilkars, führte in seinem Gepäck einen Silberschild, in dessen Mitte sein Brustbild prangte. In Volubilis, einer westlichen Residenz der mauretanischen Könige, fand man eine Bronze-Büste, die Picard als Porträt des jungen Hannibal identifizierte.[5] Sie gehörte zu den Kunstschätzen Jubas I. Die Zuordnung dieser Bronze beruht auf der Gegenüberstellung mit einer spanischen Münze, die das Bildnis des Feldherrn trägt: wieder das gleiche gelockte Haar, das von einem Stirnband (Diadem), dem Zeichen oberster Gewalt, gehalten wird, eine an den Augenbrauen stark vorgewölbte Stirn; olivenförmige Augen – deren Blick leer ist, da die ursprüngliche Emailauflage, die sie füllte und belebte, fehlt –, hohe, leicht asymmetrische Wangenknochen, starke Nasenflügel, ein spitzes Kinn. Der Ausdruck des länglichen Gesichts erinnert an den Jüngling von Salammbô; hier wurden sicher der Mode der Zeit Konzessionen gemacht. Dieses Herrscherporträt muß in Cartagena aufgestellt worden sein, als Hamilkars Sohn Hannibal nach dem Tode Hasdrubals die Oberherrschaft übernahm. Es bedurfte der Kriegsleiden, der Augenentzündung, die er sich in den etruskischen Sümpfen zuzog, und der furchtsamen Vorstellung der Römer, um aus dem wohlgestalten afrikanischen Jüngling den grausamen Zyklopen, den *dirus Hannibal*, wie er von Juvenal genannt wurde, zu machen.

Keine dieser Physiognomien repräsentiert einen semitischen Typus mit länglichem Gesicht, einer gekrümmten oder Adlernase und einem oberhalb des Genicks angeschwollenen Schädel, wie man es in einer phönizischen Kolonie erwarten würde. Es sind vielmehr aus verschiedensten Rassen gemischte Gesichter, wie man sie überall im Mittelmeerraum antrifft.

Die anthropologische Untersuchung der Skelette, die in den Gräbern gefunden wurden, belegt, daß es keinerlei ethnische Einheit gab.[6] Der semitische Typus begegnet nicht häufiger als z. B. in Sidon. Eine den Skeletten aus den libyschen und karthagischen Nekropolen gemeinsame Schädelform mit ziemlich niedriger Stirn und betonten Wangenknochen, die etwas weiter vorn und tiefer als gewöhnlich liegen, entspricht dem Profil der Bronzeringe und Barkidenmünzen; vielleicht hat man hier ein typisches Phönizier-Gesicht vor sich. Die Mehrheit der punischen Bevölkerung scheint wohl afrikanische Vorfahren gehabt zu haben, Neger, von denen sie die gekräuselten Haare, die niedrige Stirn und die fleischigen Lippen haben. Die Skelette sind im allgemeinen recht zierlich, gleichwohl bewiesen viele Karthager gelegentlich eine außerordentliche physische Widerstandskraft. Hannibal erstaunte seine Landsleute durch seine Ausdauer gegenüber Hunger und Krankheit; bekanntlich verlor er bei der Durchquerung der toskanischen Sümpfe ein Auge, ohne daß das seine Tatkraft gemindert hätte. Im Alter von über 50 Jahren ritt er die etwa 50 Wegstunden von Karthago bis Tapsus noch in nur zwei Etappen. Diese physische Leistungsfähigkeit mußten auch die Kapitäne, die dem Atlantik die Stirn boten, und die Karawanenführer der Sahara haben. Einer von ihnen, Mago mit Namen, rühmte sich, die Wüste dreimal durchquert zu haben, ohne etwas zu trinken! Weiter unten werden wir sehen, daß die Seeleute Hannos an der ganzen Saharaküste entlangrudern mußten, was selbst unter der Annahme, daß sie weniger dürr waren als die heutigen Matrosen, eine wahre Heldentat bleibt.

Die Nomaden der Berberei erfreuten sich zu allen Zeiten einer eisernen Konstitution und waren äußerst besonnen. Diese Eigenschaften waren das Ergebnis natürlicher Auslese, die sich aus dem Mangel an Hygiene und der ungemein hohen Kindersterblichkeit ergab. Es ist denkbar, daß die in Karthago praktizierte Opferung Neugeborener nebenbei den Zweck erfüllte, die weniger lebenstüchtigen Säuglinge zu töten. Inschriften auf zwei Stelen des Tophet von Cirta, die Février[7] entziffert hat, entnehmen wir, daß eine Familie ein taubstummes Kind

– die Inschrift spricht von verwünschter Nachkommenschaft – den Göttern weihen wollte, wenn diese ihnen dafür normale Kinder gewährten. Als dann ein anderes Kind geboren wurde, hat man das inzwischen mehrere Jahre alte unglückliche kranke Kind tatsächlich »dem Feuer übergeben«.

Es ist also zu vermuten, daß die punische Aristokratie weniger verweichlicht war als andere städtische und handeltreibende Gesellschaften im östlichen Mittelmeerraum. Die punischen Adeligen betrieben Seehandel oder widmeten sich der Landwirtschaft und scheuten sich nicht davor, mit anzufassen. Bis zum Ende des 4. Jahrhunderts dienten die jungen Leute im Heer. Die Vernichtung des von ihnen gestellten »geweihten Bataillons« in der Schlacht von Keimisos (339) führte in der Folge dazu, daß die Regierung vorsichtiger wurde. Gleichwohl zeigt die von der gesamten Bevölkerung während der Belagerung von 149–146 bewiesene Tapferkeit, in welch hohem Ansehen die militärischen Tugenden nach wie vor standen.

Die Karthager teilten nicht die Abneigung frommer Juden gegenüber der Hydrotherapie (Wasserheilkunde). Die Phönizier waren in der Architektur Schüler der Zyprer und hatten bei ihnen zweifellos gelernt, fortschrittliche Badeeinrichtungen mit Wasserabfluß und Heizung zu bauen, wie sie in den Palästen von Vounos zu sehen sind.[8] In Karthago hatten die Häuser der Reichen, wie bereits erwähnt, eigene sehr gut ausgestattete Badezimmer und wahrscheinlich private Schwimmbäder.

Außerdem gab es öffentliche Thermen, die zum Teil der Aristokratie vorbehalten waren und zum Teil allen offenstanden. Bei Grabungen wurden zahlreiche Bronzeschaber gefunden, mit denen die Haut von Schweiß, von Öl und Staub nach dem Aufenthalt in der Schwitzkammer oder nach den Übungen in der Palästra befreit wurde. Darunter befindet sich sogar ein Schaber aus Silber. Männer und Frauen gebrauchten und mißbrauchten wohlriechende Essenzen. In fast allen Gräbern deponierte man ein kleines, einhenkeliges Fläschchen aus Alabaster oder eine winzige Amphore aus irisierendem Glas, die ursprünglich solche Flüssigkeiten enthielten. Die Duftstoffe konnten in Öl gelöst sein, das die Seife ersetzte, oder sie waren in Salben enthalten; eine Stele wurde von einem Salbenhersteller gestiftet. Die karthagischen Parfumproduzenten waren berühmt und verkauften ihre Waren auch in die Fremde. Die Libyer waren besonders starke Abnehmer, doch kauften sie auch griechische oder ägyptische Schönheitsmittel. Die Götter teilten natürlich die Vorliebe ihrer Gläubigen: Der Name Baal Hammon bedeutet wahrscheinlich »Herr wohlriechender Altäre«. Der Weihrauch qualmte in den Tempeln unaufhörlich auf hohen Kandelabern oder in Kohlebecken aus Keramik.

Mit Ausnahme der nach ägyptischem Vorbild völlig kahlen Priester trugen die meisten Männer einen Bart. Die aus Glasmasse gefertigten Masken stellen sicherlich einen Gott dar (vielleicht Dionysos?) und haben üppige blaue Bärte mit Korkenzieherlocken. Die Statuen und Tonmasken haben dagegen einen sehr kurzen Bart, der nur durch Einkerbungen in den Wangen angedeutet ist. (Taf. 21 und 22.)

Die Karthager kannten dennoch eine Art Rasiermesser, das sie sogar als sakralen Gegenstand betrachteten. In Gräbern vom 6. bis 3. Jahrhundert findet man nämlich Kupferklingen, die fast die Form einer sehr länglichen Eisenaxt haben, mit einer konvexen Schneide und verlängert durch einen Schaft, der oft wie ein Schwanenhals gewölbt ist.[9] Ähnliche Rasiermesser benutzten die alten Ägypter, und bei einigen Stämmen in Äquatorial-Afrika sind sie heute noch in Gebrauch. Manche Archäologen, unter ihnen Gsell, vertreten dennoch die Meinung, daß es sich bei diesen Instrumenten eher um Hacken handelt. Sie machen geltend, daß die Klingen in Gräbern von Männern und von Frauen gefunden wurden. Tatsächlich können die in den Bestattungsanlagen gefundenen »Rasiermesser« keine Gebrauchsgegenstände gewesen sein. Sie haben keinen Griff, und vom 5. Jahrhundert an sind die Schnittflächen so kunstvoll graviert, daß man sie zu den schönsten und eigenartigsten Produkten des punischen Kunsthandwerks zählen kann. Unter den vielfältigen Motiven findet man ägyptische Gottheiten, Isis mit Horus, Anubis, einen Gott in ägyptischer Tracht, aber mit Bart und Mitra, menschliche Figuren mit Lotosblüten, Palmen oder Tieren.[10] Im 3. Jahrhundert tauchen griechische Götter auf: Hermes, Herakles, der den kretischen Stier einfängt, das Ungeheuer Skylla. Entweder wurden sie also den Verstorbenen als Talisman zum Schutz vor den Gefahren im Jenseits mitgegeben oder es waren – was wahrscheinlicher ist – Werkzeuge, die ihrem

Besitzer zu Lebzeiten bei der Ausübung von Riten gedient hatten. Wie schon erwähnt, mußten nach den Regeln der phönizischen Religion die Gläubigen sich vor der Weihung einer sakralen Waschung unterziehen.[11] Eine Stele aus römischer Zeit vom Grab zweier Verstorbener mit punischen Namen zeigt einen Mann, der sich gerade einer offensichtlich reinigenden Dusche unterzieht. Auf anderen Stelen sind Kämme abgebildet, die die Geweihten benutzt haben müssen. So kann man annehmen, daß auch die Rasiermesser von den Tempelbarbieren für die sakrale Reinigung gebraucht wurden und daß sie so zu einem Initiations-Symbol wurden; die Gläubigen ließen Reproduktionen anfertigen und opferten sie als Ex-votos oder verwahrten sie – um so sorgfältiger, je kostbarer die Klinge mit Figuren und Inschriften verziert war – als Talisman.

Auch die Haare wurden nicht weniger aufmerksam gepflegt. Die Libyer waren, wie ihre Nachfahren in der Berberei, oft kraushaarig, und viele Karthager hatten von einheimischen Vorfahren die kleinen Löckchen, wie man sie an den Masken sieht, geerbt. Um diese Haarpracht zu zähmen, bedurfte es doppelter Kämme, die oft aus Elfenbein und reich verziert waren. Man fand sie in allen alten Gräbern; bei einem von ihnen ist auf der einen Seite ein assyrischer König auf seinem Wagen abgebildet, und auf der anderen Seite sind zwei von je einem Palmenzweig eingerahmte Genien mit langen gekrümmten Flügeln.[12] Dieses Stück entstammt einem Grab des 7. Jahrhunderts und muß direkt aus Phönizien eingeführt worden sein.[13] Andere Kämme sind mit ägyptischen Motiven wie Isis und Nephthys, umgeben von Genien mesopotamischen Typus', verziert.

Der Glaube an übernatürliche Kräfte, die in den Haaren mancher Auserwählter wohnen – wie die Geschichte von Samson erzählt –, existierte auch bei den Puniern. Diese Kräfte wurden ganz speziell in einem Haarbüschel vermutet, das man sorgfältig hütete. In einigen Heiligtümern ausgegrabene Kinderstatuetten haben eine Flechte, die am Scheitelpunkt des Schädels von den übrigen Haaren abgetrennt ist und ein Amulett auf der Stirn hält. Dieser Brauch wurde sicherlich von den Libyern übernommen. Auf ägyptischen Monumenten sind die Temehou mit einem kurzen geflochtenen Zopf dargestellt, der auf die

Schulter fällt. Eine in den Antoninus-Thermen von Karthago gefundene Herme aus dem 2. nachchristlichen Jahrhundert zeigt das Aussehen eines Berbers.[14] Auf seinem rasierten Schädel steht nur eine Haarflechte, an deren Ende ein sichelförmiges Amulett befestigt ist. Bei einigen marokkanischen Stämmen hat sich diese prähistorische Frisur bis in die Gegenwart erhalten (Abb. 20).

Die Frisuren der Frauen waren komplizierter als die der Männer. Die Karthagerinnen waren stolz auf ihre langen Haare, die sie während der Belagerung von 146 opferten, um daraus Taue für die Katapulte zu machen. Im 6. Jahrhundert scheinen sie sie wie die Ägypterinnen getragen zu haben; die gewellten Haare sind nach hinten gekämmt und fallen in großen Locken, die das Gesicht hinter den Ohren umrahmen, auf den Rücken. So jedenfalls sieht die Frisur an Sandsteinköpfen und Masken jener Zeit aus. Später folgten sie den Entwicklungen der griechischen Moden. Auf den Terrakotta-Statuen und den Applikationen der Bronze-Oinochoën erkennt man durch einen Mittelscheitel geteilte und bogenförmig in die Stirn hängende Haare, die über den Ohren eingerollt und mit Kämmen gehalten sind. Auf Grabsteinen sieht man Frauen, deren Haare mit Bändern auf den Schläfen gehalten werden. Die Siegelringe zeigen uns kunstvolle Frisuren, die den Bildnissen griechischer Münzen

Abb. 20. Herme mit dem Kopf eines Berbers. Antoninus-Thermen, Karthago.
Foto: Archiv

entsprechen. Teils fallen die Haare feingekräuselt auf die Schultern, teils werden sie von Bändern gehalten; manchmal ist über der Stirn ein Band sichtbar. Eine auffallende Modefrisur bestand darin, daß die Haare um den Kopf herum feingekräuselt wie zu einem Nimbus gekämmt wurden, wobei einige lange Strähnen den Nacken umspielten. Schließlich faßten manche Frauen ihre Haare zu einem Knoten auf dem Oberkopf zusammen. Die ›melonenscheibenförmigen‹ Wellen erscheinen auf den Terrakotten gegen Ende der punischen Herrschaft. Um diese Haartrachten zu befestigen, benutzte man Haarnadeln aus Knochen oder Elfenbein, die oft mit einer kleinen gläsernen Maske in Form eines doppelten Frauenkopfes verziert waren.

Die in den Gräbern ziemlich häufigen punischen Spiegel unterscheiden sich nicht von etruskischen Spiegeln, d. h. sie bestehen aus einer runden Scheibe – selten einem Rechteck –, die auf einem Griff montiert und auf einer Seite mit einer reflektierenden Silberschicht überzogen war. Während die Etrusker im allgemeinen die andere Seite verzierten und die Griechen die Halterung kunstvoll bearbeiteten, ließen die Karthager, die die Klingen ihrer Rasiermesser gravierten (Abb. 21–23 und Taf. 23), die Rückseite der Spiegel glatt; und sie begnügten sich damit, den aus Holz, Knochen oder gelegentlich Elfenbein gearbeiteten Griff zu verzieren.

Manche luxuriösen Spiegel waren durch einen Deckel geschützt. Das Lavigerie-Museum besitzt einen, in Form eines Frauenkopfes, der im Profil von links dargestellt ist; es ist eine sehr schöne griechische Arbeit.[15] Andere Spiegel wurden in einem einfachen Stoffetui aufbewahrt. Man schminkte sich die Wangen wie sicher auch die Lippen mit Rouge und die Augen mit *kuhl*. Schminktöpfe aus Blei und Elfenbein wurden in den Gräbern gefunden. Man verwendete dafür auch große Muscheln, deren Schalen ein Silberdraht zusammenhielt. Fatter, ein in Karthago lebender Chemiker, konnte das punische Rouge auf der Basis ausgezeichneten Antimons neu herstellen.

Sehr wahrscheinlich ließen sich die Frauen und vielleicht auch die Männer tätowieren. Bekanntlich ist dieser – ursprünglich sicher barbarische – Brauch bei den nordafrikanischen Beduinen heute noch verbreitet, vor allem in den Steppen am Rande der Sahara. Man war sogar auch versucht, in den äußerst komplizierten Bildern, die die

Spezialisten dieser »Kunst« – im allgemeinen alte Frauen – weitergeben, Motive zu erkennen, die auf die Antike zurückweisen. Die zu wenig sorgfältig geführten Untersuchungen zu diesem Gegenstand haben allerdings kaum brauchbare Ergebnisse erbracht. Jedenfalls tragen die Terrakotta-Büsten der lächelnden Göttin auf dem Kinn eine tiefe Narbe, sehr ähnlich der ›Foula‹, die an gleicher Stelle die Gesichter der Beduinen zeichnet.[16] Die Häßlichkeit der ›grotesken‹ Masken wird noch gesteigert durch eine ganze Reihe eingeschnittener oder gemalter Zeichen: Die Stirn ist senkrecht geteilt durch eine Reihe untereinander angeordneter Rauten, in deren Mitte ein auf die Nasen-

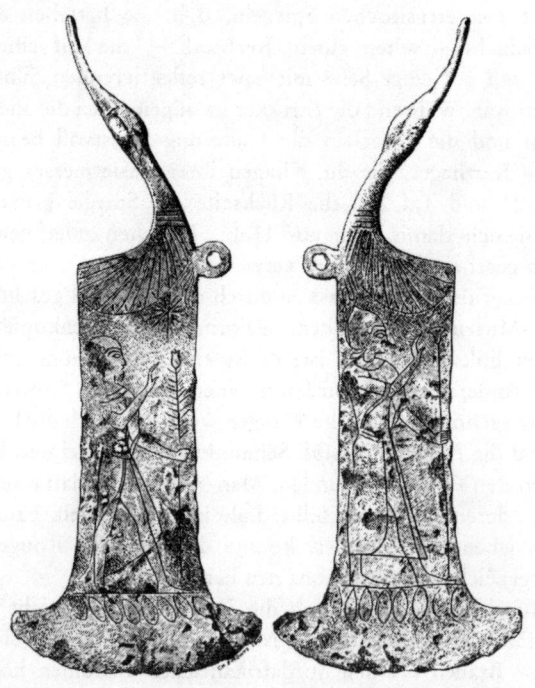

Abb. 21. Bronzenes punisches Rasiermesser. Betende im ägyptischen Stil.
Foto: Archiv Picard

wurzel gerichteter Pfeil verläuft. In die Wangen sind waagrecht verlaufende Streifen eingekerbt, die an die Körpermalereien der Neger und Polynesier erinnern. Manchmal hebt sich ein einziges Motiv – oft die Sichelscheibe, das Symbol von Tanit und Baal – reliefartig von der Nasenwurzel ab, die offenbar als kritischer, besonders schutzbedürftiger Punkt angesehen wurde. Wir haben bereits ausgeführt, daß diese Masken kaum menschliche, sondern übernatürliche oder furchterregende Wesen darstellen; dennoch darf man wohl davon ausgehen, daß manche Details und vor allem ihre äußere Ausstattung dem wirklichen Leben entnommen worden sind.[17]

Abb. 22. Bronzenes punisches Rasiermesser mit Weinlaub.
Foto: Archiv Picard

Abb. 23. Bronzenes punisches Rasiermesser mit Melqart-Herakles.
Foto: Archiv Picard

Die Tätowierungen sind für primitive Völker nicht einfach Aus-
schmückungen; sie haben vielmehr eine rituelle Bedeutung und schützen insbesondere diejenigen, die sie tragen, vor schädlichen Einflüs-
sen, von denen sie sich umgeben wähnen. Oft zeigen sie auch die
Zugehörigkeit ihres Trägers zu einer Bruderschaft an, in die er durch
eine Weihe aufgenommen wurde. Die karthagischen Tätowierungen
scheinen die doppelte Bedeutung der Prophylaxe und der Einsegnung
gehabt zu haben; dafür sprechen die religiösen Symbole, und als
wichtigstes darunter die Sichel, die als Motive verwendet wurden.

Die Bekleidung

Die Karthager unterschieden sich in ihrer »barbarischen« Kleidung
völlig von den Griechen und Römern. Sie waren in diesem Bereich
sehr konservativ und blieben den aus ihrer Heimat eingeführten Sitten
bis zum Verschwinden ihrer Kultur treu. Diese Bekleidungssitten
zeigen im übrigen nicht mehr Originalität als andere Bereiche der
phönizischen Kultur. Es gab unter anderem eine Nationaltracht, die
jedoch auf ein mesopotamisches Vorbild zurückging. Eine andere
stammt aus Zypern und Anatolien; eine dritte schließlich hatte man
von den Ägyptern übernommen.

Die Tyrer trugen – wie die meisten Orientalen – gewöhnlich ein langes
gerades Wollkleid mit Ärmeln. In seiner ganzen Schmucklosigkeit
wird es uns bei der neulich entdeckten Statuette eines Betenden
vorgeführt. Diese Figur trägt keine andere Kleidung, auch keinen
Gürtel, was normalerweise der Fall war (Abb. 24). Im *Poenulus* des
Plautus ruft der Grieche Milphion den punischen Kaufmann an: »Du
da unten, der du keinen Gürtel hast!« Um bequem gehen zu können,
mußte aber manchmal der Rock geschürzt werden, so daß das Oberteil
des Gewandes aufgebauscht wurde. Diese Pose ist auf der berühmten,
in Phönizien entdeckten Baalyaton-Stele der Ny-Carlsberg-Glyptothek[18] festgehalten.

Dieses lange und dicke Gewand schützte ausreichend vor Kälte und
Hitze, so daß es gewöhnlich nicht nötig war, einen Mantel darüber zu
tragen. Im *Poenulus* ruft der spaßige Milphion, als er Hanno bemerkt:

»Wer ist denn dieser Vogel mit der Tunika? Ist ihm sein Mantel im Bad abhanden gekommen?« Das Ex-voto des Königs von Byblos, Yehawmilk (5. Jh.)[19], zeigt den Fürsten wiederum mit einem Mantel über seinem Gewand: Es handelt sich um eine Art Umschlagtuch, das auf der Brust zusammengebunden wurde und den Rücken vollständig bedeckte. Der Kirchenvater Tertullian[20], der gegen Ende des 2. nachchristlichen Jahrhunderts in Karthago wirkte, hinterließ uns eine ziemlich genaue Beschreibung der punischen Tracht, die zweifellos auch zu dieser Zeit noch vereinzelt getragen wurde; er spricht von einem um den Nacken zusammengehaltenen Pallium, das mit Fibeln auf den Schultern befestigt war und nach allen Seiten abfiel. Dieses Kleidungsstück, das vor Kälte und Regen einen guten Schutz bot, scheint aber erst ziemlich spät aufgetaucht zu sein, denn in den karthagischen Gräbern sind die Fibeln eher selten und wurden anscheinend fast ausschließlich von Frauen benutzt.

Die Phönizier gingen ungern ohne Kopfbedeckung aus; Herodot[21] schreibt bereits, daß sich die Asiaten darin von den Ägyptern unterschieden und daß letztere die sprichwörtliche Härte ihrer Schädel der Gewohnheit verdankten, sich ohne Schutz der Sonne auszusetzen. Die asiatischen Kopfbedeckungen, von den Griechen Tiara genannt, waren fast völlig rund, ohne Rand und ohne Schirm, aber ziemlich hoch. Die asiatischen Phönizier hatten eine relativ flache zylindrische Tiara, wie Yehawmilk und Baalyaton sie tragen, übernommen. In Karthago finden wir sie auf der berühmten Stele des Priesters mit dem Kinde wieder.[22] Doch scheinen die Punier einen konischen, sicher aus Filz gefertigten Hut bevorzugt zu haben, der aus Zypern kam. Außerdem schützten sie den Kopf mit einem Tuch, das teils durch ein Band auf der Stirn zusammengehalten wurde und auf der Seite herunterhing, wodurch es dem ägyptischen *klaft* und der heute in Arabien getragenen Kopfbedeckung ähnelt, und teils wie ein Turban um den Kopf gelegt wurde.

An den Füßen wurden Sandalen, Schuhe mit dicken Sohlen oder halbhohe Stiefel getragen.

Die zyprische Tracht ist wesentlich komplizierter. Sie setzt sich zusammen aus einem langen, gefältelten Unterkleid aus Leinenmusselin, wie die Ägypter es auch trugen, und einer Reihe von dickeren und

Abb. 24. Ton-Statuette eines Betenden aus Karthago (4. Jh.).
Foto: Archiv

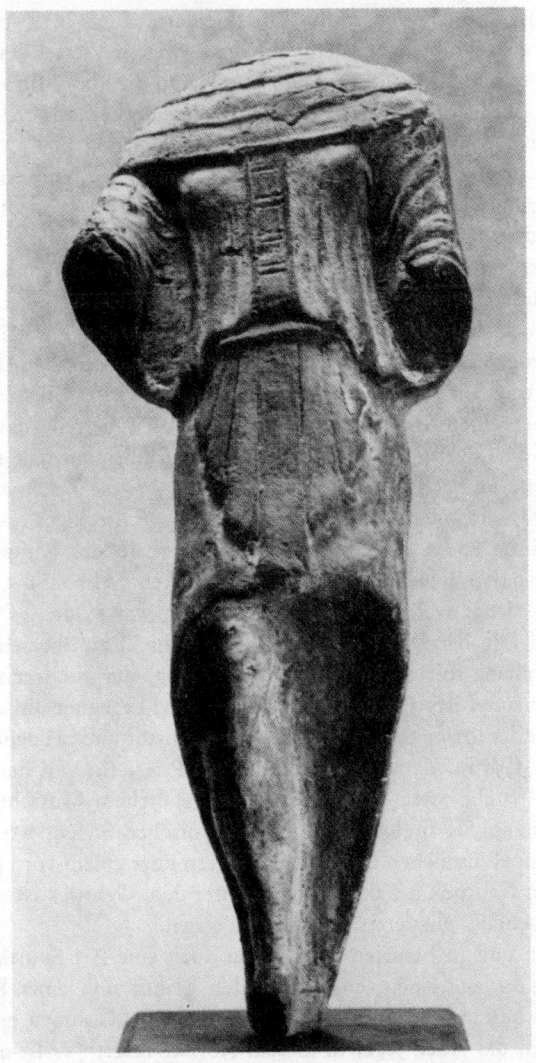

Abb. 25. Ton-Statuette aus Karthago in »zyprischer« Kleidung.
Foto: Archiv

stufenweise kürzer werdenden Überkleidern. Eine in Zypern von Gjerstad ausgegrabene Statuette aus dem zweiten Viertel des 6. Jahrhunderts trägt eine spitz zulaufende Tiara, die der Mitra unserer Bischöfe ähnlich sieht, und vier übereinanderliegende Kleidungsstücke: ein langes, völlig gerades Untergewand, eine Musselin->Schürze<, deren Falten über dem Bauch aufspringen, eine Art Frack, dessen Schnitt an unsere Abendkleidung erinnert – vorn offen, mit einem hinten bis in die Kniekehle fallenden Schoß –, und schließlich ein kurzer, unterhalb der Brust gerade abgeschnittener Umhang.

Dieses äußerst unpraktische Kostüm wurde nach Afrika eingeführt und hat sich dort mindestens sieben Jahrhunderte lang erhalten. Die Frauen trugen es ebenso wie die Männer. Eine in Karthago entdeckte Statuette trägt ein sehr weites Gewand, das durch zwei Gürtel gehalten wird; über einen von ihnen fällt blusig das Oberteil, das ihn so verhüllt; der zweite liegt darunter auf der Taille und hält eine Art Schürze, deren flache Falten auf dem Bauch wie die Zeichnung einer Muschel auseinanderfallen, und ein langes, rechteckiges, besticktes Band. Vorne endet die Tunika genau unterhalb des Knies, hinten scheint sie die Beine vollständig zu bedecken (Abb. 25). Gauckler glaubte – sicher weil das Gewand geschürzt war –, daß es sich um einen Jüngling handelte, aber der Busen ist nicht zu übersehen. Der kurze Umhang mit den waagrechten Streifen, der ein wenig an die Kutschermäntel des 19. Jahrhunderts erinnert, begegnet uns auch bei der Statue der löwenköpfigen Tanit von Thinissut und bei dem Abbild derselben Göttin, das den Sarkophag der Priesterin von der Sainte-Monique-Kirche ziert. Die Schürze aus gefälteltem Musselin trugen auch Männer. Sie findet sich auf neo-punischen Stelen, wo sie von einem koppel-ähnlichen Gürtel mit Trägern über einem vorn offenen, gefältelten Gehrock gehalten wurde; unter dem Gehrock ist noch ein langes, ebenfalls plissiertes Gewand zu sehen.

In Zypern und in Etrurien wurde aber auch eine Art Sportkleidung getragen, die aus einem enganliegenden Trikot und einer knappen Badehose bestand. In Afrika fand man ein von Gouraya graviertes Straußenei, das einen Jäger in diesem Aufzug zeigt;[23] er ist mit einer >Tartsche< (einem kleinen, sichelförmigen Schild) bewaffnet, trägt ein rotes oder vielleicht wie die hautengen Röcke im Mittelalter zweigeteiltes, knappes Trikot, das vorn und am Halsansatz mit einer Borte verziert ist, ferner einen breiten ›Turner‹-Gürtel, sowie eine enge, knielange Hose. Den Kopf bedeckt eine runde, gleichfalls mit einer Borte umrandete Kappe; die mit Absätzen versehenen Schuhe sind mit Riemen befestigt, die kreuzweise um die Beine gewickelt sind.

Ägyptische Kleider sind dagegen selten getragen worden und blieben meist den Priestern vorbehalten. Wir haben bereits das durchsichtige leinene Festgewand erwähnt, das sehr wahrscheinlich die übliche Kleidung der Bediensteten mancher Tempel war und gelegentlich von allen Opferpriestern getragen wurde. Darstellungen auf Rasiermessern zeigen verschiedentlich Götter und Menschen, die mit einem Schurz bekleidet sind. In erster Linie wurden Götter dargestellt; die einen, Horus und Anubis, kamen geradewegs vom Nil; andere waren punisch, wie Baal Hammon, oder sogar griechisch, wie Hermes; ein Mann, auf dessen Haupt die Krone Unterägyptens sitzt und der ein Henkelkreuz hält, stellt zweifellos den Pharao dar. Anscheinend befand sich unter ihnen kein einziger karthagischer Gott. An dem exotischen Kostüm erkannte man wohl die Ägypter, und es scheint keine weitere Verbreitung gefunden zu haben.

Über die Kleidung der Frauen sind wir schlechter unterrichtet als über die der Männer, da Statuen und Statuetten fast nur Göttinnen und Fremde verkörpern. Zwar sind auf den Grabstelen die Verstorbenen abgebildet, doch Einzelheiten sind diesen Porträts kaum zu entnehmen; die frühesten stammen übrigens aus der Mitte des 4. Jahrhunderts. Auf einer einzigen Tophet-Stele ist eine Priesterin dargestellt, die im Begriff ist, ein Trankopfer darzubringen.[24] (Abb. 26.) Die interessantesten – weil genauesten – Dokumente sind die neo-punischen Stelen, Grabmäler oder Weihetafeln.

Sie reichen aus, um zu belegen, daß die punischen Frauen im Unterschied zu ihren Männern früh die griechische Mode übernahmen. Vielleicht etwa vom 6. Jahrhundert an trugen sie bestickte Gewänder wie die ionischen Frauen, welche uns die – übrigens zweifellos importierten – Statuetten jener Zeit vor Augen führen.[25] Jene Tophet-Priesterin, die sicher im 3. Jahrhundert gelebt hat, trug ein sehr einfaches Faltengewand, das in der Taille durch einen hohen Gürtel zusammengehalten wurde. In den groben Steinsärgen sind die Toten in

ein ganz gerade geschnittenes, wenig gefälteltes Gewand, einen Kopf-
schleier und manchmal einen Mantel gehüllt. Ein Beispiel dafür ist die
hellenistische Bekleidung der Kore des großen Sarkophages der Sainte-
Monique-Kirche. Wie wir gesehen haben, wurden jedoch Faltengewänder und Umhänge zyprischer Machart von Frauen ebenso wie von
Männern getragen, solange Karthago existierte, und nach dessen
Untergang sogar noch von der neo-punischen Bevölkerung. Ein langes
besticktes Band, von den Griechen *paryphe* genannt, unterteilt fast
immer die Faltengewänder in ihrer ganzen Länge; dieser Schmuck, der
wohl den Frauen vorbehalten war, erscheint teils losgelöst vom Kleid –
so bei der Statuette Gauckler –, teils dagegen auf dem Gewebe
befestigt, wie eine Zierlitze.

Abb. 26.
Tophet-Stele einer Priesterin,
die ein Trankopfer darbietet.
Foto: Archiv

Die Ähnlichkeit der punischen Tracht mit der Kleidung, die die
Muselmanen Nordafrikas heute tragen, ist häufig bemerkt worden.
Das tyrische Gewand gleicht nämlich der ägyptischen Galabieh mehr
als der flatternden Djellabah der Maghrebiner, und Kapuzenmantel,
Burnus und Cachabia, für die es keine entsprechenden karthagischen

Kleidungsstücke gibt, haben ihre Vorläufer zweifellos im römischen *cucullus*. Es ist dennoch richtig, daß die orientalische Tracht über Jahrhunderte bemerkenswert unverändert blieb – im Gegensatz zu den wechselnden europäischen Moden.

Gautier[26] zog aus dieser Beobachtung Schlüsse, die uns im allgemeinen zutreffend erscheinen. Bereits in der Antike wurde der Unterschied in der Kleidung als Kennzeichen unterschiedlicher Kulturen angesehen. Griechen und Römer hielten nichts von dem langen, genähten, mit Ärmeln versehenen Gewand und der Tiara. Von den Puniern hatten die Römer ganz ohne Zweifel die Tunika übernommen; den phönizischen Ursprung dieses Begriffes haben die Philologen anerkannt, und es ist auch bekannt, daß man bis zu den Punischen Kriegen unter der Toga nur eine Art Schurz, das *subligaculum*, trug, mit dem der alte Cato sich auch weiterhin demonstrativ zufrieden gab. Tatsächlich aber bezeichnet in Rom das Wort Tunika sehr früh – wenn auch nicht von Anfang an – den griechischen *chiton*. Es handelt sich um ein einfaches, nahtloses Stück Tuch, das man mit Hilfe von Fibeln befestigte und das Arme und Beine unbedeckt ließ; die auf die syrische Tracht zurückgehende *tunica talaris et manicata* wurde nur von prunksüchtigen Männern getragen. Fibeln oder Doppelspangen, die für die europäische Kleidung von so grundlegender Bedeutung sind, daß die Archäologen anhand ihrer Formen die verschiedenen Kulturen kennzeichnen können, sind in Karthago selten und wurden vermutlich nur von Frauen benutzt.

Sicher war die asiatische Tracht für eine lebhafte körperliche Betätigung wenig geeignet und bequem. Dies förderte tatsächlich eine der griechischen völlig entgegengesetzte Haltung gegenüber dem menschlichen Körper; seit dem 6. Jahrhundert stand bei den Griechen die physische Schönheit auf dem ersten Platz in ihrer Wertskala, was für die Orientalen immer eine abscheuliche Vorstellung blieb. Kleidung betrachteten die Hellenen nur als ziemlich verachtenswürdiges Zubehör: das Bild der Götter und Heroen ist das der völlig nackten, starken jungen Männer. Der Orientale versucht dagegen, weniger aufgrund seiner Kraft als durch seine Würde und seinen Reichtum Respekt einzuflößen; er sorgt sich wenig um die Harmonie seiner Muskulatur, pflegt eher seine Fülle, die von seinem Wohlstand zeugt, läßt sich einen Bart und eine üppig wallende Haartracht wachsen und hüllt sich in weite Gewänder. Ein angesehener Mann wird, selbst wenn er jung ist, danach trachten, älter zu erscheinen, um durch Klugheit zu imponieren. Die Götter sind niemals nackt: in Karthago sind alle Idole bekleidet, mit Ausnahme einiger grober Statuetten, die vor dem 5. Jahrhundert angefertigt und dann aufgegeben worden waren;[27] die karikaturenhafte Darstellung und die zur Schau gestellte Obszönität lassen sie eher als *fertility-charms* erscheinen denn als wirkliche Götter.

Der Schmuck

Der karthagische Schmuck, der Reichtum und Bedeutung des Trägers demonstrieren soll, ist weit entfernt von der Nüchternheit der klassischen griechischen Ästhetik.[28] Die erstaunlichste Mode war die der Nasenringe. In der Genesis ist zu lesen, daß man sie in Kanaan trug und *nezem* nannte. Dieses eigenartige Schmuckstück ist bei mehreren Terrakotten und Glasmasken und auch auf einem Siegelbild erhalten. Es wurde entweder im linken Nasenflügel getragen oder durch den Nasenknorpel gezogen. – Große kreis- oder spiralförmige Reifen, die oft mit einfachen Linien verziert und mit einem Ring versehen sind, dienten – einem seit undenklichen Zeiten auf Zypern wie in Griechenland und auf der iberischen Halbinsel belegten Brauch zufolge – den Frauen dazu, die Locken einzuwickeln. Ohrringe sind so zahlreich in den Gräbern, daß offensichtlich jede Karthagerin und jeder Karthager eigene besaß. Milphion vergißt im *Poenulus* übrigens nicht die Bemerkung, daß Hannos Sklaven keine Fingerringe haben durften, weil sie ihre Ringe an den Ohren trugen. Am einfachsten waren die kleinen, mit Ligaturen verzierten Gold-, Silber- oder Bronzeringe. Die alten Modelle hatten einen Anhänger in der Form eines Henkelkreuzes – die ägyptische Hieroglyphe für das Leben –, andere ein kleines, mit Kügelchen gefülltes Kästchen oder eine Art Ei mit einem Perlrand. Im 4. und 3. Jahrhundert deuten große, mit einem Band verzierte Ringe, deren Mitte mit Filigranarbeit versehen ist, durch eine zweifache Schraubung Tornados an. Die beiden Enden des Ringes hatten

ein Loch, um einen Querstift aufzunehmen, der auf der Rückseite
befestigt war und vorne durch das Ohrläppchen in die gegenüber-
liegende Höhlung rutschte, die eine Rosette mit doppelter Blumen-
krone verdeckte.[29]

Das Diadem war nicht notwendigerweise das Zeichen einer Würde.
Mehrere auf den Grabstelen abgebildete Frauen tragen es, und man
findet es insbesondere in einfachen Gräbern.

Die schönsten Stücke unserer Sammlung sind Halsketten. Das zentrale
Motiv einer solchen Kette war eine Türkis-Sichel auf einer Scheibe aus
Hyazinth-Rubin; rund um die Scheibe sind 12 kleine scheffelförmige
Anhänger symmetrisch angeordnet, dann 4 einfache Sicheln, 2 Sicheln
auf einer Scheibe, 2 runde Anhänger mit zentraler Dolde und auf das
darunterliegende Teil gehender Spitze, und schließlich 2 weitere runde
Anhänger mit neunstrahligen Sternen aus kleinen Kügelchen.

Sehr häufig sind die Einzelteile der Ketten aus winzigen Kügelchen
gemacht, die nach einer vermutlich von den Phöniziern erfundenen
und von ihnen im ganzen Mittelmeerraum verbreiteten Technik
zusammengefügt wurden. Erst die Etrusker haben diese Technik
jedoch bis zur Perfektion entwickelt. Die Edelsteine waren nicht nur
dekorativer Putz: Viele Geschmeide, wie das soeben beschriebene,
stellen die Mondsichel auf der Scheibe – das Sternzeichen der höchsten karthagischen Gottheiten – dar; ein nischenförmiges Goldmedail-
lon mit gekörnter Oberfläche enthält ein kauerndes Idol; ein auf einem
Altar aufgestelltes Tanit-Symbol ist von zwei stehenden *uraei*
umrahmt. Sehr häufig ist der Anhänger ein richtiges Reliquiar, z. B. in
Form eines goldenen Rohres mit dem Kopf eines göttlichen Tieres
oder eines Bergkristalls mit einem kleinen goldenen Gefäß. Darin
wurden nicht die Reste eines Heiligen aufbewahrt, sondern Zauber-
schriften auf Pergament oder besser noch auf goldenen Blättern, die
mit Abbildungen und magischen Formeln bedeckt sind.

Die Armen begnügten sich mit Ketten aus Glasperlen und kleinen
Muscheln, an denen sie Knochen- und Fayence-Amulette befestigten,
die meistens ägyptische Götter und alle möglichen Schutzsymbole
darstellten, welche gleichfalls der magischen Vorstellungswelt der
Nilgegend entstammten: das Auge des Horus, die Brillenschlange, der
Papyrus, der Altar oder der Götterthron. Vercoutter und Cintas[30]

haben die Verteilung der verschiedenen Amulettypen in den Gräbern minuziös erforscht. Im allgemeinen werden die Götterbilder mit vorrückender Zeit zunehmend seltener, und an ihre Stelle treten allmählich einfache Talismane. Soweit sich diese Feststellungen deuten lassen, kennzeichnen sie zumindest bei den Unterschichten der Bevölkerung eine Verfallstendenz in der punischen Religion und eine Hinwendung zum reinen Aberglauben. Man sieht ferner, daß der anfänglich sehr starke und grundlegende kulturelle Einfluß Ägyptens immer schwächer wird, nachdem gegen Anfang des 5. Jahrhunderts die Verbindungen Karthagos zum Osten abgeschnitten waren.

Männer und Frauen trugen einfache ring- oder spriralförmige Armbänder, und letztere trugen auch – wie die heutigen Beduinen – schwere Reifen an den Knöcheln.

Die Siegel muß man gesondert betrachten; sie waren gleichzeitig Schmuck, Amulett und Nutzobjekt. In allen antiken und mittelalterlichen Kulturen war der Siegelabdruck unentbehrlich für die Beglaubigung von Schriftstücken. Das Siegel erscheint daher als das Symbol der Persönlichkeit seines Trägers, und die darin eingravierte Darstellung wurde nicht allein nach ihrem dekorativen Wert ausgewählt, sondern auch nach der religiösen Wirksamkeit, die die Gültigkeit des besiegelten Vorgangs wie ein Eid garantierte. Wer die mit dem Abdruck der Schutzgötter gesiegelte Vereinbarung brach, beging ein Sakrileg und setzte sich ihrer Rache aus. Mesopotamien und Ägypten, die beiden großen Kulturen, deren geistige Substanz Phönizien befruchtet hatte, hatten einen besonderen Siegeltypus entwickelt, der von den zentralen Grundsätzen ihres Glaubens bestimmt war. In Babylonien war es ein zylinderförmiger Stein aus kostbarem Material, in dessen ganze Oberfläche – häufig komplizierte – der chaldäischen Mythologie entliehene Szenen graviert sind; man rollte ihn über den noch frischen Ton der Schrifttafeln. In Ägypten gab der Siegelabdruck exakt das Bild eines Käfers wieder, der als Abbild des Sonnengottes von Heliopolis, Kheperi, galt; der Käfer rollt eine Kugel und symbolisiert so den Glauben, demzufolge Kheperi die Sonnenkugel vor sich her über den Himmel schob. Das eigentliche Siegel ist die ebene Unterseite des Insekts; dort wurden Hieroglyphen eingraviert – Wünsche für ein gutes Jahr, Bitten an die Götter um ein gutes Leben im Diesseits und im Jen-

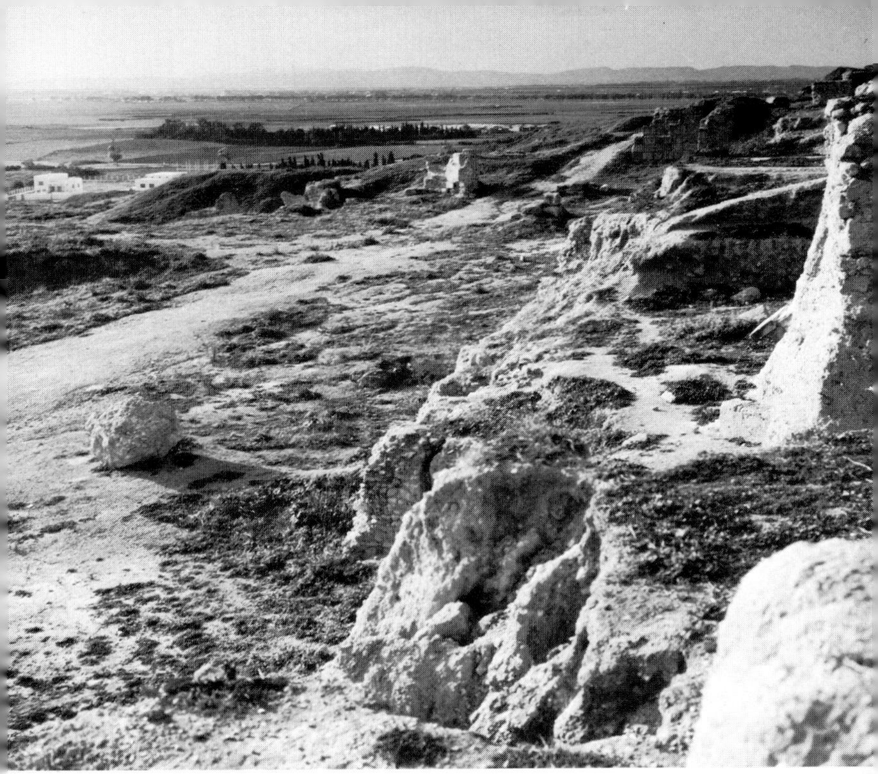

1

2

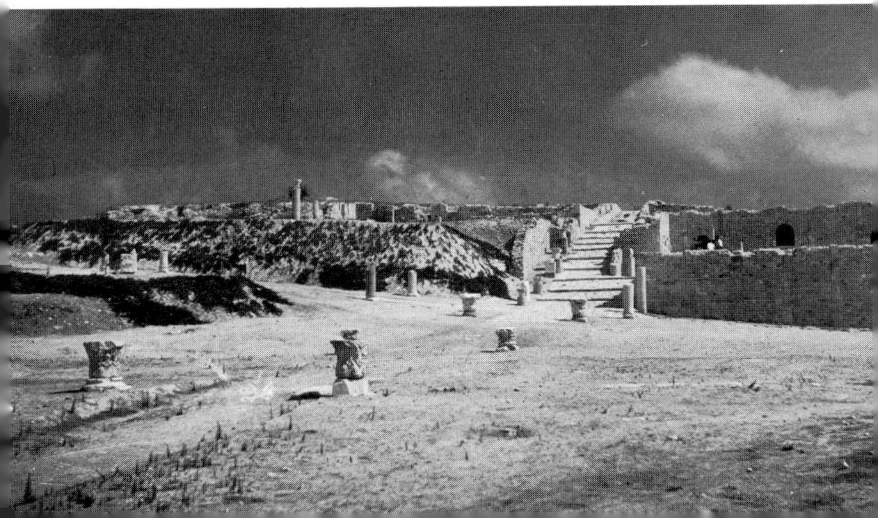

3

4

5

6

7

8

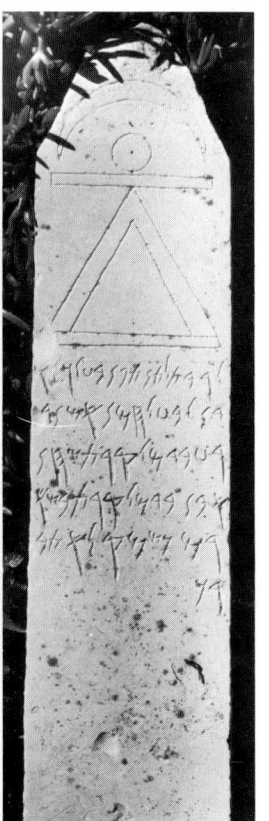

◀
9

▶
10

11

12

13

14

16

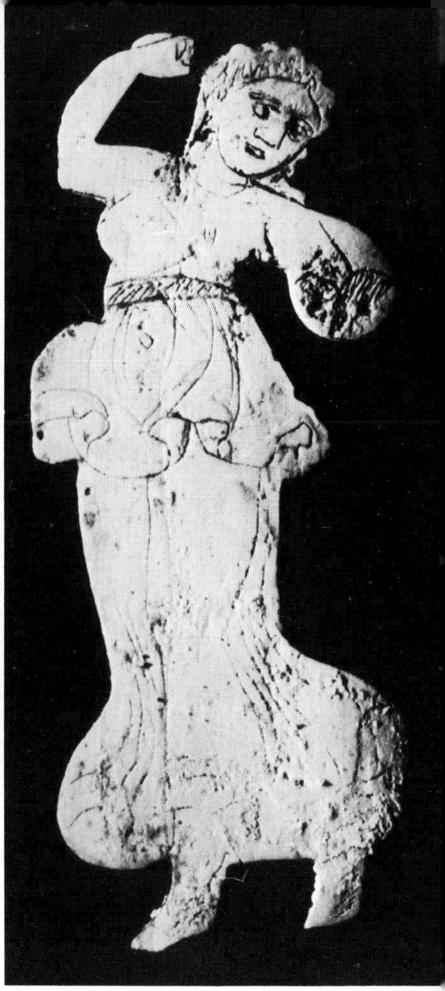

17

20

21, 22 ▶

24

23

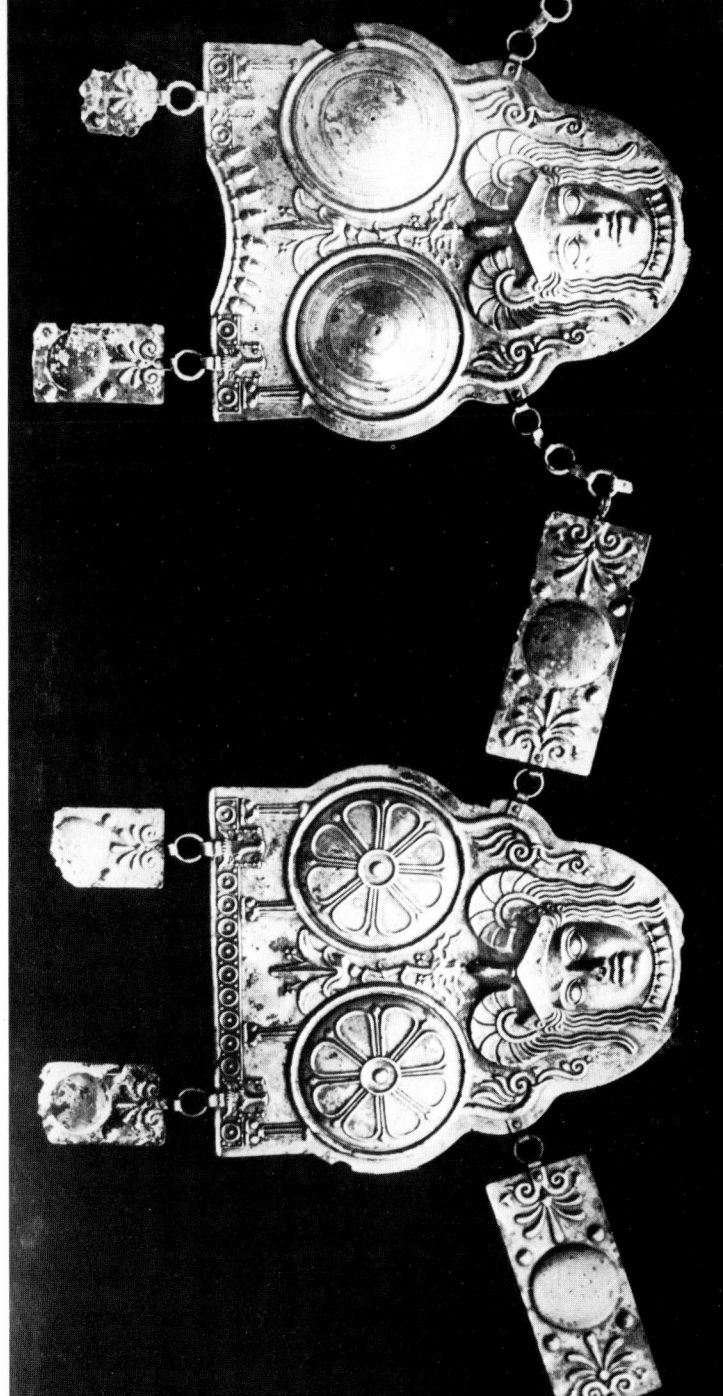

seits. Recht häufig enthält der Text auch den Namen eines Pharao oder Götterbilder, die Darstellung einer Sphinx, von Löwen oder Segenssymbole.

Die Phönizier haben nach und nach die mesopotamischen Zylinder und die ägyptischen Skarabäen übernommen. Zur Zeit der Gründung Karthagos wurden erstere allerdings nur noch selten verwendet; in Karthago selbst fand man lediglich fünf davon, und mehrere hatten ein ägyptisierendes Dekor. Ein aus Jaspis gearbeiteter Zylinder zeigt Marduk, der gerade ein geflügeltes Monster vernichtet.[31] Zusammen mit dem bereits erwähnten Kamm gehört er zu den seltenen Indizien mesopotamischen Einflusses in Afrika. Zylinder und Skarabäen waren auf kostbaren Metallbügeln montiert, und zwar so, daß sie um ihre eigene Achse gedreht und an einem Band um den Hals gehängt werden konnten. Die Skarabäus-Ringe sind oft so eng, daß man sie als Fingerringe tragen konnte. Die Fassungen sind je nach Besitzstand des Trägers und nach Entstehungszeit verschieden. Im 7. und 6. Jahrhundert verwendete man ausschließlich in Ägypten und Rhodos hergestellte Fayence-Skarabäen. Ein Querstift war als drehbare Achse durch die Mitte gezogen und an den Enden mit einem Fingerring oder einem größeren Bügel verbunden, so daß er auch an einem Halsband auf der Brust getragen werden konnte. Vom 4. Jahrhundert an fanden die nach griechischem Vorbild gearbeiteten goldenen Siegelringe Verbreitung, die auch bei uns bekannt sind. Auf diesen Siegeln ist, wie wir gesehen haben, meist ein weiblicher, weniger oft ein männlicher Kopf dargestellt.

Die Punier bewiesen recht viel Geschick im Gravieren und in der Steinschneidekunst. In Utica entdeckte Jaspis- und Karneolsiegel aus dem 5. und 4. Jahrhundert, ein Bergkristall, dessen Schliff einen Bogenschützen und einen Pegasus zeigt, halten den Vergleich mit den besten Stücken aus griechischen oder etruskischen Werkstätten aus.

Möbel

Die sehr einfachen und engen punischen Häuser waren in der Regel nur sparsam möbliert; in den bescheidenen Wohnungen, wie heute in den *douars kabyles*, in denen soziale Traditionen der Antike weiterle-

ben, fand man allenfalls große Krüge, die griechischen *pithoi*, in denen
Vorräte und sogar Kleider aufbewahrt wurden. Die Grabungen von
Ensérune im Roussillon[32] brachten vor kurzem Wohnungen aus karthagischer Zeit zum Vorschein, in denen sich noch, mitten im einzigen
Raum, ein riesiger Krug in situ befindet. Bei den Armen war der
lebensnotwendigste Hausrat aus Terrakotta, so das Kohlebecken[33] –
bei den Arabern *kanun* genannt –, das zum Kochen und gleichzeitig
dazu diente, während der regnerischen Tage im Winter, allerdings bei
Erstickungsgefahr, ein wenig Wärme zu spenden. Die einfachsten
Kohlebecken gleichen denen, welche die Händler in Djerba verkaufen,
und bestanden aus einer großen Schale, deren Rand so mit Zacken
versehen war, daß ein Kochtopf darauf Halt fand. Elegantere Ausführungen haben die Form eines an den Wänden durchbrochenen Türm-
chens, durch dessen Öffnungen die für den Brennvorgang nötige Luft
eindringt. Mit Triglyphen oder Kügelchen verziert, sehen sie den
Räucherpfannen sehr ähnlich. Zwischen einem Altar, an dem man dem
Hausgott Weihrauch und das tägliche Speiseopfer darreichte, und
einem Kohlebecken, auf dem Speisen zubereitet wurden, besteht
übrigens kein großer Unterschied.

Terrakotta-Lampen spendeten Licht; die der Phönizier sind so primi-
tiv wie möglich: Auf einem Teller steht eine Schale mit verzierten
Rändern, die den Docht enthält. Der Teller verhinderte, daß das durch
die erhitzte Tonschale schwitzende Öl die Unterlage befleckte, auf der
die Lampe stand. Gewöhnlich hatten die Lampen in den Häusern wie
in den Grabkammern ihren festen Platz in kleinen, in der Wand
eingelassenen Nischen. Die punischen Lampen haben, von seltenen
archaischen Stücken abgesehen, immer zwei Schnäbel.[34]

Im 4. Jahrhundert wurden erstmals Lampen hergestellt, bei denen man
die Ränder der Ölschale vor dem Brennen nach innen umlegte. Sicher
wollte man mit dieser Änderung erreichen, daß beim Herumtragen der
Lampen das Öl nicht so leicht verschüttet würde. Diese Form war
allerdings weniger elegant als die der griechischen Lampen, die aus
einem runden, geschlossenen Gefäß mit einer Füllöffnung und einem
langen röhrenförmigen Schnabel bestanden. Die Händler aus Rhodos
und Alexandria führten diese Produkte in den letzten beiden Jahrhunderten seines Bestehens in großen Mengen nach Karthago ein. Manche

der eingeführten Lampen waren richtige Kunstwerke: Eine davon ist
aus einem harten Stein gearbeitet; die obere Partie stellt einen bärtigen
Mann dar, sicher einen Gott, dessen schwarz emaillierte und mit
einem dünnen Goldring ausgelegte Augen ganz lebendig wirken; ein
Froschkörper bildet die untere Hälfte der Figur (Taf. 20).

Im ägyptischen Symbolismus findet sich die Erklärung für diese
merkwürdige Zusammensetzung, die an die heteroklitischen Monster
der Gnostiker erinnert. Die aus dem Nilschlamm kommende Kaul-
quappe, deren Abstammung man nicht kannte und die sich in einen
Frosch verwandelte, erschien als das Sinnbild der über alle körperli-
chen Wechsel des Lebens und Todes hinweg unveränderlichen
menschlichen Seele. Diese magische Lampe muß in Alexandria gefertigt worden sein, um einen Toten zu begleiten, für den sie die künftige
Wiederauferstehung verkörperte. Eine andere, daneben gefunden
und ebenfalls in Form eines Menschenkopfes gearbeitete Steinlampe ist
möglicherweise die punische Imitation eines hellenischen Prototyps.
Die karthagischen Töpfer haben dann ähnliche Lampen hergestellt;
doch der ursprüngliche Typus wurde vergröbert, und in unseren
Tagen fertigt ein armseliger Fälscher, der sich die Gußform einer
dieser bärtigen Lampen verschafft hat, riesige Mengen davon (in einer
antiken Zisterne bei La Malga), wobei er sich nicht einmal die Mühe
macht, seine Ware zu brennen. Nicht wenige Touristen bringen diese
groben Fälschungen sorgfältigst verpackt aus Karthago mit, wo sie an
den Bahnhofsausgängen von Straßenjungen verkauft werden.

Die Punier kannten außerdem richtige Lüster mit vielen Bechern, die
zu den Kultgeräten gezählt werden müssen. Cintas brachte sie, wie
bereits ausgeführt wurde, mit den Demeter-*kernoi*[35] in Verbindung
und mit dem berühmten siebenarmigen Leuchter der Hebräer. Diese
seltsamen Leuchter bestanden tatsächlich aus sieben Bechern; einer
von ihnen trägt in der Mitte die Büste der Göttin Hathor, ein anderer
kleine Figuren des griechischen Typus, wie man sie auch auf den
Bronzegefäßen findet.

Diese Lampen spenden ein ziemlich helles Licht, wenn der Docht so
eingestellt ist, daß er nicht qualmt. Ein paar grobe Salzkörner, die man
in die Schale legt, reichen dazu aus. Nach der Befreiung der Stadt am
8. Mai 1943 hatten Tunis und seine Vororte mehrere Monate lang

keinen Strom, da die deutschen Truppen vor der Kapitulation das Kraftwerk gesprengt hatten. Da keine Kerzen aufzutreiben waren und Öl dagegen frei zu erwerben war, benutzten wir also antike Lampen. Aufgrund dieser unfreiwilligen Erfahrung können wir versichern, daß die Karthager nicht weniger hell sahen als unsere Urgroßeltern vor der Erfindung der Carcel-Lampe.

Die Terrakotta-Krüge brauchte die punische Hausfrau natürlich in erster Linie, um damit Wasser herbeizuschaffen. Die modernen Soziologen haben festgestellt, daß der Aufgabe des Wassertragens im sozialen Leben der Berber außerordentliche Bedeutung zukommt. Vor einigen Jahren führten sie eine große Untersuchung durch, um die – wie es scheint – sehr aufschlußreichen unterschiedlichen Merkmale dieser Arbeit von einem zum anderen Ende des Maghreb zu analysieren. Die Einrichtung von Brunnen und schließlich von Wasserleitungen, die fließendes Wasser in die Wohnungen bringen, lassen Bräuche verschwinden, über deren Jahrtausende während Bedeutung im alltäglichen Leben allein die Bibel uns hinreichend unterrichtet: Am Brunnen begegnet Eliezer Rebekka und Christus der Samariterin.

Die Karthager, die noch nicht über die perfektionierten Wasserleitungen verfügten, wie sie von römischen Ingenieuren schon gebaut wurden, verfuhren nicht anders als die Hebräer. Der Wasserträger führte einen Esel oder ein Pferd, auf dessen Rücken in einem geflochtenen Quersack mit Taschen beidseitig je eine Spitzamphore befestigt war; amüsante Statuetten haben uns das Bild dieses Zweigespanns erhalten. Diese so geläufigen Spitzamphoren sehen für uns zwar nicht sehr praktisch aus, doch paßten sie sich genau den Flanken des Lasttiers an. Um sie in einem Keller aufzustellen, wurde der Boden an einer Stelle genau so ausgehöhlt, daß sie mit der Spitze hineinpaßten, und selbst auf den Schiffen gab es auf dem untersten Deck Brettergestelle, in denen sie so untergebracht wurden, daß nur der Amphorenhals darüber hinausragte.[36]

Das sicher nicht wertvolle und leicht ersetzbare Keramikmobiliar bildete also die Grundausstattung eines punischen Haushalts, das durch Korbwaren ergänzt wurde. Auf Sarkophagen findet man Abdrücke von großen Körben, in denen Früchte gesammelt wurden.[37] Außerdem flocht man Quersäcke mit zwei Taschen für die Lasttiere und allerlei Körbe, in denen die Karthager wie ihre tunesischen Nachfahren ihre Einkäufe vom Markt nach Hause trugen. Das Wort *cophinus* ist bei allen Mittelmeervölkern seit vorgeschichtlicher Zeit überliefert, da es einen Gebrauchsgegenstand bezeichnet. Mago erwähnt das Rohr-Geflecht, das die Armen manchmal anstelle von Teppichen verwendeten, und zählt Binsen, die von den Korbmachern verarbeitet wurden, durchaus zu den anbaufähigen Pflanzen. Die Karthager verarbeiteten übrigens nicht den afrikanischen Esparto, der ihnen zu kurz war, sondern bevorzugten den spanischen. Schließlich haben sie wahrscheinlich den Berbern das Knüpfen kunstvoller Teppiche beigebracht.

Stieg der Lebensstandard, so konnten Möbel angeschafft werden. Das erste Stück, auf das sich wohl der Ehrgeiz einer karthagischen Familie konzentrierte, war dann eine jener schönen Truhen aus Zedern- oder Zypressenholz. Sie sind so solide, daß sie ewig halten, und Stoffe oder Schmuck können in ihnen viel besser aufbewahrt werden als in einem irdenen Krug. Das Familienoberhaupt schlief möglicherweise darauf, mit einer Flechtmatte oder Decke als Unterlage, um seine Reichtümer besser bewachen zu können; die Truhe – Symbol seiner Sparsamkeit – wurde nach seinem Tod auch als Sarg für ihren Besitzer verwendet. In der Endzeit Karthagos erwarben die reichsten Bürger griechisches Mobiliar und ahmten beim Bau ihrer Häuser die griechische Architektur nach. Wir wissen, daß sie auch die Prunkbetten einführten, die vor allem bei Gelagen benutzt wurden; diese aufwendigen, mit Gold, Silber und Bronze reich dekorierten Möbelstücke wurden im Orient von renommierten Handwerkern hergestellt. Der berühmteste unter ihnen, Boethos von Chalkedonien, erreichte den Höhepunkt seines künstlerischen Schaffens im 3. Jahrhundert v. Chr. Die wenigen in den punischen Gräbern gefundenen Truhen sind das Werk einheimischer Tischler, wahrer Meister ihres Fachs, die mit den besten Kunsttischlern ihrer Zeit konkurrieren konnten. Die als Schmuck für die Beinhäuser gefertigten gravierten Elfenbeintäfelchen lassen vermuten, daß die der Tradition ihrer Ahnen treu gebliebenen Karthager auch ihre Möbel kunstvoll mit Elfenbeinintarsien belegten.[38] Auf einigen Grabstelen ist zu sehen, daß die Angehörigen auf Liegen von griechischer und etruskischer Machart ausgestreckt sind; die Speisen stehen in

Reichweite auf runden, dreibeinigen Tischchen.[39] Außerdem gab es reich skulptierte Sessel: Die in den Kleintempeln von Salammbô und Amilcar entdeckten Terrakotta-Throne der göttlichen Statuen sind nach hellenistischer Art mit Reliefs verziert, auf denen geflügelte Viktorien mit dem Tropaion dargestellt sind. Die Holzsessel von hochgestellten Persönlichkeiten sahen vermutlich ganz ähnlich aus.[40] Einige Tophet-Stelen zeigen luxuriöse Kohlebecken und Räucherpfannen griechischen Stils, die sicherlich aus Bronze waren. Auf einem mit Löwenfüßen versehenen runden Tisch stand eine Wanne, die mit einem schuppenartig verzierten Deckel verschlossen war.[41]

Die Nahrung

Wie alle Mittelmeervölker ernährten sich die Punier vornehmlich von Getreide und Olivenöl. Aus Getreide und Gerste machte man nicht nur Brot, sondern auch Brei. Das Rezept für eine *puls punica* überliefert Cato: »Man gebe ein Pfund Mehl in Wasser und lasse es gut durchweichen. Das Ganze fülle man in eine saubere Schüssel und füge drei Pfund frischen Käse, ein halbes Pfund Honig und ein Ei hinzu«.[42] Dieses süße Gericht spielte in der punischen Ernährung sicherlich die gleiche Rolle wie der Couscous bei den Arabern des Maghreb. Plautus schimpft die Afrikaner ›Breifresser‹, obwohl die Römer selbst Liebhaber jener Teiggerichte waren, wie heute ihre Nachfahren mit ihren Spaghetti oder der Polenta.

Die karthagischen Zuckerbäcker waren bekannt. Ihre Produkte dekorierten sie sehr geschickt mit Hilfe von Terrakotta-Modeln aller Art: sie stellen Vögel, Fische, Schalentiere oder sogar Reiter und phantastische Wesen aus der griechischen und ägyptischen Vorstellungswelt dar.[43] In der punischen Küche muß es, ähnlich wie in der heutigen tunesischen, sowohl süße als auch stark gewürzte Gerichte gegeben haben. Die Bauern pflanzten einen außerordentlich starken Knoblauch an, von dem sie maßlos Gebrauch machten. Kohl, Kichererbsen und Artischocken waren die meistgegessenen Gemüse. Die Artischocken wurden zweifellos von den Karthagern erstmals kultiviert; eine wildwachsende Art kommt nämlich auf den *sraouat*, den Hochebenen des

Tellgebirges, wie auch auf den kaum weniger dürren Berghängen
Siziliens vor. Wie die meisten Semiten aßen die Phönizier kein Schweinefleisch; dennoch jagte man Wildschweine, von denen es in der
Macchia und in den tunesischen Wäldern wimmelte. Sie aßen dafür
aber Hundefleisch, und diese Sitte erschien anderen Völkern fast
ebenso scheußlich wie die Kinderopfer.

Einer Sage nach befahl ihnen der Großkönig Dareios, von diesem
Brauch abzulassen, doch gehorchten sie ihm nicht, und selbst heute
noch findet man in der Gegend von Gabès ›Kynophagen‹. Einige
wenige haben sich auf der karthagischen Halbinsel bei La Marsa
niedergelassen und sind der Schrecken aller streunenden Hunde.
Fleisch verspeiste man zweifellos vornehmlich dann, wenn Opferun-
gen stattfanden; dann bestimmten die Priester sehr sorgfältig, welcher
Teil des Opfertieres ihnen zustand. Von einem als Sühneopfer darge-
botenen Rind nahmen sie sich 300 Pfund Fleisch und überließen den
Gläubigen großzügig das Schlachten, die Knochen, die Haut, die
Beine und die Füße.[44]

Fisch war glücklicherweise für die Armen ein willkommenes Nah-
rungsmittel. In den tunesischen Küstengewässern gab es reichlich
Seebarben, Seezungen, Goldbrassen und vor allem Thunfisch, die
jedes Jahr an die Küsten des Kap Bon kamen. Der Hafen von Missua,
dem heutigen Sidi Daouch, verdankte seine Entwicklung möglicherweise seinen Thunfischnetzen; Salinen waren im Süden, eingangs des
Bibans-Sees, und entlang der ganzen Küste der Provinz Byzacène
eingerichtet. Außerdem erhielt man Thunfisch aus dem Atlantik, den
die Leute aus Gades teilweise sogar aus dem Sargassomeer fischten und
den sie eingesalzen in großen Töpfen transportierten.

Die unzähligen Spitzamphoren für Wein, die überall auf punischem
Gebiet gefunden wurden, weisen auf die Vorliebe der Karthager für
dieses Getränk hin. Dennoch behauptet Plato,[45] daß ein Gesetz den
Weingenuß allen Soldaten, den Sklaven beiderlei Geschlechts, Verwal-
tungsbeamten im Dienst, Richtern, Steuerleuten und sogar jedem
Mann und jeder Frau vor dem Sexualverkehr strikt verbot. Doch hat
der Philosoph, wenn er dieses strenge Reglement nicht gerade erfunden hat, sicherlich irgendein Sakralgesetz, etwa wie das des Äskulap
von Thuburbo Majus[46], frei interpretiert. Das einigen Göttern verlie-

hene Epitheton ›nüchtern‹ und der lateinische Epitaph einer Priesterin des Herkules-Melqart-Kultes erlauben die Annahme, daß in der Tat ein religiöses Tabu bei manchen Gelegenheiten oder manchen Personen den Wein verbot.

Dieses Verbot hatte allerdings nicht die Wirkung jener entsprechenden Vorschrift aus dem Koran, denn die Karthager bauten sehr wohl Reben an und machten daraus Wein; sie machten sich sogar einen gewissen Ruf mit einem Getränk, das dem Malaga oder Sherry ähnlich ist; die Römer nannten es *passum*. Von Mago stammt dieses Rezept[47]: »Gut ausgereifte Frühtrauben lesen, schimmlige oder schadhafte Beeren herauspflücken; in Abständen von vier Fuß Gabeln oder Pfähle, die eine Rohrhorde tragen sollen, einschlagen und sie durch Stangen verbinden; darüber dann das Rohr legen und die Trauben in der Sonne darauf ausbreiten, nachts aber zudecken, damit kein Tau auf sie fällt; wenn sie trocken geworden sind, die Beeren abpflücken, in Fässer oder Tonnen werfen und besten Most auf die Beeren gießen, so daß sie bedeckt sind; am sechsten Tage die Beeren, wenn sie den Most aufgetrunken und sich damit vollgesogen haben, in Körbe schütten, in der Kelter auspressen und das Passum aus der Kufe schöpfen; ganz jungen Most aus anderen Trauben, die man drei Tage lang der Sonne ausgesetzt hatte, auf die Trester gießen, sie austreten, durcheinandermengen und die durchgearbeitete Masse unter die Presse bringen; das zweite Passum sogleich in Gefäßen luftdicht verschließen, damit es nicht zu herb wird. Nach zwanzig bis dreißig Tagen dann, wenn die Gärung abgeschlossen ist, in andere Gefäße abklären, die Deckel schleunigst vergipsen und mit Leder abdichten.« Die tunesischen Juden in der Gegend von Bizerta wenden heute noch ein ähnliches Verfahren an.

Der afrikanische Wein war dennoch wenig geschätzt; Griechen und Römer behaupteten, daß dem Wein Kalk oder sogar Gips beigemischt werde, um den sauren Geschmack zu mildern. Man kann aber davon ausgehen, daß ihr eigener Wein, den sie panschten oder harzten, auch nicht besser war.

Kindheit und Erziehung

Eine Terrakotta-Statue aus dem Tempel von Thinissut[48] stellt eine
junge Frau dar mit einem merkwürdigen runden Hut auf dem Kopf,
mit Stupsnase und weit aufgerissenem Mund, was ihr eine Art familiä-
ren und bäuerlich-gutmütigen Ausdruck verleiht; auf den Knien hält
sie ein kleines Kind, dem sie die Brust gibt. Die Gläubigen, die das
Heiligtum besuchten, stellten sich so die große Demeter-Kourotrophe
vor, doch wir dürfen in dieser ländlichen Madonna eine einfache
Bäuerin sehen, die ihren Säugling stillt. So verehrte die punische
Religion, die auf der anderen Seite einen fürchterlichen Tribut in Form
von lebendig verbrannten Säuglingen forderte, die göttliche Mutter-
schaft und beschwor sie in ergreifender Weise.

Läßt man einmal beiseite, durch welche grausame Zeremonie die
kleinen Opfer umkamen, so muß man feststellen, daß die punische
Kultur mit den Neugeborenen kaum barbarischer umging als andere
antike Völker. Die wirtschaftlichen und sozialen Bedingungen, welche
in der mediterranen Welt herrschten, und die gültigen sexuellen Ver-
haltensweisen erlaubten es keineswegs, alle Neugeborenen aufzuzie-
hen. Im Grunde mißgönnten die Griechen und Römer den Puniern
vor allem, einer traurigen Notwendigkeit, der sie sich schimpflich und
im Verborgenen entledigten, einen religiösen Wert gegeben zu haben
und sie so zu ›veredeln‹. Ein in Karthago auf die Welt gekommenes
Baby war praktisch nicht stärker gefährdet, am Molk-Tag verbrannt
zu werden, als ein Kind in Athen oder Rom, an der nächsten Straßen-
ecke ausgesetzt zu werden, wo es vielleicht von Tieren gefressen oder –
im günstigsten Fall – von einem Sklavenhändler mitgenommen und
aufgezogen wurde.

Man darf also nicht glauben, daß die Karthager für ihre Kinder nicht
gesorgt hätten. Wie in Rom gab es Göttinnen, die auf den Schutz bei
der Entbindung spezialisiert waren. Ein merkwürdigerweise in der
Nähe von Béja gefundenes Flachrelief zeigt sieben – zweifellos numidische – Götter, deren Namen und Aussehen indessen deutlich beweisen, daß ihre Anbeter dem kulturellen Einfluß Karthagos unterlagen.[49]
Zu Füßen der Göttin Vininam richtet ein wimmerndes Kind sich zu
ihr auf, gleichsam um ihren Schutz zu erbitten; sie hält einen Gegen-

stand in der Hand, der die Form einer geschlossenen Heckensichel hat
und von Merlin als Geburtszange interpretiert wird. Vininam wäre
dann also eine Art afrikanische Lucina.

Das Neugeborene wurde vielleicht beschnitten. Die Phönizier hatten
diesen Brauch wie die Juden über die Ägypter kennengelernt, die ihn
wiederum wahrscheinlich von den afrikanischen Negern übernommen
hatten. Ursprünglich hatte die Beschneidung die Bedeutung einer
Weihe, einer Eingliederung in die Gesellschaft und darf wohl als ein
Überbleibsel der Verstümmelungen betrachtet werden wie das
bekannte Ausreißen der Zähne, das neben anderen primitiven Völkern
auch die Kapser praktizierten, die in der Steinzeit in Tunesien gelebt
hatten. Anscheinend wurde auch bei den Libyern beschnitten. Haben
nun die Karthager auf einen Brauch verzichtet, den die Griechen und
Römer als abscheulich und barbarisch empfanden? Gsell[50] vermutet es
zumindest, da in keinem der wenig feinen Scherze, in denen Plautus
über punische Eigenarten spottete, auf diese Verstümmelung ange-
spielt wird. Man hatte aber kaum Gelegenheit, in Italien die durchrei-
senden karthagischen Kaufleute nackt zu sehen!

Die Namensgebung war in jedem Fall eine religiöse Handlung. Im
Gegensatz zu den Indoeuropäern, deren onomastisches System die
menschlichen Eigenschaften des einzelnen oder seine soziale Überlegenheit preist, verkünden die Semiten seine Abhängigkeit von den
Göttern. Punische Namen wurden häufig aus einer Vokabel unter
Voranstellung des Wortes ›abd‹ gebildet, was soviel wie Diener bedeutet: Abdmelqart, ›Diener des Melqart‹, woraus wir Hamilkar gemacht
haben; entsprechend Abdastart, Abdeschmon. Andere bilden einen
kurzen Satz, der eine göttliche Handlung definiert: So bedeutet
Hannibal ›der die Gunst des Baal hat‹ und Hasdrubal, nämlich Azru-
baal, ›der die Hilfe des Baal hat‹. Arabische Namen werden heute
noch auf diese Weise gebildet. Bekannt sind die zahlreichen Abdallah
und all die Varianten, wo nach Abd ein Epitheton Gottes folgt.
Besonders wichtig sind Baalyaton (›Baal hat das gewährt‹) und Mut-
tumbaal (›Gabe des Baal‹). Carcopino[51] hat anhand ihrer lateinischen
Gegenstücke Donatus und Concessus, die in der Kaiserzeit bei den
Afrikanern heimisch waren, nachweisen können, daß sie die für den
Molk bestimmten Opfer bezeichnen, denen ihr Schicksal dank des

»Molchomor« genannten Ersatzes erspart geblieben war. Das onoma-
stische System der Punier hat nämlich lange überlebt, und noch die
afrikanischen Christen folgten den prinzipiellen Regeln, wenn sie in
Latein solche Bandwürmer wie Quodvultdeus und Deogratias produ-
zierten.

Über die Kleidung der punischen Säuglinge wissen wir nicht allzuviel.
Das göttliche Kind von Thinissut ist völlig nackt, und das afrikanische
Klima ermöglicht diesen lockeren Aufzug mehrere Monate im Jahr.
Dagegen besitzen wir eine ganze Reihe von Trinkgefäßen. Es sind
einfache eiförmige Gefäße mit einem trichterförmigen Hals und einem
spitzen Schnabel, um den man ein Stück Stoff nach Art eines Saug-
pfropfens wickelte.[52] Auch Spielzeuggeschirr ist bekannt, und wir
verfügen über eine ganze Sammlung von winzigen Amphoren, Füll-
krügen, Schalen, Tellern und Lampen, die aus Tonerde geformt
sind.

Über das Erziehungssystem wissen wir am wenigsten. Nach einer
Notiz des Kaisers Julian wurden die Kinder, versehen mit dem Rat,
ihrer Arbeit nachzugehen, ohne jemals etwas Schändliches zu tun,
zeitig aus dem väterlichen Hause entlassen.[53] Unter diesem Blickwin-
kel betrachtet, war die punische Erziehung sehr praktisch ausgerichtet
und einer Berufsschule näher als der griechischen Paideia.

Man darf wohl annehmen, daß diese Bildung vornehmlich Kindern
zuteil wurde, deren Familien sie für Handel und Fernreisen bestimmt
hatten. Die Priesterfamilien hatten natürlich ihre eigenen – sicher vor
Wind und Wetter in den Tempeln geschützten – Schulen, die denen
der israelischen Rabbiner sehr ähnlich gewesen sein mußten. Dort
lernten sie phönizisch lesen und schreiben, dort wurden den Kindern
die Epen und Gesetze aus den Mythen und Riten nahegebracht. Das
Studium dieser phönizischen ›Bibel‹ vervollständigte man für die
Begabtesten mit scharfsinnigen theologischen Streitgesprächen. Jenen
Abstraktionsgrad der punischen Religion, von dem uns die Monumente eine flüchtige Vorstellung geben, würde man nicht verstehen
können, wenn sie nicht ihre ›Universitäten‹ gehabt hätten, die den
Talmud-Zirkeln und in einem gewissen Maße den Medresen des Islam
vergleichbar waren. Der Laien-Adel bevorzugte für seine Kinder in
den letzten Jahren vor dem Untergang der Stadt gleichwohl eine

liberalere Bildung. Viele Karthager hatten in Sizilien oder sogar in der Stadt Griechisch gelernt, obwohl der Senat unter dem Druck der Konservativen gegen Anfang des 4. Jahrhunderts überlegt hatte, dieses Studium zu verbieten, unter dem Vorwand, damit Verbindungen zum Feind zu verhindern.[54]

Das humanistische Ideal der Paideia reizte manche dieser Barbaren und ließ den Wunsch nach einer hellenistischen Erziehung ihrer Kinder keimen. Der berühmte Hannibal hatte die Kriegskunst anhand griechischer Abhandlungen studiert und auch sicherlich manche Kenntnis in anderen Fächern erworben. Wie berichtet wird, war Sophonisbe ebenso in Literatur bewandert wie eine gute Musikerin. Den Frauen wurde also die Erziehung nicht vorenthalten. Vielleicht war es ihnen sogar eher erlaubt, sich brotlosen Studien zu widmen, als den zu praktischer Tätigkeit angehaltenen Knaben.

Es wäre verlockend, die kargen überlieferten Hinweise zum karthagischen Erziehungssystem und unsere bereits gemachten Beobachtungen über die Dürftigkeit ihres geistigen und künstlerischen Lebens zueinander in Beziehung zu setzen. Sicher gab es keinen punischen Humanismus. Erklärte das nicht in dem Maße, in dem sie sich der Grundlagen ihrer Haltung bewußt wurden, die Begeisterung mancher moderner Apologeten Karthagos, die der klassischen Kultur feindlich gegenüberstanden, da sie an ihren Wohltaten kaum Anteil hatten? Auf jeden Fall muß man bemerken, daß den Karthagern ihre ausschließlich praktisch orientierte Bildung mehr schlecht als recht gedient hat, wenn sie mit Völkern konkurrieren mußten, die eine weniger gewinnorientierte Kulturauffassung hatten. Dieser Mißstand ist um so bemerkenswerter, als ihre geistigen Fähigkeiten von ihren Zeitgenossen uneingeschränkt anerkannt wurden. Das, was von Karthago dauerhaft fortbestand, war das Werk von Bevölkerungskreisen mit einer geistlichen Ausbildung, nämlich der Priesterschicht oder des hellenisierten Adels.

Die Höflichkeit

Griechen und Römer bezichtigten die Punier wie alle Asiaten der Servilität gegenüber Mächtigen, die übrigens nichts anderes war als die Übertreibung feinster orientalischer Höflichkeit.[55] Die Karthager genierten sich nicht, sich vor dem zu erniedrigen, den sie ehren wollten. Als ihr Waffenstillstand sie zwang, die großzügigen Römer um Gnade zu bitten, zögerten die bedeutendsten Persönlichkeiten der Stadt nicht, sich vor ihnen auf den Boden zu werfen und ihren Bezwingern die Füße zu küssen. Die von dieser Speichelleckerei angewiderten Römer übernahmen gleichwohl einige Höflichkeitsformen, die in ihrer eigenen Tradition ziemlich verschwunden waren. Der Gruß ›Ave‹ ist phönizischen Ursprungs.[56]

Die Familie

Der Zwang, dem sie seitens ihrer Regierung ausgesetzt wurden, begünstigte bei den Karthagern kaum die Erfüllung einer anscheinend sehr lebhaften Sinnlichkeit. Man darf wohl den klassischen Schriftstellern Glauben schenken, wenn sie, wie Voltaire, versichern, daß »Schwefelsäure und Feuer in den Adern der Bewohner des Atlasberges und seiner Nachbarländer fließen«. Die punische Moral scheint aber dem Fleische gegenüber nicht besonders nachsichtig gewesen zu sein. Die Reform des 5. Jahrhunderts und der Niedergang Ištars vor Tanit sorgten für eine Säuberung der Religion von den meisten sexuellen Praktiken, deren Ziel es war, die Fruchtbarkeit der Natur noch zu fördern. Die Tempelprostitution hielt sich lediglich in dem Heiligtum von Sicca.

Die Familienstruktur und die Stellung der Frau im allgemeinen ermöglichte den Männern übrigens keine große Freizügigkeit. Die Einehe wurde allgemein, wenn nicht allumfassend praktiziert. Oft vereinten die Gräber die Skelette eines Ehepaares. Für einen Harem oder Eunuchen lassen sich keine Anhaltspunkte finden. Die dem Adel entstammenden Damen genossen – wie bereits erwähnt – eine breite Bildung und konnten einen gewissen politischen Einfluß ausüben. Sie wurden Priesterinnen und konnten das ganze Tempelpersonal, ob weiblich oder männlich, befehligen. Homosexualität war anscheinend nicht verbreitet; der römische Feldherr Quinctius Flamininus, der Bruder des ›Befreiers‹ von Griechenland, hatte einen Geliebten punischer Herkunft. Er schnitt eines Tages einem gallischen Überläufer den Hals durch, nur um diesen Epheben zu zerstreuen, der das Bedürfnis nach einem Gladiatorenkampf verspürte.[57] Doch muß man die Verdorbenheit eines Sklaven eher seinem Herrn als seiner Heimat anlasten.

Zeitvertreib

Im allgemeinen scheint Plutarch[58] mit seiner Auffassung von den Karthagern als einem ernsten, allen gefälligen, vergnüglichen und liebenswerten Dingen abholden Volk recht gehabt zu haben. Ihre Gesellschaft mußte auf die Griechen sehr langweilig wirken. Schauspiele und andere Darbietungen waren ihnen unbekannt. Die einzigen öffentlichen Festlichkeiten waren die religiösen Zeremonien, die nichts zum Lachen boten, und die von bedeutenden Persönlichkeiten zur Steigerung ihrer Popularität abgehaltenen Gelage, denen das Raffinement fehlte. Die in einer Gesellschaft von Geschäftsleuten für unnütz erachteten Künste waren gefährdet, lediglich die Musik durfte sich einer gewissen Beachtung erfreuen. Doch ausgeschnittene Täfelchen aus Knochen oder Elfenbein, die manchmal als Stege von Saiteninstrumenten interpretiert wurden, sind wohl eher Scharniere von Kästchen.[59] Es wurden jedoch Götter abgebildet, die gelegentlich das Tympanon oder eine Kithara in Händen hielten.[60] Allerdings handelte es sich um geistliche Musik, die oft die Tänze, auch die heiligen Tänze, begleitete. Die Dichtungen von Ugarit, die Bibel und die klassische Literatur belegen, daß die Phönizier wie die Hebräer ihre Verehrung gern in rhythmischen Bewegungen ausdrückten. Ein Heiligtum in der Nähe von Beirut war dem tanzenden Baal geweiht. Die Dienenden führten teils langsame und würdevolle Schritte aus, wie man das noch von den Bauern Griechenlands und Siziliens kennt, teils steigerten sie sich in wilde und ausgelassene Rhythmen; mit die-

ser Raserei wollten sie heilige Kräfte wecken. Flaubert, der das Toben
der Baal-Anhänger beschrieb, indem er sich von den Isawijas inspirieren ließ, hätte sich sicher für ein kleines phönizisches Stück aus
Sardaigne interessiert, das Cintas publizierte.[61] Drei völlig nackte
Frauen und ein Mann, der nur einen ägyptischen Lendenschurz trägt –
wahrscheinlich ein Priester – tanzen wie besessen um einen Baetulus.
Zweifellos wollen sie die in dem Stein eingeschlossene befruchtende
Energie auslösen, um sie in die Körper der Tänzerinnen übergehen zu
lassen; sie scheinen ihre Nacktheit förmlich dagegen zu reiben, wie
noch vor kurzem die Frauen in der Bretagne bei den Dolmen, die
damit gegen ihre Unfruchtbarkeit ankämpften. Solche Zeremonien
konnten weder das ästhetische Bedürfnis noch den Bedarf an indivi-
duellem Vergnügen befriedigen. Wahrscheinlich hörten sie ganz auf
oder wurden zumindest nach der Reform des 5. Jahrhunderts stark
gemäßigt, so daß sie nur noch in entfernten Provinzen fortbestan-
den.

Der Aberglaube

Ihr trauriges und wildes Gemüt hatte die Punier bei anderen Völkern
verhaßt gemacht, und es förderte nicht allein die Habgier, sondern ein
Gefühl, das in ihrer Seele am stärksten gewesen zu sein scheint,
nämlich den Aberglauben oder, wie die Griechen es nannten, die
Furcht vor dem Dämon, die ›deisidaimonia‹. Der Karthager wähnte
sich von der Geburt bis zum Tode von tausend Kräften des Bösen
umgeben, denen er ständig einen ungleichen Kampf lieferte. Nichts ist
dauerhafter als diese seelische Verfassung, und weder Glaubenswech-
sel noch der wissenschaftliche Fortschritt konnten bisher die Seele
eines Mediterranen davon befreien. Der Tunesier von heute, ob Mos-
lem oder Christ, glaubt immer noch an den bösen Blick, an Magie, an
böse Geister und an hilfreiche Heilige, die er wahllos unter den
Jüngern Christi oder den Gefährten Mohammeds findet. Meist wapp-
net er sich mit Mitteln, die bis in das klassische Altertum zurückgehen.
So malen sie den auf punischen Stelen oder römischen Mosaiken
abgebildeten Fisch noch auf ihre Arabas, jene Karren, mit denen das

Gemüse auf den Markt gelangt. Er rahmt heraldisch jene ›Hand Fatimas‹ ein, die nichts mit dem orthodoxen Islam zu tun hat, aber haargenau der Hand Baals im Giebel der Tophet-Stelen gleicht.

Die Krankheit

Diese Dämonen stellte man sich häßlich und fratzenhaft vor, wie die Masken, die sie durch ihr eigenes Abbild bekämpfen sollten. Wenn an den Hundstagen der Scirocco wehte und sich über dem See von Tunis jener Geruch von faulen Eiern erhob, der den Konsul Censorinus den Verlust seines Heeres befürchten ließ und ihn zwang, sein Lager auf dem Isthmus zu verlassen, dann stürzten mit dem Wind die Dämonen auf die kleinen Kinder nieder und infizierten sie mit der Ruhr, die einen Säugling in wenigen Stunden dahinraffte. Die Eltern hatten oft ihre Erstgeborenen Tanit und Baal in der Hoffnung geopfert, daß sie die anderen beschützen würden. Aber die großen Götter hatten nicht immer die Macht, die verwünschten Geister zu vertreiben, und dann blieb nichts anderes mehr übrig, als den kleinen Leichnam in einer zur Hälfte durchgeschnittenen Tonne beizusetzen und zu hoffen, daß die Erde den intakten Körper aufnehmen und ihm ein anderes Leben geben werde.

Manchmal tötete der Dämon sein Opfer nicht, deformierte aber seine Knochen, was an manchen Skeletten noch sichtbar ist, oder raubte ihm die Sehkraft, indem er die Augen mit einem Trachom infizierte. Allem medizinischen Fortschritt zum Trotz wimmelt es in den Straßen von Tunis immer noch von diesen Unglückseligen, Rachitischen, Lahmen, Buckligen und Blinden, die zum Überleben darauf angewiesen sind, mit ihrem Unglück das Mitleid der Passanten zu erregen.

Die Karthager ignorierten die medizinische Kunst keineswegs, und ihre Anhänger haben auch mehrere Stelen geweiht. Doch unterschied sich ihre Wissenschaft kaum von jener der Hexen. Wenn uns auch die Rezepte unbekannt sind, die sie bei Menschen anwendeten, so sei doch die Bemerkung gestattet, daß die von Mago überlieferten Rezepte der Tierärzte kaum beruhigend wirken. Um ein an Atemnot leidendes Pferd zu heilen, empfiehlt der Agronom, das Tier drei Tage lang an zwölf verschiedenen Stellen bluten zu lassen.[62] Dann stelle man ein Gemisch zusammen aus Safran, Myrrhe, Narde, weißem Pfeffer, Honigwasser, Rosenöl und Linsen – alles sorgfältig abgewogen. Diese Mischung bringe man in Gegenwart eines kleinen Hundes, der nicht älter als zehn Tage sein darf, in einem neuen Gefäß unter Beifügen von Honigwasser und einem Ei zum Kochen. Das Tier mußte das Medikament mindestens zehn Tage lang einnehmen.

Bei Harnverhalten war das Vorgehen einfacher. Es genügte, die Hufe des Tieres abzuschaben und das gesammelte Horn in Wein zu bröseln, um das Ganze dann über die Nüstern dem Tiere einzugießen. Verständlicherweise hatten viele Leute mehr Vertrauen zu den heilenden Göttern als zu solchen Scharlatanen. Sicher war Eschmun für die Heilung zuständig, wie der griechische Asklepios, dem man ihn anglich.

Ein weiterer Heilgott war Schadrapa, der mit Horus und vor allem mit Dionysos gleichgesetzt wurde, er heilte vornehmlich Bißwunden von Reptilien und allen giftigen Tieren, die in Afrika stets gefürchtet waren. Schlangen gibt es unmittelbar in Karthago im Überfluß. Es waren aber meist harmlose Nattern, gegen deren Anwesenheit im Hause nichts unternommen wurde, so wie heute die Schlange eine Art nützlicher Hausgeist ist. Die lebetinische Viper, von der Länge und dem Umfang eines Arms, deren Biß sehr rasch zum Tode führt, findet sich in der Macchia von Kap Bon und bis nach Bou Kournine. Die Gefahr, auf Brillenschlangen und Hornvipern zu stoßen, besteht nur in der Steppe südlich von Dorsale. In ganz Afrika wimmelt es von Skorpionen, die auch in Karthago selbst und in Sidi Bou Said häufig sind, wo ein Gerücht besagt, daß sie den Menschen nicht angreifen, vorausgesetzt, daß er sie seinerseits nicht töten will. Am häufigsten kommen die sehr klein gewachsenen und relativ harmlosen schwarzen Skorpione vor, aber auch der gefährliche gelbe Skorpion ist auf der Halbinsel nicht unbekannt. Die Araber fürchten diese Tiere und daneben auch manche Eidechsen, wie den Gecko, den sie zu Unrecht für giftig halten, ganz außerordentlich.

Zum Schutz wandte man in der Antike Vorsichtsmaßnahmen an, die den heute noch empfohlenen entsprechen. Man rieb die Bettpfosten mit Knoblauch ein oder stellte sie in mit Wasser gefüllte Becher (heute

nimmt man zu diesem Zweck Kampfer oder Mazut). Doch versuchte
man es wohlgemerkt auch mit Hexerei. Unter die Türschwellen
wurden kleine, aus einem Bleiblatt ausgeschnittene Skorpionfiguren
eingegraben. Das war eine neue Variante des wohlbekannten Prinzips
similia similibus curantur. Auch ägyptische Talismane wurden verwendet, wie etwa kleine Stelen aus schwarzem Granit mit einer
Darstellung von Horus, wie er Krokodile überwältigt, und bedeckt
mit Hieroglyphen. Einen dieser Gegenstände haben wir bei den
Antoninus-Thermen gefunden. Vercoutter hatte ihn nicht deuten können, doch zeigte sich, daß die auf den Goldblättern gravierten Darstellungen, die man eingerollt in einem Futteral um den Hals trug, denen
jener Stelen glichen. Die Amulette mit der Darstellung des Ptah
schützten ebenfalls vor Schlangen.

Der Tod und das Leichenbegängnis

Welche Vorsichtsmaßnahmen auch getroffen wurden, eines Tages
mußten die bösartigen Dämonen über den Menschen triumphieren.
Die Angehörigen hatten dann dafür Sorge zu tragen, daß die Ruhe des
Verstorbenen nicht gestört wurde. Er lief Gefahr, selbst ein böser
Geist zu werden, erbittert gegen die, die ihn nicht hatten zufrieden-
stellen können. Auf jeden Fall waren die Punier nicht wie die Ägypter
von der Sorge um ihr Dasein im Jenseits besessen. Ihr Geiz haderte mit
ihrem Aberglauben, und nicht zuletzt ihrer Herzenskälte wegen mußten sich die Toten mit dem Notwendigsten begnügen. Die punische
Eschatologie war übrigens niemals sehr präzise oder sehr kohärent.[63]
Wir haben bereits die lange Fortdauer der sehr primitiven Vorstellung
angedeutet, die aus dem Leben nach dem Tode eine närrische Verlän-
gerung der irdischen Existenz in der Grabkammer machte, welche der
Tote nicht zu verlassen versuchte, wenn man ihm Ruhe und relative
Bequemlichkeit ermöglichte.[64] In der ersten Zeit des punisch besiedel-
ten Karthago wurde der Leichnam meist in ausreichender Tiefe beigesetzt, damit sein Grab nicht beschädigt werden konnte; einige Vorräte
und Gegenstände wurden noch dazugelegt. Manchmal wurde der
Leichnam auch teilweise verbrannt und die mit der Asche vermischten

Gebeine zusammen mit Mobiliar und Vorräten in einer Grube bestattet. Später verschwand die Einäscherung. Die Ärmsten begnügten sich damit, ihre Verstorbenen in einer Grube zu beerdigen. Die Reichen brachten ihre Toten ab Mitte des 7. und während des 6. Jahrhunderts in gebauten Grabgewölben unter, deren massive Architektur sie vor Plünderern schützte und die Hinweise auf das Haus enthielten, dem der Tote entstammte. Später ging man dazu über, die Vorsichtsmaßnahmen zu verstärken und die Grabkammer in die Wände eines möglichst tiefen Schachtes einzuschlagen, so in der Rabs-Nekropole von Sainte-Monique, deren Gewölbe in bis zu 20 und 30 m Tiefe liegen.

Bevor der Leichnam seine ›letzte Ruhe‹ fand, wurde er gewaschen, enthaart und sogar geschminkt; die bei der Leichenwaschung verwendeten Gegenstände wurden ihm danach beigegeben. Einige Masken vermitteln uns mit ihren geröteten Wangen und umränderten Augen ein Bild davon. Noch heute werden in Tunesien die Wimpern der jungen Mädchen, die man zur Beerdigung vorbereitet, mit *kuhl* bestrichen. Dann kleidete man den Toten und legte ihm seinen Schmuck an, wobei auch das Siegel nicht vergessen wurde. Anschließend wurde er auf eine Holzbahre mit kurzen Füßen gelegt; die luxuriösesten Ausführungen hatten Beschläge mit Silber- und Bronzeringen, die einfachsten hatten lediglich Löcher, durch die man Stricke hindurchziehen konnte. Solchermaßen auf seinem Katafalk festgebunden, gelangte der Verstorbene ins Grab. Ein von Räucherwaren, geröstetem Getreide und einem Getränk begleiteter letzter Abschied fand im Vorraum der Gruft am Boden des Schachtes statt. Danach wurde der Katafalk auf eine Steinliege gestellt oder in einen Sarkophag gebettet. Besonders hohe Persönlichkeiten ehrte man mit einer Kanne voll heißem Harz, hergestellt auf der Basis von Chios-Terpentin, das aus der Pistacia terebinthus, einem ursprünglich aus Syrien stammenden, aber in Nordafrika heimisch gewordenen Bäumchen gewonnen wurde. Es handelte sich nicht um die von den Ägyptern praktizierte Einbalsamierung, sondern um ein Bad, das anscheinend die Verwesung des Leichnams hinauszögern sollte. Als Sarkophag diente eine einfache Holztruhe, die manchmal mit einem geschnitzten Deckel verziert war und durch einen Kasten aus Sandsteinplatten oder aus

Muschelkalk geschützt wurde. Menschenförmige Sarkophage, wie sie
im Niltal bekannt waren, hat man in Karthago niemals gefunden,
sondern sie sind parallelepipedisch gearbeitet. Unter dem Einfluß der
Etrusker bildeten die Punier gegen Ende des 4. Jahrhunderts immerhin
schlafende Gestalten auf dem flachen Deckel der Wannen ab. Teilweise wurden die Verstorbenen dargestellt, so eine Frau, die sich
entschleiert, oder Betende, die einen Turban und eine lange, mit einem
bestickten Band gesäumte Tunika tragen. Andere ließen ihre Grab-
stätte durch die Darstellung einer heilbringenden Gottheit, etwa Isis
oder Demeter, schützen. Den tiefsten Eindruck hinterläßt das Denk-
mal einer verschleierten Frau mit ihrem Schmuck, deren Brust eine
›Ägide‹ bedeckt. Ihr Körper ist in die Flügel eines riesigen Vogels
eingehüllt, dessen Kopf ihren Schädel bedeckt. Bei dem Vogel handelt
es sich um einen Falken, und er deutet zweifellos auf die Präsenz des
semitischen Gottes Horen oder seines ägyptischen Gegenstücks Horus
hin; beide Lebensgötter wurden in Karthago verehrt. Geheimnisvoller
ist schon die weibliche Figur; ist es eine von ihrem Beisitzer, dem
göttlichen Falken, begleitete Schutzgöttin oder, wie Carcopino ver-
mutete, die Verstorbene – eine alte Negerin! –, die der Tod umgewandelt und der Vogel wieder belebt hatte?
Ende des 4. und Anfang des 3. Jahrhunderts erwarben die Leute in
Sizilien weiße Marmorblöcke, die sie zu einer rechtwinkligen Cella
verarbeiten ließen, die von einem zwei Dreiecksgiebel einfassenden
Satteldach bedeckt war. Die Giebelfelder, die Gesimse und die Mittel-
bänder der Wannen wurden durch Fresken in lebendigen Farben
betont, die allerdings bei ihrer Entdeckung durch das Tageslicht
zerstört wurden. Die erhaltenen Zeichnungen geben ein Laubwerk
wieder, das den Rahmen bildet für einen Kopf oder die mythische
Figur der ihre Flügel ausbreitenden Skylla, die mit Hundsprotomen
gegürtet ist und ihren doppelten Drachenschwanz über den in eine
imaginäre Woge getauchten Delphin ausbreitet.
Unter dem wachsenden Einfluß neuer Glaubenslehren aus der westlichen Welt interessierten sich die Karthager im 3. Jahrhundert immer
weniger für ihre Wohnung in der Ewigkeit und gingen allmählich
davon ab, ihre Toten in unzugänglichen Grüften zu bestatten, um sie
statt dessen einzuäschern. Doch war die Verbrennung nicht vollstän-

dig, und so sammelte man die Knochen und die Asche, um sie in Beinhäusern aus Stein oder Holz beizusetzen. Sie hatten die Form von Sarkophagen und wurden, wie bereits angedeutet, manchmal skulptiert oder mit Elfenbein eingelegt. Man machte sich nicht mehr die Mühe, neue Gräber auszuheben, sondern verwendete die alten wieder.

Fünftes Kapitel
Händler und Handel

Die Guggas

Einen Teil der punischen Bevölkerung haben wir noch nicht erwähnt, obwohl seine Vertreter am bekanntesten und wichtigsten waren: die Händler. »In Tyros«, sagte Jesaja[1], »waren die Kaufleute Fürsten, und die Händler die Großen der Erde.« Plinius bezeichnet ohne Zögern die Poeni als die Erfinder des Handels. Hebräer, Griechen und Römer rühmten einstimmig die Genialität und unermüdliche Aktivität der Kaufleute aus Sidon und Tyros. An allen Mittelmeerküsten und sogar in den unwirtlichsten Gegenden des Westens verfluchten alle Leute ihre Betrügereien und ärgerten sich über ihre Gewinnsucht, ohne jedoch auf ihre Dienste verzichten zu können.

Am besten lassen sie sich mit levantinischen, armenischen, jüdischen, griechischen und libanesischen Geschäftsleuten vergleichen, die in weiter Entfernung von ihrer Heimat den Erfolg suchen, sich anfangs mit Kleinhandel begnügen, in unbequemen, oft sogar schmutzigen Verhältnissen leben und es dann durch ihre Arbeit, Sparsamkeit und Genialität zu Reichtum bringen.

Gegenüber ihren heutigen Nachfahren hatten die Karthager allerdings den Vorteil, die Unterstützung eines mächtigen Staates zu genießen, der selbst an Geschäften interessiert war und alles für den Erfolg seiner Angehörigen unternahm. Das politische Handeln zielte vor allem darauf ab, den punischen Händlern – gewaltsam oder auf friedlichem Wege – das Monopol über verschiedene Märkte zu sichern. Nicht mehr als andere Völker der Antike versuchten die Karthager, die Warenströme über die Zölle zu steuern. Sicher erhob der Staat Steuern auf Ein- und Ausfuhren, doch kannte man noch keine unterschiedlichen Steuersätze, um verschiedene Tätigkeiten zu fördern und andere zu hemmen. Wir werden sehen, daß das ökonomische Verständnis stets von großer Einfachheit und dem der Griechen unterlegen bleiben wird. Doch täuscht man sich in dem Glauben, daß sich die Art des karthagischen Handels und die Methoden seiner Kaufleute niemals geändert hätten. Das Bild des karthagischen Kaufmanns in den Quellen, seine Bedeutung und die ihm zugeschriebenen Methoden ändern sich mit der Zeit.

Bei Homer[2] ist der Handeltreibende aus Sidon eine recht vertraute Figur. Aus seiner Heimat bringt er bestickte Schleier und Silber-Kratere, nimmt gelegentlich Passagiere an Bord und scheut sich nicht, Kinder aufzulesen, um sie als Sklaven zu verkaufen. Ezechiel[3] und Jesaja zeigen um die gleiche Zeit, welche Anziehung das mit Reichtümern aus Übersee gefüllte Tyros auf die armen Israeliten, die als Bauern und Schäfer ihr Dasein fristeten, aber zu seinem Unglück auch auf die räuberischen Assyrer ausübte.

Zwei oder drei Jahrhunderte später weiß Herodot[4] zu berichten, daß einst die Phönizier in Griechenland selbst eine bedeutende Rolle spielten, aber zu seiner Zeit und auch bereits im 6. Jahrhundert kaum mehr anzutreffen seien. Ihre Tätigkeit spiele sich vornehmlich an den Grenzen zwischen griechischen und barbarischen Gebieten ab, eine häufig blutige Rivalität mache sie übrigens zu Gegnern der Griechen. Für die Historiker des 5. und 4. Jahrhunderts ist der Karthager nicht mehr der durchtriebene Kaufmann, Gauner und kleine Seeräuber, sondern ein wilder Krieger und zu den schlimmsten Grausamkeiten fähiger Volksfeind. Er ist schon der Sarazene, der Barbar.

Im Hellenismus wurde der Poenulus dagegen wieder eine vertraute Gestalt in den Häfen Griechenlands, der makedonischen Reiche und Italiens. Nach Menander und Alexis war es dann Plautus[5], der sein Publikum auf Kosten dieses ›Gugga‹, wie er von Milphion genannt wird, amüsierte. Am besten läßt sich diese wenig schmeichelhafte Bezeichnung mit ›Mufti‹ oder ›kleine Ratte‹ übersetzen; die Gefühle der verschiedenen Mittelmeervölker füreinander sind in den letzten zweitausend Jahren nämlich kaum freundschaftlicher geworden. Der Einzug eines ›Gugga‹ in seinem kurzen Gewand, ohne Mantel, mit seinen Ohrringen und seinem alten Sklaven, der unter der Last der Ramschwaren fast zusammenbrach, erregte bereits Gelächter. Hanno kann sehr gut Latein, zeigt das aber nur, wenn ihn die unsinnigen Übersetzungen Milphions so richtig erzürnt haben. Seine Moral ist nicht weiter streng, und gegenüber seinen Feinden gibt er sich gerne markig. Sein Neffe hat eine Geliebte bei dem ›Leno‹.[6] Er macht es sehr gut, und Hanno billigt es. Er selbst wird noch seine Freude daran haben, diesem Kuppler, einem Feind des Agorastokles, Unannehmlichkeiten zu bereiten. Doch das macht er nicht aus prinzipieller Abneigung gegenüber dem Beruf, schließlich geht der ›Wucherer‹ nur seiner Arbeit nach, wenn er die Liebhaber seiner Damen prellt.

Trotz seiner Schwächen ist er zu ehrenwerten und aufrichtigen Gefühlen keineswegs unfähig. An erster Stelle steht die Frömmigkeit. Unablässig ruft Hanno die Götter an und sieht in seinem Wohlergehen den Lohn seiner Frömmigkeit. Danach kommt die väterliche Liebe. Die Erinnerung an seine im Kindesalter aus Karthago entführten Töchter rührt ihn so, daß es der Hurenbock Milphion nicht mehr verstehen kann: »Dieser geschickte Mann, schlau, ausgekocht, durchtrieben und hinterlistig! Wie er weint, als ob er den Erfolg unseres Vorhabens erleichtern wolle! Er betrügt besser als ich, und ich bin darin ein Meister!« Adelphasium und Anterastilis sind natürlich die Töchter Hannos, und der gerührte Poenulus zeigt sich als guter Vater und Onkel am Ende der Geschichte hocherfreut, seine Nachkommenschaft und sogar die Amme – die Mulattin Giddenis – wiedergefunden zu haben.

Kein wirklicher Haß also auf den Karthager, obwohl das Stück sicherlich im ganzen Punischen Krieg gespielt wurde. Selbst beim Handel wähnten sich der Grieche und der Römer, auch wenn sie der punischen List mißtrauten, nicht wirklich unterlegen: vorausgesetzt, man hatte viel Geld und keine Angst, es zu verlieren, ließen sich mit Karthago Geschäfte machen. Schließlich gibt Plautus zu, daß viele Kinder sicherlich von Sklavenhändlern griechischer oder römischer Herkunft geraubt worden seien, und wenn die Piraterie nicht verschwunden wäre, hätte es nicht nur auf einer Seite Opfer gegeben. Die Zerstörung der karthagischen Flotte im Ersten Punischen Krieg ließ diesen großen Hafen zu einem verlockenden Ziel für die Seeräuber werden.

Die antike Literatur befaßte sich auch noch unter einem anderen Aspekt mit dem Karthager. Neben dem levantinischen Trödler und Rohling taucht von Zeit zu Zeit der Forscher auf, der die Sahara durchquert, mit seinen Schiffen bis in tropische Gewässer vorstößt, um das Gold der Pygmäen zu suchen, der sich gegen die Nebel und das Eis des Nordens bis zum geheimnisvollen Thule behauptet, das die Mitternachtssonne erleuchtet. So verschieden ihre Persönlichkeiten und Methoden aber auch waren, Händler und Seeräuber, Admirale und Matrosen der Kriegsflotte und schließlich die Forschungsreisenden, alle standen im Dienste ein und derselben Politik, deren wechselndes Geschick die Vielfalt der angewandten Mittel erklärt. Wir werden uns daher zunächst mit der Wirtschaftspolitik Karthagos befassen, bevor wir uns ihren Mitteln und Methoden zuwenden wollen.

Das tyrische Reich im Westen

In der ersten Phase seiner Existenz glich Karthago einem vor der afrikanischen Küste ankernden Schiff. Selbst als es sich seinen Herrschaftsbereich in Tunesien erobert hatte, blieb es wie Alexandria gegenüber Ägypten – *Alexandria ad Aegyptum*, sagten die Römer – mehr ›bei‹ Afrika. Allerdings hing der Alltag nicht mehr von der Ankunft der Schiffe oder dem guten Willen der Berber ab, was das Anwachsen seiner Bürgerschaft und eine bessere Nutzung des verfügbaren Schiffsraums ermöglichte. Sicher hatte auch ein erheblicher Teil der Bevölkerung künftig keine direkte Beziehung mehr zum Meer, und dennoch ging es dem punischen Seehandel niemals so gut wie in seinen letzten Jahrhunderten, zumindest bis zum Zweiten Punischen Krieg.

Vorherrschender Gedanke der karthagischen Wirtschaftspolitik war die Sicherung der Oberhoheit über die westlichen Meere, die die Römer ›tyrische Meere‹ nannten. Wie wir schon gesehen haben, erklärt das zunächst die eigentliche Gründung der Stadt, die als Rast- und Verbindungsstation auf der Route gedacht war, auf der das Erz aus Tarsis in den Osten gebracht wurde.[7] Zu dieser Zeit und dann mehr als ein Jahrhundert lang (bis zur Mitte des 6. Jahrhunderts) kann man nicht von karthagischer Politik sprechen. Die Mutterstadt dirigierte die Tätigkeit der westlichen Handelsniederlassungen ebenso wie die der Flotte, für die sie auch nur eine feste Basis zur Verproviantie-

rung und Erholung waren. Als die von Kyros angeführten Perser im
Osten ihre friedensbringende Herrschaft errichteten, mußte Karthago
sogar ihre Lehensherrschaft akzeptieren, die mehr Vor- als Nachteile
mit sich brachte. Eine unumgängliche Zwischenstation auf der Verbin-
dungsroute vom persischen Reich zu dem Stadtstaat war Sizilien, das
einer der Hauptanziehungspunkte des punischen Handels blieb. Ener-
gische Generale stellten in Sizilien ein Heer auf, das zum größten Teil
aus Söldnern bestand, und führten einen nahezu ununterbrochenen
Krieg gegen die griechischen Kolonisten, die sich der punischen
Expansion widersetzten. Ebenso sicherten sie sich die Kontrolle über
Sardinien und seine Erze.[8]

Doch hielt dieser Aufschwung nicht lange vor. Im Osten führte der
Großkönig Krieg gegen die Griechen und erlitt bei Salamis eine
Niederlage; im Westen vereinten sich die Griechen aus Syrakus und
Agrigent gegen Karthago und schlugen im Jahre 480 bei Himera das
von Hamilkar geführte Heer. Für diese Zeit registriert die Archäologie
einen Bruch. Der Stadtstaat nährte sich aus seinen eigenen Quellen,
und in Sizilien war nur noch das elorische Land zu halten. Doch
konnte man sich auf Sardinien und Ibiza behaupten, so daß der Weg
nach Spanien nicht verbaut war.

Das karthagische Reich

Karthagos Wiederaufstieg ging schnell und an zwei Fronten vonstat-
ten. In Afrika wurde nach der Eroberung eines Festlandgebietes eine
intensive Landwirtschaftspolitik verwirklicht und damit das drän-
gende Nahrungsproblem gelöst. Auf dem Meer sicherten die Expeditionen Hannos und Himilkons die Kontrolle über den äußersten
Westen und schufen damit die Möglichkeit, die nach der Niederlage in
Sizilien schwer angeschlagenen Erzreserven zu erneuern. Thukydides
war gut unterrichtet, wenn er annahm, daß der Kriegsschatz im Jahre
415 v. Chr. wieder nachgefüllt war; das belegen nämlich der gute
Feingehalt karthagischer Münzen zu Anfang des 4. Jahrhunderts[9]
ebenso wie die Wiederaufnahme einer expansiven Politik in Sizilien,
deren erste Auswirkungen im Jahre 409 v. Chr. erkennbar werden. So

verwüsteten die siegreichen Heere Karthagos den Süden Siziliens, wobei das Plündern sicher noch ein harmloses Zeichen ihrer Betriebsamkeit war. Gleichzeitig wurden die Beziehungen zu Syrakus ausgebaut. Im Jahre 398 v. Chr. ließ Dionysios nämlich die vielen punischen Schiffe überfallen, die im Hafen vor Anker lagen, und die von karthagischen Kaufleuten in der Stadt errichteten Läden durch den Pöbel plündern.[10]

Mitte des 4. Jahrhunderts wurden die Verbindungen mit ganz Italien erneuert. 348 v. Chr. schlossen die Karthager ein zweites Abkommen mit den Römern, die zur bedeutendsten der gewerbe- und handeltreibenden Mächte auf der Halbinsel wurden, als sie sich fast unmittelbar danach Kampanien einverleibten. Die uns durch Polybios überlieferten Vertragsziele legten den Bereich sehr genau fest, den Karthago sich vorbehielt. Insgesamt wirken sie wesentlich strikter als die in dem ersten, mehr als 150 Jahre zuvor getroffenen Abkommen. Vielleicht lag es daran, daß Rom zu Beginn des 6. Jahrhunderts noch als eine etruskische Stadt galt und daher von den vorteilhaften Bedingungen profitierte, die Karthago seinen Verbündeten einräumte; später kam es dann zu der Verschärfung, die der punische Staat in der Zwischenzeit mit seiner prohibitiven Politik durchsetzte.

Wie dem auch sei, die Römer gingen die Verpflichtung ein, jeglichen Handel und aus naheliegenden Gründen auch jegliche Städtegründung in folgenden Gebieten zu unterlassen: erstens an der ganzen afrikanischen Küste westlich des Schönen Vorgebirges (Ras el-Mekki), das im Norden den Golf von Karthago begrenzt, zweitens an der spanischen Küste westlich von Mastia (dem späteren Cartagena). In Sardinien und an den Küsten von Byzacène im östlichen Tunesien und Tripolitanien erhielten sie nur das Recht, den Proviant zu ergänzen und im Falle einer Havarie ihre Schiffe zu reparieren, wobei sie jedoch unter keinen Umständen länger als fünf Tage haltmachen durften. Fremde Händler wurden nur in dem einzigen Hafen von Karthago zugelassen, und auch das nur unter der Bedingung der Gegenseitigkeit. Diese Verfügungen wirkten sich natürlich auf das Wohlergehen der anderen phönizischen Städte sehr nachteilig aus, die dann auch, nur der Not und dem Zwang gehorchend, in der punischen Allianz verblieben.

Das mit Rom geschlossene Bündnis hinderte keinen der beiden Vertragspartner, seine bisherigen Allianzen aufrechtzuerhalten. So knüpfte Karthago seine zeitweilig recht lockeren Bande zu Etrurien wieder enger. Wahrscheinlich ließ sich eine etruskische Kolonie innerhalb seiner Mauern nieder; auf der anderen Seite pflegte Rom seine alte Freundschaft zu Marseille weiter. Die alte ionische Kolonie war nämlich der Hauptkonkurrent der Punier. Als Karthago Südspanien zu seiner Einflußzone gemacht hatte, kam es, sobald das Cap de la Nao umrundet war, zu Zusammenstößen mit den Schützlingen von Ampurias, die wiederum mit Marseille brüderlich verbunden waren.

Auf diese Weise hielten die Erben der Phokäer die iberischen, keltischen und ligurischen Stämme Kataloniens, des Languedoc und der Provence, die die Absatzwege von Zinn und Ambra auf dem Festland kontrollierten, in wirtschaftlicher Abhängigkeit. Die Karthager wurden nämlich ebenso energisch aus den Domänen Marseilles ferngehalten wie die Griechen aus den punischen. Die Grabungen von Ensérune, einer kleinen, von einem iberischen Stamm bewohnten Stadt, die im Roussillon am Ende der Route lag, welche über die Schwelle von Naurouze zum Atlantik führte, zeigen, daß die Bewohner jener Gegend in ihrer Verbindung zum Mittelmeer gänzlich von den Griechen abhingen.[11] Gleichwohl gelang es um 300 v. Chr. zwei Leuten aus Marseille, Pytheas und Euthymenes, die Meerenge von Gibraltar zu durchqueren und die Küsten Europas bzw. Afrikas zu erforschen.

Wiederaufnahme der Verbindungen mit dem Orient

Sobald die Schwächung der Athener sowie die Verbesserung der Beziehungen zwischen dem Großkönig und den Griechen es ermöglichten, nahmen die Westphönizier die Fahrten ihrer libanesischen Ahnen wieder auf. Dabei konnten sie in Griechenland manche der von ihren Vorfahren 300 Jahre lang vernachlässigten Handelspositionen wieder zurückgewinnen. Seit 315 v. Chr. gab es im böotischen Theben einen karthagischen Unterhändler; es handelte sich um eine Art Konsul, dessen Aufgabe darin bestand, Reisende aufzunehmen und ihre Interessen zu wahren.

Dieses Wiederauftreten läßt sich vielleicht mit der Krise der griechischen Wirtschaft zu Beginn des 4. Jahrhunderts erklären. Damals ging Athens wirtschaftliche Vormachtstellung im Mittleren Osten und den Schwarzmeerländern zurück. In Griechenland wurden allmählich die Rohstoffe und Lebensmittel knapp, so daß man sich dem karthagischen Reich zuwandte und bereit war, dafür gut zu zahlen. In punischen Gräbern aus jener Zeit findet man einiges an attischer Keramik; doch blieben die Einfuhren aus der Magna Graecia von ungleich höherer Bedeutung als die aus dem eigentlichen Griechenland.

In der zweiten Hälfte des 4. Jahrhunderts schwanden die Schranken endgültig, die Karthago und seinen Herrschaftsbereich von der übrigen Mittelmeerwelt trennten. Ungeachtet seiner ständigen Auseinandersetzungen mit Syrakus intensivierte der punische Staat noch seine wirtschaftlichen Beziehungen zur Magna Graecia und knüpfte neue Kontakte zum Orient, den damals Alexanders Eroberung einte und wirtschaftlich mit Griechenland verband. Entscheidend für Karthago war das von Ptolemaios I. gebildete Seereich, das Ägypten, die Cyrenaika, Zypern, die Kykladen und bald auch Syrien umfaßte, zu dem auch Phönizien gehörte.[12] Ptolemaios hob die von Alexander auf der Basis des attischen Systems eingeführte Münzeinheit des Reiches auf und übernahm für seine Länder das phönizische Talent.

Nun hatte Karthago Anfang des 4. Jahrhunderts auf Sizilien – sicher in Lilybaeum – eine Münzprägung organisiert und kopierte die auf der Insel zirkulierenden Währungen, die dem phönizischen Talent entsprachen. Verwendet wurde das Geld ausschließlich zur Bezahlung der Söldner. Mitte des 4. Jahrhunderts richtete dann die afrikanische Mutterstadt innerhalb der eigenen Mauern eine Münzstätte ein, um eigenes Geld herauszugeben. Dabei beschränkte sie sich aber auf Silbermünzen; Gold- und Kupfermünzen wurden weiterhin auf Sizilien geschlagen. Die punischen Stücke ziert ein Frauenbildnis, bei dem Arethusa Pate stand, das aber von Ährenkrone, Palmzweig und Pferd – den städtischen Symbolen für Wohlstand und Kriegstüchtigkeit[13] – ergänzt wurde. Die Erzgruben auf Sardinien und in Spanien lieferten Silber und anscheinend auch Gold im Überfluß. Im Süden der iberischen Halbinsel, in Marokko und im Gebiet von Oran entdeckte Cintas[14] in Schichten des 2. und 3. Jahrhunderts Keramikware mit einem leuchtend roten Überzug, die weder aus Karthago noch aus den

Werkstätten Marseilles oder Kampaniens stammte, sondern in Andalusien hergestellt wurde und erkennen läßt, wohin die spanischen Erze gingen.

Die Organisation der wirtschaftlichen Herrschaft beruhte auf der phönizischen Währung und begünstigte den Aufschwung Karthagos. Darauf weisen die reichen Grabausstattungen aus jener Zeit hin. Damals etablierten sich, manchmal unter griechischer Leitung, Luxusmanufakturen, die die schönsten Sarkophage aus weißem, mit Fresken versehenem Marmor, Beintruhen aus Holz mit eingearbeitetem Elfenbein, Bronze-Oinochoën, gravierte Rasiermesser, Schmuck, Siegelringe aus Gold und, nicht zu vergessen, die kleinen vielfarbigen Glasmasken herstellten.[15] Es gelang aber den karthagischen Handwerkern trotz ihres Könnens nicht, die damals von Griechen und Etruskern gehaltenen auswärtigen Märkte zu erobern. Im letzten Viertel des 4. Jahrhunderts nahmen Manufakturen aus Kampanien ihre Tätigkeit auf und überschwemmten Afrika mit ihrem Geschirr, das dann bald von den punischen Töpfern nachgeahmt wurde.[16]

Die systematische Organisation der Landwirtschaft auf afrikanischem Boden schützte die Stadt vor dem Hunger, lieferte aber natürlich darüber hinaus beachtliche Warenmengen für den Export. Die Weine von Kap Bon wurden auf den auswärtigen Märkten zweifellos kaum angeboten, sogar die Karthager selbst kauften in Rhodos beträchtliche Mengen dieses bekannteren Weins. Die mit den Namen der Magistrate jener großen Insel gekennzeichneten Amphoren kommen in allen punischen Siedlungsgebieten des 3. und 2. Jahrhunderts sehr häufig vor[17], doch hat man ebenso auch karthagische Amphoren an verschiedenen Orten der Mittelmeerküste gefunden.[18] Sicher versuchte man, bei den Barbaren (z. B. auf den Balearen) schlechte Weine loszuwerden, um dafür bei den Griechen gute Qualitäten zu erwerben.

Schließlich ist anzunehmen, daß Afrika in jener Zeit damit begonnen haben konnte, das ausgehungerte Griechenland mit Getreide zu beliefern. Belegt ist dieser Handelsverkehr allerdings erst aus der Zeit nach dem Fall Karthagos. Damals lieferten Massinissa und seine Nachfolger beträchtliche Getreidemengen in den Balkan.[19] Aber Karthago hatte vor dem Zweiten Punischen Krieg die fruchtbarsten Landstriche Tunesiens in seinem Besitz, nämlich das Medjerda-Tal und Byzacène.

Die Chora sicherte allein schon die Ernährung der städtischen Bevölkerung, wodurch die von den Libyern erhobenen Naturalabgaben, die ein Viertel und gelegentlich sogar die Hälfte der Ernte ausmachen konnten, für die Ausfuhr verfügbar blieben.[20]

Über diese Einkünfte besitzen wir einige statistische Angaben.[21] Im Jahre 201 v. Chr. requirierte Scipio etwa 44 000 hl Weizen und 55 000 hl Gerste. Im folgenden Jahr lieferte Karthago an Rom ungefähr 36 000 hl Weizen, um es in dem gegen Makedonien geführten Krieg zu unterstützen. Im Jahre 170 belief sich der punische Beitrag zum Dritten Makedonischen Krieg auf 52 500 hl Weizen. Man kann den Nettoertrag an Weizen im punischen Herrschaftsbereich Afrikas auf etwa 50 000 hl schätzen. Das ist eine bescheidene Zahl; sie liegt etwa bei der Hälfte der Erträge des numidischen Königreichs in der Mitte des 1. Jahrhunderts v. Chr. bzw. bei einem Dreißigstel dessen, was Rom in der Kaiserzeit aus Afrika bezog. Allerdings umfaßte der punische Staat niemals mehr als 40 000 bis 50 000 km², also kaum mehr als ein Zehntel des römischen Afrika. Darüber hinaus waren die besten Böden dem Wein und den Oliven vorbehalten. Schließlich und endlich mußte man vom Reinertrag noch den Nahrungsbedarf der Stadtbevölkerung abziehen. Bei der vorsichtigen Annahme von insgesamt 250 000 Personen dürfte der Verbrauch etwa bei 600 000 hl gelegen haben.

Sizilien und Sardinien waren mit etwa 250 000 bis 300 000 hl wesentlich etragreicher. Karthago konnte also einige 300 000 hl Weizen auf den Markt bringen, und diese Menge hätte, in Griechenland verkauft, 3 300 000 Gold-Francs erbracht. Auch wenn die Frachtkosten die Hälfte dieser Einnahmen verschlungen hätten, wäre das immer noch ein beachtlicher Betrag gewesen.

Bei solch großen Entfernungen war es natürlich günstiger, teure Waren von geringem Gewicht zu transportieren. Leider war das punische Handwerk nur in der Lage, ein einziges Produkt zu liefern, das die Griechen verlocken konnte: die kostbaren Stoffe, vor allem die purpurgefärbten. In einer Plautus-Komödie prahlt jemand damit, seiner Frau einen Mantel für 400 Denare geschenkt zu haben, während die reichsten Römer jener Zeit für ihre komplette Garderobe selten mehr als 1000 Denare ausgaben.

Hanno, der Poenulus, bringt Löffel, Rohre, die sicher aus Terrakotta waren, und ... Nüsse nach Rom. Auch die für die Spiele bestimmten Panther führt er in seiner Schiffsladung.[22] Man verkaufte also alle möglichen Waren, wobei die westlichen Barbaren die besten Kunden blieben, da sie wenig auf Qualität achteten und mit kostbaren Metallen bezahlten. Die Spanier konnten die Karthager wohl daran hindern, sie auszuplündern, aber sie konnten oder wollten ihnen nicht die Durchfahrt durch die Meerenge von Gibraltar verbieten.

Die Verbreitung der sehr kleinen Glasmasken (typisch karthagische Erzeugnisse, die man bis in die Schweiz gefunden hat) zeigt, daß die punische Ramschware, die in zivilisierten Ländern kaum Liebhaber fand, den Galliern sehr gefiel. Das zum Prägen bestimmte Gold wurde ständig aus den Gruben des Senegal ergänzt. Den Sudan erreichte man übrigens auch durch das Fessan; die tripolitanischen Zölle, die das Ende dieses Handelsweges kontrollierten, erbrachten ein Talent pro Tag, wie Livius zu berichten weiß.[23]

In dieser dritten Phase seiner Geschichte war es also Karthago wieder gelungen, zu dem Lieferanten des Ostens zu werden, der es bis zum 6. Jahrhundert gewesen war. Es begann, die afrikanische Agrarproduktion, die in der Wirtschaft des Römischen Reiches eine so bedeutende Rolle spielen sollte, auf den Mittelmeermarkt zu bringen. Als die Karthager ihre rassisch bedingte Feindschaft gegen den Hellenismus überwunden hatten, gesellten sie sich zu jener von den Ptolemäern (die damals die größten Schätze der Welt besaßen) begründeten wirtschaftlichen Einheit. So erklärt es sich, daß Karthago trotz des Verlustes von Spanien und trotz der sizilischen Kriegslasten ein langes und leichtes Leben führen konnte.

Der Kampf gegen Rom

Dieser Wohlstand erreichte seinen Höhepunkt im ersten Viertel des 3. Jahrhunderts. Karthago bot Agathokles die Stirn, der als erster einen Angriff in Afrika wagte. Nach diesem tollkühnen Abenteurer, dessen erstaunlicher Werdegang an die italienischen Condottieri der Renaissance gemahnt, fand sich bei den Griechen auf Sizilien niemand

mehr, der genügend Energie aufbrachte, um ihre Union aufrechtzuerhalten. Weder Pyrrhus von Epirus noch Hieron von Syrakus
konnten den weiteren punischen Zugriff auf den größten Teil der Insel
verhindern. Berücksichtigt man neben dieser Eroberung noch die
anderen Herrschaftsgebiete, so verfügte der karthagische Staat nach
Ägypten über die größte Weizenproduktion im Mittelmeerraum, als
die Auseinandersetzung mit Rom begann.

Der Sturz war schrecklich. Zu Lande und zu Wasser geschlagen, aus
Sizilien verjagt, die Ländereien von Regulus verwüstet, die Häfen von
Seeräubern geplündert, sah sich Karthago am Rande des Bankrotts.
An die königliche Bank in Ägypten erging die feierliche Bitte einer
Anleihe von 2000 Talenten, die verweigert wurde, um die Neutralität
nicht zu verletzen. Den unterjochten libyschen Bauern wurde die
Hälfte ihrer Ernte abgefordert. Um einen Frieden zu bekommen,
mußten 3200 Talente, immerhin mehr als 50 Tonnen Silber, entrichtet
werden. Mit dem geschrumpften Staatsschatz konnte man nicht mehr
die Bezahlung der Söldner sichern, deren Rebellion dann wieder neue
Feldzüge erforderte. Rom nutzte die Gelegenheit zur Einverleibung
Sardiniens und der Forderung nach weiteren 1200 Talenten.

Die Verdrängung aus Sizilien und dann aus Sardinien war ein entscheidender Schlag für die karthagische Wirtschaft. Die Geschichte der
Kriege des 3. Jahrhunderts zeigt, daß das Schatzamt oft mit Schwierigkeiten zu kämpfen hatte, die die militärischen Unternehmen hemmten.
Um dem so gut wie möglich abzuhelfen, brachte man intern eine Art
Papiergeld in Umlauf, das die Griechen staunen ließ. Es handelte sich
um kleine Ledersäckchen, die einen Gegenstand von der Größe eines
Staters enthielten. Sie waren mit einem Staatssiegel versehen, um zu
kennzeichnen, daß es verboten war, sie zu öffnen. Dieses Spielmar-
kengeld dürfte kaum durch die Edelmetallreserven des Staates gedeckt
gewesen sein.

Gerettet wurde die punische Wirtschaft durch die Barkiden. Hamilkar, Hasdrubal und Hannibal waren nach den Lehren Alexanders
erzogen worden. Ihre Strategie war gleichermaßen auf wirtschaftliche
Leistungen wie auf militärische Erfolge gerichtet. Zahlenmäßig kleine
und daher vergleichsweise wenig teure Heere, die in kürzester Zeit
über weite Strecken geführt wurden, schlugen den Feind an entschei-

dender Stelle und bemächtigten sich seiner Schätze. Die Eroberung
Südwestspaniens war das erste Ziel, das Hamilkar sich setzte, und das
er in weniger als zehn Jahren (237–228 v. Chr.) realisierte. Damit
übernahm Karthago die direkte Kontrolle über die berühmten Silber-
minen der Küstengebirge der Sierras und machte sich daran, die
Förderung zu intensivieren.

Wahrscheinlich wurden neue Adern entdeckt, jedenfalls führte die
Anwendung verfeinerter Methoden zu einer Steigerung der Erträge.
Polybios berichtet, daß allein die Minen in der Umgebung Cartagenas
2300 Drachmen (mehr als 100 kg Silber) täglich erbrachten.[24] Eine
andere Mine, Baebelo genannt, förderte im Jahr mehr als 36 Tonnen.
Wie man sieht, konnten also die Schulden gegenüber Rom schnell
beglichen werden. Die Münzstätte in Byrsa und eine andere in Carta-
gena waren in der Lage, Silberdrachmen in Umlauf zu bringen, deren
Häufigkeit unter den archäologischen Kleinfunden jener Epoche vom
Wohlstand des Staates zeugen.

Man kannte aber auch die Lagerstätten in den nördlichen Regionen der
Halbinsel, vor allem die in Kantabrien, die bis dahin von Ampurias
ausgebeutet worden waren. Die Sicherheit der neuen Provinz war nur
durch die Unterwerfung der kelto-iberischen Stämme Kastiliens zu
gewährleisten. Diese Aufgabe übernahm Hasdrubal, der so ein neues
Reich und eine neue Hauptstadt schuf, die er sich nicht scheute
Karthago zu nennen. In der Tat bestimmte der Barkide als Herrscher
über die Haupteinnahmequellen seines Staates und als die einzige
militärische Kraft die punische Politik.

Als Herr über Spanien bis zum Ebro griff Karthago jetzt in den
Herrschaftsbereich seiner alten Feinde, der West-Ionier, ein. Der Fall
von Marseille und Ampurias hätte die endgültige Sicherung des
immensen keltischen Marktes erlaubt und die Beschaffung von Zinn
aus der Bretagne über die Flußwege ermöglicht, womit der gefährliche
Periplous Galiciens und der Biskaya vermieden worden wäre. Die
Gallier, die bis dahin ihre alten iberischen und ligurischen Besetzer
hatten gewähren lassen, schränkten genau zu diesem Zeitpunkt deren
Unternehmungen im unteren Languedoc und der Provence ein. Das
Oppidum von Ensérune wurde von ihnen kurz nach 250 v. Chr.
zerstört.[25] Der punischen Diplomatie gelang es, diese Barbaren mit-

einander zu versöhnen. Gleichwohl erfaßten die Bewohner von Marseille sehr genau die bedrohliche Lage. Rom muß von ihnen alarmiert worden sein und intervenierte bald. Im Jahre 226 v. Chr. mußte dann der Ebro als Grenze für das punische Reich akzeptiert werden.[26]

Unserer Meinung nach erklären diese wirtschaftlichen Gegebenheiten zu einem großen Teil die erstaunliche Entscheidung Hannibals, Italien vom Land aus über Gallien anzugreifen. Der lange Marsch stand ganz in der Tradition Alexanders, die zur gleichen Zeit auch Antiochos der Große mit seinen Heldentaten in Asien wieder in Erinnerung brachte. Das barg indes ungeheure Risiken, weil ein ermattetes und geschrumpftes Heer gegen die völlig ausgeruhten Kräfte der Römer antreten mußte. Es wäre ein leichtes gewesen, im Arsenal von Karthago eine zur Neutralisierung der römischen Flotte ausreichend große Anzahl von Schiffen zu bauen. Die jüngsten Entdeckungen von Ensérune und Ruscino brachten teilweise neue Erkenntnisse. Einige in dem ersteren Oppidum gefundene punische Gegenstände beweisen unserer Meinung nach, daß sich dort karthagische Offiziere lange Zeit zwischen dem Marsch Hannibals und dem Zusammenbruch der afrikanischen Herrschaft in Spanien aufhielten.

Bekannt war übrigens schon, daß die Gallier dem punischen Bündnis stets treu geblieben sind, im Gegensatz zu den Iberern Kataloniens, die Hasdrubal im Jahre 208 v. Chr. hart bekämpfen mußte, während er jenseits der Pyrenäen in Ruhe überwintern konnte.[27] Andererseits konnte Claustre in Ruscino 35 punische Amphoren ausgraben, in denen sicher Wein abgefüllt war.[28] Offensichtlich ließ Hannibal die Möglichkeiten für den Handel seiner Heimat, die sich aus den Feldzügen ergaben, nicht aus den Augen. Ruscino, und vor allem Ensérune, dessen Burg den Canal du Midi beherrscht, bilden den Ausgang des Audetals, das über Naurouze mit dem Tal der Garonne verbunden ist, zum Mittelmeer. Nun hatte diese Route seit langem zum Transport des Zinns von den Kassiteriden zum Mittelmeer gedient. Claustres Entdeckung beweist also unserer Meinung nach, daß der ganz auf die Zerstörung Roms konzentrierte Hannibal vor allem damit beschäftigt war, seinem Vaterland die vollständige Kontrolle über die westlichen Rohstoffe zu sichern, was den Karthagern die Möglichkeit geboten hätte, den ganzen Weltmarkt mühelos zu beherrschen.

Diese Vorhaben wurden durch die unbezähmbare Raubgier Roms
zunichte gemacht. Der größte Teil der karthagischen Mittel wurde zur
Deckung der Kriegsausgaben verwendet, und um nach Zama einen
Frieden zu erhalten, mußte Karthago sich verpflichten, 10 000 Talente
in 50 Jahresraten zu bezahlen.[29] Die verfügbaren Mittel beschränkten
sich damals nahezu auf die Erträge aus den afrikanischen Ländern und
nahmen infolge der numidischen Übergriffe bald ab. Hannibal konnte
die Lage dennoch retten, ohne direkte Steuern zu erheben; es genügte,
die zum Schaden des Staates beiseite geschafften Beträge einzutreiben.
Karthagos Abhängigkeit bot zumindest den Vorteil, Militärausgaben
zu sparen, und angeblich konnte es seit 191 seine rückständigen
Schulden begleichen. Der Verlust der spanischen Minen hatte dennoch
ein Absinken des Münzfeingehaltes zur Folge. So enthielten die in der
ersten Hälfte des 2. Jahrhunderts geschlagenen Silberstücke mehr als
50 % Kupfer. Gold war mit Silber gemischt, was aufgrund einer
erfinderischen Behandlung der Oberfläche nicht zu sehen war.[30] Auch
für den einzelnen war der Lebensstandard stark reduziert. Die Gräber
der Nekropole im Odeon aus jener Zeit enthalten nur Schund; und die
Häßlichkeit der Tophet-Weihetafeln bestätigt die Armut der Gläubigen. Die jüngsten Ausgrabungen in Karthago zeigen, daß die Hafenanlagen zu Beginn des 2. Jahrhunderts wieder aufgebaut wurden und
über Byrsa ein neues Siedlungsgebiet entstand. Die punische Republik
florierte also weiter.

Sechstes Kapitel
Diplomatie, Flotte und Heer

Die Diplomatie

Bereicherung war das oberste Ziel punischer Politik. Verträge, die
Karthago mit anderen Mächten schloß, regelten vor allem See- und
Handelsfragen. Lediglich die Eroberung der afrikanischen Länder und
Spaniens könnte man als imperialistische Unternehmungen bezeichnen. Sie wurden indes unter dem Aspekt betrieben, die Wirtschaft
nach einem unglücklich verlaufenen Krieg durch Erschließung neuer
Ressourcen wieder aufzubauen. Da Kriegführen teuer war, griffen die
Punier zu diesem Mittel erst, nachdem ihre äußerst fähige Diplomatie,
die sich bis in die Anfänge der Stadt zurückverfolgen läßt, alles
Menschenmögliche versucht hatte. Kriege, Bündnisse und Handel
hatten die östlichen Herrscher seit Jahrtausenden genötigt, Gesandtschaften auszutauschen und neben einem Protokoll ein internationales
Recht festzulegen. Die in Tell el-Amarna aufgefundene Staatskorrespondenz des Pharao Amenophis IV. führt uns alle Geheimnisse einer
Kanzlei aus dem 14. vorchristlichen Jahrhundert vor Augen. Andere
Funde wurden in Ras Schamra (Ugarit) in den Palästen der ugaritischen Könige gemacht. Aus ihnen geht hervor, wie die Tempel die
großen Unternehmungen des internationalen Handels finanzierten,
wie die Waren weitergeleitet wurden und welche Garantien die Händler erhielten. Über das, was Karthago angeht, sind wir einmal mehr
schlecht unterrichtet. Gleichwohl hat Bickerman[1] in dem zwischen
Hannibal und Philipp V. von Makedonien nach der Schlacht von
Cannae getroffenen Abkommen die Charakteristika eines jener orientalischen Pakte aufgedeckt, wie sie die Könige von Tyros und Assyrien
zur Zeit der Gründung Karthagos abschlossen. Tausend Jahre alte
Formeln werden in erstaunlicher Weise mit hellenistischen Gepflogenheiten verbunden, »man könnte sagen, daß Abraham ein Zeitgenosse
des Polybios gewesen sei«.
Wie die Römer kannten die Karthager eine ganze Reihe von Bündnis-

stufen für andere Staaten, die den jeweiligen Kräfterelationen entsprechend zur Geltung kamen. So hatten sie gleichrangige Verbündete wie die Etrusker, die Römer und einige griechische Städte, straff untergeordnete Bundesgenossen wie die Elymer, Barbaren in Spanien, Afrika und Sardinien, die unter ihrem Schutz standen, und schließlich die phönizischen Städte, die als Schwester- oder Tochterstädte galten. Von ihnen erwarteten sie, daß sie ihre Interessen denen des Familienoberhaupts unterordneten.

Der punischen Diplomatie gelang es nicht nur lange Zeit, das tyrische Monopol in Tartessos aufrechtzuerhalten, sondern auch, mit Persien und Etrurien den großen Dreibund zu bilden, Hannibal die Unterstützung der Gallier wie auch die Sympathie Makedoniens zu sichern und im Jahre 215 Syrakus in das punische Lager herüberzuziehen. Ihnen gebührt, wie Alazard bemerkte, in der Geschichte ein Platz an der Seite der venetianischen Gesandten.

Die Flotte

Die karthagische Flotte erfreute sich an allen Mittelmeerküsten eines ganz außerordentlichen Rufes. Selbst ihre Rivalen priesen einhellig Stabilität und Manövrierfähigkeit ihrer Schiffe wie auch das Können und die Erfahrung der Steuerleute. Die Flotte unterschied sich übrigens kaum von der griechischen, die uns wiederum viel besser bekannt ist.

Zwei Schiffstypen wurden im Mittelmeerraum seit langem vorzugsweise verwendet: Kriegsschiffe waren gekennzeichnet durch eine lange Bauweise und wurden vornehmlich mit Riemen vorangetrieben, während ein rundlicher Typ, der lediglich gesegelt wurde, zum Transport wichtiger Fracht diente. Letztere nannten die Phönizier *gauloi*. Verwendet wurde ausschließlich das trapezförmige Rahsegel.

Wie alle antiken Völker kannten die Karthager kein Hecksteuer, das ja erst im 14. Jahrhundert erfunden wurde. Jedes Schiff hatte statt dessen auf Steuerbord und Backbord[2] jeweils ein Steuer, die von einem Steuermann nacheinander bedient wurden und den Booten die gleiche Manövrierfähigkeit verliehen wie ein Hecksteuer[3]. Bei schweren Schiffen wurden die Steuer verdoppelt und verdreifacht, für den Fall einer Havarie hielt man längs der Bordwand ein Ersatzsteuer bereit. Aelian (IX,40) weiß zu berichten, daß bei den Karthagern zwei Ruderwachen gleichzeitig Dienst taten, und zwar eine an jedem Steuer, was seiner Meinung nach ein Fehler war. Tatsächlich konnte diese Regelung zu ernstlichen Unannehmlichkeiten führen, wenn die Reaktionen der beiden Steuerleute nicht perfekt aufeinander abgestimmt waren. Allerdings fügt Aelian hinzu, daß die Galeeren im Gefecht ihre beiden Steuer simultan benutzten, um möglichst schnell wenden zu können, was in diesem Fall von ausschlaggebender Bedeutung war. In der Anwendung dieser Taktik hatten sich die Karthager nun als Meister erwiesen. »Denn wegen des vorzüglichen Baus ihrer Schiffe und der guten Schulung ihrer Rudermannschaften waren sie an Schnelligkeit beträchtlich überlegen. [...] Denn wenn karthagische Schiffe von feindlichen bedrängt wurden, zogen sie sich dank ihrer Schnelligkeit ungefährdet in die offene See zurück, machten dann kehrt und griffen die Verfolger, die sich zu weit vorwagten, bald um sie herumfahrend, bald sie von der Seite anfallend, während jene umwandten – ein bei der Schwerfälligkeit der Schiffe und der Unerfahrenheit der Rudermannschaften äußerst schwieriges Manöver –, mit unaufhörlichen Rammstößen an und versenkten viele Fahrzeuge. Wenn aber ein anderes Schiff der eigenen Flotte in Gefahr geriet, konnten sie ihm mit Leichtigkeit und in voller Sicherheit, außerhalb des Kampfbereichs hinten um die eigenen Schiffe und durch das Meer herumfahrend, Hilfe bringen.

Für die Römer dagegen lagen die Dinge gerade umgekehrt. Für die in Bedrängnis geratenden Schiffe bestand keine Möglichkeit, nach hinten auszuweichen, da sie dicht am Lande kämpften, sondern jedes Schiff, dem von vorn hart zugesetzt wurde, geriet entweder auf Untiefen und saß mit dem Heck fest, oder wurde ans Land getrieben und scheiterte. Durchzufahren aber durch die Linie der feindlichen Schiffe und im Rücken derer zu erscheinen, die schon in einen Kampf mit anderen verwickelt waren – ein in der Seeschlacht besonders wirksames Manöver –, waren sie außerstande wegen der Schwerfälligkeit der Fahrzeuge sowie wegen der Unerfahrenheit der Bemannung. Ebensowenig konnten sie denen, die in Not waren, von hinten her zu Hilfe eilen, da sie dicht ans Land gedrängt standen und auch nicht der kleinste Raum übrigblieb, um den Gefährdeten zu helfen.«[4]

Polybios erwähnt auch das Husarenstück eines karthagischen Kapitäns namens Hannibal von Rhodos, bei dem es sich sicher um einen halben Griechen handelte. Er hatte den Auftrag, mit der von den Römern zu Lande und zu Wasser belagerten Garnison von Lilybaeum (Marsala) in Verbindung zu treten, was ihm gelang, indem er sich heimlich mit einer Galeere in den Hafen schlich. Um das Auslaufen zu verhindern, postierte der römische Konsul am nächsten Tag zehn seiner besten Schiffe an jeder Seite der Hafeneinfahrt und so nahe an den Sandbänken, wie man nur herankommen konnte. Dennoch konnte Hannibal den Hafen nicht nur ungehindert verlassen, sondern näherte sich noch dem Feind, umkreiste ihn, ließ die Ruder einziehen und sogar stoppen, um die Römer herauszufordern, ohne daß ihm indes jemand gefolgt wäre. Die Hafeneinfahrt war nämlich durch Sandbänke versperrt, die nur durch enge Rinnen voneinander getrennt waren. Hannibal hatte deren Lauf sorgfältig studiert; er lief aus, dann »näherte er sich, als ob er aus Italien zurückkehre, wendete den Bug zur Seite des Turmes hin, der am Strand steht, so daß man die, die nach Afrika hin gerichtet waren, nicht mehr sehen konnte. Das war auch das einzige Manöver, mit dem man unter günstigem Wind den Hafeneingang gewinnen konnte.« Unfähig, gegen solche Virtuosität anzukämpfen, machten sich die Römer daran, die Fahrrinne zuzuschütten. Allerdings überforderte das Unternehmen ihre Kräfte.

Dieser Geschicklichkeit der punischen Steuerleute setzte der Konsul Duilius ein einfaches Mittel entgegen, das zwar bar jeder Eleganz und eines echten Seemannes unwürdig, aber wirksam war: die Enterbrükken – mit Enterhaken bewehrte Stege, die die gegnerischen Schiffe lahmlegten und das Seegefecht zu einem Infanteriekampf transformierten.

Das System der doppelten Steuerung erforderte ein intensives Training und konnte nur unter besonderen Umständen angewandt werden. Schiffsdarstellungen auf Stelen zeigen deutlich, daß nur ein einziges Steuer in Gebrauch war. Eine dieser Darstellungen[5] gab Anlaß zu der Vermutung, daß es ein senkrechtes Steuer gegeben habe, dessen Achse ähnlich einem modernen Hecksteuer durch den Schiffsrumpf führt.

Doch das ist eine Täuschung. In Wirklichkeit ist das recht schwere Schiff mit einem einzigen, an der Backbordseite befestigten Steuer ausgerüstet, von dem man lediglich den Schaft und das Blatt erkennen kann. Aus Unkenntnis wurde in dem Entwurf das Blatt nach vorn gedreht dargestellt, was natürlich absurd ist. Die Abbildung bleibt eine Ausnahme, da es sicher der einzige antike Fund ist, bei dem ein Steuer auf der dem Betrachter nicht einsehbaren Seite angebracht ist.

Kommandant Carlini führte übrigens aus, daß das einem Hecksteuer durchaus nicht unterlegene Leitsteuer ein weniger mühsames Manövrieren erlaubte und der Konstruktion von Schiffen mit großer Wasserverdrängung keineswegs entgegenstand. Im übrigen bleibt über den Schiffbau der Antike noch vieles zu lernen. Der Fortschritt in der Unterwasserarchäologie, die das direkte Studium der Wracks und ihrer Ladung erlaubt, wird sicher bald technische Details erkennen lassen, die in literarischen Überlieferungen und bildlichen Darstellungen zu knapp skizziert sind. So hat der Club d'Études Sous-Marines de Tunisie (Tunesischer Club für Unterwasserstudien) den 30 m langen und 10 m breiten Rumpf der ›Korvette‹ von Mahdia zutage gefördert, der eine Nutzlast von 250 Tonnen faßte.[6]

Obschon sie exzellente Steuerleute und erfahrene Zimmerleute waren, haben die Karthager im Schiffbau anscheinend nichts Neues erfunden. Als erste erhöhten die Griechen Wasserverdrängung und Kraft ihrer Kriegsschiffe durch Vervielfachung der Ruderdecks, wobei übrigens die Verteilung der Rudermannschaften auf den antiken Galeeren eines der Geheimnisse der Seegeschichte bleibt. Hätten die karthagischen Zimmerleute und Schiffsingenieure über eine deutliche technische Überlegenheit verfügt, dann hätte sie eine so einfache Erfindung wie die ›Enterbrücken‹ des Duilius nicht aus der Fassung gebracht. Eigenartigerweise haben diese Seefahrer, die nicht vor der Biskaya und der marokkanischen Atlantikküste zurückschreckten, nicht den Versuch unternommen, ihre Schiffe den Erfordernissen der westlichen Meere anzupassen, und sich auch nicht von eingeborenen Seefahrern anregen lassen.

Das Heer

Karthagos Heere genossen nicht die Reputation der Flotte. Bei allem
Mut und jener unbezähmbaren Energie, von der sie in äußerster
Gefahr ein eindrucksvolles Beispiel gaben, zogen die Karthager es vor,
die Verteidigung ihrer Interessen Berufssoldaten anzuvertrauen. Diese
Gepflogenheit ist seit dem 6. Jahrhundert belegt; betrieben wurde sie
aus dem Gedanken heraus, die nicht ohne weiteres ersetzbare Bürgerwehr zu schonen, und auch aufgrund einer spezifischen Auffassung
vom Krieg, den man nur als ein anderes Mittel ansah, um Geschäfte zu
betreiben. Die Ausführung wurde im allgemeinen einem Unternehmer
anvertraut. Übrigens griffen die Punier früher als die Griechen zu
Söldnern und konnten dann feststellen, daß ihre Rivalen dieses Beispiel vom 4. Jahrhundert an allgemein nachahmten.

So glichen denn die karthagischen Heere in ihrem Aufbau sehr den
Heeren der griechischen Stadtstaaten und später denen der östlichen
Herrscher.[7] Sie setzten sich aus Mannschaften der verschiedensten
Länder zusammen und behielten auch jeweils ihre nationale Bewaff-
nung und Kriegstaktik bei. Das Gros des Schlachtkorps bildete eine
Hopliten-Phalanx.

Die Ausrüstung ist auf den Stelen erkennbar.[8] Sie bestand aus einem
Helm mit angehängten Backenstücken, um die Wangen zu schützen,
einem Bronze-Brustpanzer mit Plattenschurz, Beinschienen und
einem runden oder ovalen Schild. Auf diesen Stelen sind Tropaia, mit
Waffen behangene Gestelle, zu sehen, die man als Inkarnation der
Schlachtgötter ansah. Summarisch betrachtet lassen sich Harnisch,
Helm – dargestellt durch ein Dreieck – und eine lange Lanze unterscheiden. Das Carton-Heiligtum in Salammbô[9] beherbergt die Terrakotta-Statue eines Gottes, der einen in gräzisierendem Stil gearbeiteten
Brustpanzer angelegt hat. Vielleicht ist der Harnisch Zeichen der
kriegerischen Tugenden Baal Hammons, dem das Heiligtum geweiht
war und dessen Thron Siegesgöttinnen mit einem Tropaion zieren.[10]
Auf Stelen im Tophet von Cirta (Constantine) aus dem 2. und
1. Jahrhundert v. Chr. sind auch, sorgfältig ausgeformt, trophäenar-
tige Waffenaufbauten dargestellt.[11] Einige haben einen Rundschild,
die *aspis* der Griechen bzw. den *clipeus* der Römer; dazu gehört ein

Schwert mit einem Griff, dessen beide Knaufe und die V-förmigen
Fühler, die nach unten weisen, ihm sein besonderes Aussehen verleihen.[12] Diese Waffenform war Italikern wie Kelten bekannt und wurde
zweifellos von Söldnern europäischer Herkunft in Afrika eingeführt.

Daneben gab es auch noch einen länglich ovalen Schildtypus mit
Mittelgrat, der bei den Griechen *thyreos* und bei den Römern wiederum *clipeus* genannt wurde; er war aus einem leichten Werkstoff
gefertigt. Diese ebenfalls aus dem Westen stammende Schildform
wurde in einem Verzeichnis der von den Römern im Jahre 149 aus
karthagischen Arsenalen erbeuteten Waffen erwähnt. Bei einer Tropaion-Darstellung auf einer der Stelen von Cirta ist dieser Typus
zusammen mit einem Schwert, zwei Wurfspießen und einem konisch
geformten Helm zu sehen.[13] Nicht die Hopliten, sondern die zur
leichten Infanterie gehörenden Soldaten wurden damit ausgerüstet.
Am Kbor Klib, einem mächtigen Altar aus der Mitte des 1. Jahrhunderts v. Chr., gab es einen Waffenfries, der aus runden *clipei* bestand,
die abwechselnd auf gekreuzten Kavalleriesäbeln und Tropaia in Form
eines auf einen Pfahl gezogenen Muskelpanzers ruhen. Einen dieser
Schilde, der sehr den in Makedonien gebräuchlichen gleicht, ziert eine
schöne, im Profil dargestellte Artemisbüste (Taf. 24). Eine vergleichbare *aspis* wurde auf einem in Chemtou zutage gebrachten Fries
entdeckt, sie führte den apollinischen Greifen als Emblem.

In der Blütezeit der Stadtstaaten lag das Schwergewicht auf den
gepanzerten Hopliten, und Anfang des 4. Jahrhunderts waren dann die
leichter ausgerüsteten und beweglicheren Peltasten dominierend.
Alexander hatte schließlich in der Folgezeit der Kavallerie strategisch
vorrangige Bedeutung beigemessen. Die Stärke der punischen Heere
lag insbesondere bei der Kavallerie und der leichten Infanterie. Die mit
Wurfspießen ausgerüsteten Werfer von den Balearen genossen in der
Antike den Ruf, die Besten zu sein, und standen außerdem in Diensten
der Iberer (vielleicht handelt es sich um spanische Waffen, die auf der
bereits beschriebenen Stele von Cirta abgebildet sind), der Ligurer und
schließlich noch der Libyer.

Von numidischen Stelen aus Constantine[14] sind uns auch numidische
Reiter geläufig. Wie die Fußsoldaten führten sie zur Verteidigung nur

einen kleinen Rundschild mit und zum Angriff kleine Wurfspieße, die sie kraftvoll und mit sprichwörtlicher Geschicklichkeit zu lancieren wußten. Gefürchtet waren sie aber vor allem ob ihrer Fähigkeit, ihre kleinen Pferde ungesattelt lediglich mit einem einfachen Zügel zu reiten. Das Elitekorps war die schwere Kavallerie, die mehrheitlich aus karthagischen Bürgern bestand.

Wir haben bereits erwähnt, daß auf karthagischen Münzen ein Pferd abgebildet wurde. Einer der Gründungssagen der ›Neuen Stadt‹ zufolge, entdeckte man bei den Erdarbeiten für das geplante ›Kapitol‹ zunächst einen Rinderschädel. Das Omen wurde zum Anlaß genommen, den Ort zu meiden, denn es hätte für die entstehende Stadt ewige Knechtschaft bedeutet. An anderer Stelle fand man einen Pferdekopf – das Symbol kriegerischer Kraft –, und dort wurde dann gebaut.[15] Auf verschiedenen Tophet-Stelen ist wie auf Münzen eine Pferde-Protome zu sehen; eine Stele zeigt einen Reiter, der auf dem Kopf einen mit einem Federbusch verzierten Helm trägt. Ein langer, mit Bändern versehener und mit einer kleinen Scheibe abgeschlossener Stab, der an der Schulter eines Kriegers lehnt, stellt eine Fahne dar. Dieses Bild ist auf Fresken italischer Totengruften des 4. und 3. Jahrhunderts ein gern verwendetes Motiv. Es versinnbildlicht den Übergang des Kriegers ins Jenseits, wo ihm für seine Heldentaten ein bevorzugter Platz eingeräumt wird.[16] Verschiedentlich hat man in dem karthagischen Reiter die Darstellung eines dem orientalischen Hadad verwandten Kriegsgottes sehen wollen. Hadad genoß in Karthago tatsächlich kultische Verehrung, denn er wurde in einem Schwur Hannibals unter seinem griechischen Namen Ares erwähnt.[17] Unbekannt ist aber, ob er im Tophet verehrt wurde und wie man sich sein Äußeres vorzustellen hat. Denkbar wäre auch, daß der Fahnenreiter eine Weihung vornimmt und jener Elitekavallerie angehörte, von der noch die Rede sein wird. Daneben wäre noch eine dritte Deutung möglich, die übrigens die zweite nicht ausschließt: es handelt sich um ein Symbol des Sieges über den Tod, vergleichbar dem Kantharos und der Krone, die auf zahlreichen Votivtafeln jener Zeit zu sehen sind.[18] An diesem Beispiel läßt sich übrigens gut demonstrieren, welche Probleme auftauchen, wenn man versucht, die Bedeutung der auf den Stelen von Salammbô abgebildeten Attribute, die keine schriftliche Quelle erläutert, herauszufinden. Unter den auf dem Fries von Kbor Klib dargestellten Waffen ist auch ein großer gerader Kavalleriesäbel mit einem ungleichförmigen Heft in der Form eines Vogelkopfes zu sehen, der durchaus mit denen der persischen Reiter vergleichbar ist. Kennzeichen für die Okzidentalisierung der karthagischen Heere ist die geringe Bedeutung der Bogenschützen, die in den assyrischen und persischen Armeen das Hauptkontingent bildeten. In punischen Gräbern des 7. und 6. Jahrhunderts kommen noch Pfeilspitzen vor. Auf einem großartigen Intaglio aus Utica sieht man einen nackten Krieger mit einem schweren Helm auf dem Kopf, der in knieender Position zielt.[19] In Beschreibungen von Schlachten gegen Griechen und Römer ist von diesen Kämpfern indes nur selten die Rede.

Selbst als die Masse ihrer Landsleute davon dispensiert war, wollten die vornehmen Karthager stets persönlich Militärdienst leisten, und sie liebten es, in schönen Rüstungen zu paradieren. So manches Ausrüstungsstück war zu kostbar, als daß es in der Schlacht hätte verwendet werden können. So hatte Hannibals Bruder Hasdrubal im Lager einen mit seinem Porträt verzierten silbernen *clipeus*, dessen die Römer habhaft wurden und den sie über dem Eingang zum Kapitol aufhingen. Es handelte sich um einen Kunstgegenstand, der praktisch nicht zu gebrauchen war. Diese Mode stammte, wie sich aus den Reliefs von Kbor Klib und von Chemtou ergibt, aus Griechenland. Aus einem punischen Grab in Byzacène bei Ksour es Saf wurde ein Paradeküraß geborgen, der aus zwei herzförmigen Bronzeteilen bestand. Die Bronzeteile schützten jeweils Brust und Rücken und hatten beide die gleiche außerordentlich reiche Verzierung: zuoberst der Kopf der helmtragenden Athena und darunter zwei Schalen zur Markierung der Brustmuskeln. Dieser ebenso luxuriöse wie unpraktische Panzer kam nicht aus einer karthagischen Werkstatt, sondern entstammte einer Bronzegießerei in Kampanien. Dort war man im 3. Jahrhundert v. Chr. auf solche Arbeiten spezialisiert. Vermutlich wurde die Rüstung von einem Soldaten Hannibals erworben oder geplündert und nach Afrika gebracht. Für den Besitzer war dieses Stück jedenfalls eine persönliche Erinnerung, die ihm besonders teuer war, so daß er sie entgegen allgemeinem Brauch mit ins Grab nahm (Taf. 25).

Von der Existenz einer punischen Artillerie erfuhr man bei der Belagerung der griechischen Städte Siziliens. Die Karthager galten als die Erfinder des Widders (Rammbock)[20], der aber in Wirklichkeit bereits den Assyrern bekannt war. Diese machten, zweifellos zu ihrem Nachteil, die Europäer mit dieser Maschine vertraut. Im Jahre 409 eroberte Hannibal der Magonide mit ihrer Hilfe, mit beweglichen Belagerungstürmen und durch Unterminierungen die Städte Selinunt und Himera. Die Griechen beeilten sich indes, ihre Gegner zu übertreffen. Von grundlegender Bedeutung war die Erfindung des Katapults, die einem Baumeister aus Syrakus zur Zeit Dionysos des Älteren gelang, welcher sich dieser Erfindung erstmals im Jahre 398 gegen Motye bediente. Die durch das Winden elastischer Seile gespeicherte Energie machte es möglich, entweder mit Hilfe eines riesigen Bogens Geschosse abzufeuern oder über einen Hebel Steine zu schleudern. Der Onager, der die Zentrifugalkraft eines von einem Gegengewicht in Bewegung gesetzten Hebels ausnutzt, und die Wurfmaschine mit Metalltriebfeder wurden erst in der römischen Kaiserzeit geschaffen.

Die Karthager bauten eine ganze Reihe von diesen Maschinen, die sie je nach Größe Katapult, Wurfmaschine oder Skorpion nannten. Im Jahre 149 ließen sich die Römer 20 000 aushändigen, die noch in den Arsenalen lagerten. Als dann der Krieg ausbrach, opferten die Frauen ihre Haare, um sie zu ersetzen. Man fand in Karthago Tausende von Kalkkugeln, die für die Belagerung angesammelte Munition. Der deutsche General Rathgen hat diese Geschosse, deren Gewicht von 5 kg bis hin zu 30 kg reichte, fachmännisch untersucht.[21] Danach mußten manche mit den Händen von den Wällen herabgeschleudert worden sein.

Die Antike kannte keine Feldartillerie, denn die Katapulte waren zu schwer und zu kompliziert, als daß man sie hätte transportieren können. Die Karthager verwendeten aber gelegentlich Kriegswagen und stets Kampfelefanten. Die Wagen wurden häufig von den Libyern, vor allem in der Sahara, benutzt; diejenigen der Punier waren gepanzert und für den Angriff gedacht, anstatt daß man sich ihrer wie zu Zeiten Homers lediglich zum Transport der Krieger bediente.

Diese Taktik ist sicherlich persischen Ursprungs; sie war aber, obschon mehrere Jahrhunderte lang angewendet, aufgrund der Verwundbarkeit der Pferde und des unzureichenden Lenkvermögens dieser Kriegswagen niemals wirkungsvoll. Die Elefanten waren sehr gefürchtet. Diese Dickhäuter lebten noch zur punischen Zeit in der Berberei, doch hatten sie als »Überbleibsel« einer tropischen Fauna, isoliert durch die Austrocknung der Sahara und schlecht genährt infolge einer unzureichenden Vegetation, weder die Größe noch die Kraft ihrer Artgenossen aus Zentralafrika. Sie waren nicht einmal so kräftig wie indische Elefanten, ließen sich aber ebenso wie diese dressieren. Ein wenig phantastisch anmutende Sagen[22] preisen ihren Scharfsinn und sogar ihren Sinn für Moral und Religion; demzufolge sollen sie mit Hilfe von Zweigen Waldbrände löschen und sich in einem marokkanischen Wald sammeln, um sich für den Neumond einer feierlichen Reinigung zu unterziehen. Darüber hinaus betrachtete man sie als »himmlische Tiere«. Ungeachtet dieser Eigenschaften nutzten die Karthager Elefanten nur zu Kriegszwecken, und selbst diese Idee übernahmen sie von den hellenistischen Königen. Alexander stieß in der Indusebene auf die Elefanten des Porus, und seine romantische Vorstellungskraft ließ ihn sicher die ungeheure psychologische Wirkung dieses Kampfinstruments ebensosehr erkennen wie dessen Wirksamkeit. Später verwendeten die Diadochen Kriegselefanten, und König Pyrrhus von Epirus führte einige auf seiner Expedition nach Italien mit. Bei der Gelegenheit machten dann die Römer erstmals Bekanntschaft mit den fremden Tieren, und in ihrem bäuerlichen Humor fanden sie für die Tiere keinen besseren Namen als ›bos Luca‹ (lukanischer Ochse), da sie ihnen in der Gegend begegnet waren.[23]

Die Karthager suchten ihrerseits einen Vorteil zu nutzen, wobei denn die Existenz dieser tropischen Ungeheuer im punischen Heer keineswegs ein Überrest orientalischer Traditionen war, sondern vielmehr den Einfluß kennzeichnet, den die hellenistische Kultur auf die Punier ausübte. Als sie in Afrika auf dem Höhepunkt ihrer Macht standen, war es kein Problem, in kurzer Zeit zahlreiche Elefanten zu fangen; wie und mit welchen Methoden gejagt wurde, werden wir weiter unten noch erläutern. Beim Bau der großen Isthmusmauer wurden in den Grundmauern Ställe für 300 Dickhäuter eingerichtet. Mehrere hundert wurden gegen die Römer in Sizilien, gegen Regulus und die Söldner sowie bei der Eroberung Spaniens eingesetzt.

Schließlich unternahm Hannibal mit etwa vierzig dieser unglücklichen Tiere einen Gewaltmarsch über die Pyrenäen und die Alpen, um dann mit ansehen zu müssen, wie sie im harten Winter Piemonts in der Kälte starben; ein einziges überlebte und diente fortan dem ›einäugigen Heerführer‹ als Reittier. Der nach der Niederlage von Zama geschlossene Vertrag beraubte Karthago seiner ihm verbliebenen Elefanten und verbot für die Zukunft deren Zähmung. So hatte man sich ihrer kaum 60 Jahre lang bedient, und es bleibt zweifelhaft, ob sich daraus Vorteile ergaben. Unumstritten ist der psychologische Effekt. Die römischen Legionäre hatten ebenso wie die revoltierenden Söldner große Angst vor den Elefanten, deren Anblick auch die Alpenvölker in Schrecken versetzte. Aus Furcht vor diesen Monstern wollten die Römer nach der Niederlage des Regulus lange Zeit keine Schlacht mehr in der Ebene ausfechten. Ihre Masse, ihre Stoßzähne, die überraschende Geschicklichkeit »ihrer Hand in Form einer Schlange« und ihr Gebrüll flößten den Soldaten Schrecken ein.

Um die Wirkung dieser Urgewalt noch zu vergrößern, wurden sie gekleidet und wie Schauspieler mit einem Federbusch geschmückt. Die sicher in orientalischem Stil gewandeten Elefantenführer trugen indische Namen, auch wenn sie in Ägypten geboren waren. Nicht zuletzt, um sie wilder und abschreckender zu machen, ließ man die Elefanten, wie in Indien, Gefangene zermalmen. Die Pferde scheuten ihren Geruch wie den von Kamelen und gingen durch, wenn sie sich näherten.

Vom taktischen Standpunkt aus betrachtet, hatten die Elefanten die gleiche Aufgabe wie die Panzerfahrzeuge in unserer Armee, die zum Angriff gegen schwere Infanterie und Schützengräben dienen. Ihre dicke Haut verstärkte man übrigens teilweise mit einer Rüstung, und auf ihrem Rücken trugen sie eine Art Turm, in dem Bogenschützen und Schleuderer standen. Griffen sie an, dann war eine elastische Verteidigung am wirkungsvollsten. Die dicht gedrängt stehende griechische Phalanx konnte sich kaum darauf einstellen, aber die römische Legion verfügte infolge ihrer Gliederung in Manipel über eine Geschmeidigkeit, die für den Sieg entscheidend war. Gleichwohl beging Regulus den entscheidenden Fehler, seine Männer wie eine Mauer aufzustellen, die dann dem Sturm nicht standhalten konnte.

Scipio wendete dagegen eine Taktik an, wie sie heutzutage gegen
Panzer empfohlen wird, und gruppierte seine Kampftruppen so lok-
ker, daß Zwischenräume entstanden, in die die Elefanten rannten, um
dann bald isoliert und eingekreist zu sein.

Vor allem aber waren diese ›Panzer‹ keine Maschinen. Ihrer Intelligenz, die es ihnen ermöglichte, ihren Namen leicht zu behalten, stand
eine extreme Nervosität gegenüber. Schreie, Trompetensignale und
schmerzende Wunden brachten sie in tödliche Rage. Die Elefantenführer hatten dann keine andere Wahl, als sie mit Hilfe eines Eisen-
stücks, das sie mit einem Hammer in die Stirnwurzel trieben, zu töten.
Dieses Verfahren hatte angeblich Hannibals Bruder Hasdrubal erfunden.

Die Söldner

Karthagos größtes Problem im Umgang mit seinen Heeren war das des
Kommandos. Berufssoldaten, die keinerlei Loyalität gegenüber der
Republik empfinden konnten, waren nicht leicht unter Kontrolle zu
halten, und so versuchte man es mit zwei Lösungsmöglichkeiten. Die
eine bestand darin, Condottieri zu beauftragen; sie wurde im Laufe
des 4. Jahrhunderts von der Mehrzahl der griechischen Städte angewandt. Diese konnten dann jedoch politische Ambitionen entwickeln,
die für den punischen Staat wohl noch gefährlicher geworden wären,
als es bei den meisten griechischen Städten ohnehin der Fall war.
Irgendein solcher antiker ›Wallenstein‹ hätte nämlich leicht auf den
Gedanken kommen können, Karthago zu seinem Königreich zu machen.

Einer von ihnen, der Makedonier Ophelas, unternahm sogar einen
derartigen Versuch.[24] Sein Werdegang führt uns die Verhaltensformen
der Söldner ebenso gut vor wie die grausamen Kriege, die seit Flaubert
zu bekannt sind, als daß man noch davon berichten müßte. In den
letzten Jahren des 4. Jahrhunderts v. Chr. versuchte Agathokles, der
Tyrann von Syrakus, Sizilien von der punischen Gefahr zu entlasten,
indem er den Krieg nach Afrika verlagerte. Als er aber nahezu das
gesamte Hinterland Karthagos erobert hatte, waren seine Kräfte

erschöpft, und in der unruhig gewordenen Truppe, die sich im Feindesland isoliert sah, während zur gleichen Zeit das in Sizilien stehende punische Heer ihre Heimat bedrohte, nahm die Insubordination überhand. Nun lebte damals in Cyrene ein Makedonier namens Ophelas, ein alter Mitstreiter Alexanders, der im Auftrag des Königs Ptolemaios von Ägypten ein Kommando führte. Wie viele seiner Kollegen glaubte dieser Offizier, das Zeug zu einem König zu haben. Er hatte bereits einen begehrlichen Blick auf den Westen geworfen und ließ von Geographen, die er in seine Dienste genommen hatte, eine Karte der afrikanischen Küste bis hin zum Atlantik entwerfen. Agathokles wußte sich seiner Ambitionen geschickt zu bedienen und versprach, ihm für seine Unterstützung Afrika – im Tausch gegen Sizilien – zu überlassen. Ophelas fiel darauf herein und warb in Griechenland Söldner an; der Schwerpunkt lag in Attika, das er gut kannte, da er mit einer Athenerin vornehmer Herkunft verheiratet war. Sie war eine Nachfahrin des berühmten Miltiades, der bei Marathon gesiegt hatte. Die Karthager hatten von diesen Plänen gehört und entsandten daraufhin zwei Botschafter, Synalos und Bodmelqart, nach Athen, um dagegen anzugehen. Ihnen zu Ehren erließ der Demos zwar ein schönes Dekret, schritt aber nicht gegen die Anwerbung ein.

Ophelas gelang es, über 10 000 Fußsoldaten und 600 Reiter aufzutreiben, und er machte sich ungeachtet der Hitze mitten im Sommer entlang der tripolitanischen Küste auf den Weg nach Karthago. Bis die Griechen in Tunis auf ihre Landsleute trafen, die dort ihr Hauptquartier aufgeschlagen hatten, hatten sie sehr unter Durst und Schlangen zu leiden. Agathokles unternahm nichts, um die Geschwächten zu stärken, vielmehr sandte er Ophelas in Kenntnis seiner sehr griechischen Neigungen seinen Sohn Heraklit, angeblich, damit er ihm ein wenig Gesellschaft leiste. Dann nutzte er die allgemeine Euphorie sowie den Umstand, daß die Soldaten des Makedoniers auf Nahrungssuche waren, um seine eigenen Mannschaften zu versammeln und ihnen eine zündende Rede zu halten. Er war eben nicht nur ein guter Stratege, sondern auch ein blendender Redner.

Ophelas, so sagte er, sei ein Verräter, dessen dunkle Absichten er soeben entdeckt habe, es sei höchste Zeit, sich seiner zu entledigen. Bald griffen die Sizilier zu den Waffen, und das überraschte Opfer brach wehrlos unter ihren Schlägen zusammen. Seine Söldner trauerten nicht weiter um ihn. Agathokles, der sie hatte umzingeln und entwaffnen lassen, hielt eine weitere wirkungsvolle Ansprache. Es war übrigens nicht weiter schwierig, sie dazu zu überreden, in seine Dienste zu treten. Angesichts der punischen Schätze, die sie zu plündern hofften, war es ihnen gleichgültig, wer ihr Kommandant war. Die Karthager wiederum hätten die Wirren ausnützen können, um einen Angriff auf die Griechen zu starten; doch versuchte der Sufet Bomilkar, dessen Kollege in der Schlacht gefallen war, just zu dieser Zeit seine eigene Diktatur zu errichten, wobei er sich ebenfalls auf die ihm unterstehenden Söldner stützte. Nach Aussage einiger antiker Autoren hatte er sich mit Agathokles abgestimmt. Aber die Bürger vermochten seinen kaum weniger als die Feinde gefürchteten Landsknechten zu widerstehen. Durch die Straßenkämpfe dezimiert und in den Vorstädten eingeschlossen, mußten die Söldner schließlich kapitulieren. Bomilkar wurde gefangen und auf offenem Platze gekreuzigt. In den langen Stunden seines Todeskampfes hatte er angeblich den Mut und die Kraft, seine Landsleute an das Unrecht der Aristokratie hinsichtlich der besten Verteidigung des Vaterlandes zu erinnern.

Nebenbei fällt auf, daß Flaubert mit solchen Abscheulichkeiten den Stil seines Romans gefunden hat. Deutlich wird aber auch, daß die Griechen in puncto Unmoral, Betrug und Grausamkeit durchaus mit den Puniern konkurrierten. Die Entfesselung skrupellosen Ehrgeizes ebenso wie der Gegensatz von maßloser Erhöhung einzelner Personen und Vernichtung größerer Massen kennzeichnen treffend den Hellenismus, und zwar vor allem in jener Zeit des heillosen Durcheinanders, die dem Tode Alexanders folgte. Der zunächst in den Stadtstaaten und dann in dem kaum umrißhaft vorhandenen makedonischen Reich entstandene Bruch des sozialen Gefüges hob alle moralischen Werte zugunsten von Zufall und Gewalt auf und setzte die niedersten Instinkte in den Menschen frei, deren Ehrgeiz das Beispiel des Eroberers besonders angestachelt hatte, ohne daß sie sich aber im entferntesten mit seiner Seelengröße hätten messen können.

Vielleicht hatten im Verlauf der abendländischen Geschichte die Abenteurer und Eroberer, die den Krieg liebten und zum Vergnügen führten, niemals bessere Konjunktur. Niemals sonst waren Friedliebende, gleichviel ob arm oder reich, stärker bedroht. Das Söldnersystem lieferte sie diesen Landsknechten aus; denn die zu ihrer Verteidigung angeheuert waren, lauerten nur auf die nächstbeste Gelegenheit, um sich gegen die verhaßte ›Bourgeoisie‹ zu wenden. Karthago geriet mit seinem sehr ungleich verteilten Reichtum leichter in Gefahr als andere, da die Söldner dem Proletariat als ›aile marchante‹ dienen konnten. Die ›guerre inexpiable‹ war, wie bereits erwähnt, vor allem Ausdruck einer sozialen Krise.

Die Befehlsgewalt

Der punische Magistrat hatte gegen solche Gefahren seine Vorsichtsmaßnahmen ergriffen. So wurden alle Kommandostellen Angehörigen der eigenen Aristokratie zugeteilt und lediglich die niederen Ränge mit Söldnern besetzt. Das entsprach insgesamt dem lange Zeit im römischen Reich praktizierten System, mit dem sich gute Erfolge erzielen ließen, wenn die Offiziere über genügend Autorität und Ansehen verfügten. Nun hatte es sich anscheinend die argwöhnische Aufsicht der Hundert zur Aufgabe gemacht, sie dessen systematisch zu berauben. Bei der Lektüre einer Schilderung des Ersten Punischen Krieges denkt man einmal mehr an Venedig und an die heimtückischen Fallen, die der Rat der Zehn seinen erfolgreichen Soldaten stellte.

So wurde bei Ausbruch der Feindseligkeiten der Kommandant der Garnison von Messina, Hanno, ans Kreuz geheftet, weil er sich von den Römern hatte überrumpeln lassen und ihnen den Ort übergeben mußte. Ein anderer Hanno hatte das Glück, nach zwei Niederlagen mit einer Geldstrafe von 6000 Goldstücken davonzukommen. Einem seiner Kollegen namens Hannibal gelang es sogar, sein Kommando nach einer Niederlage gegen Duilius zu behalten. Allerdings wurde er dann von seinen Soldaten gekreuzigt. Als ihn Regulus im Jahre 253 geschlagen hatte, ließen die Hundert Hasdrubal kreuzigen, da es ihm nicht gelungen war, Palermo wiedereinzunehmen, und im Jahre 241 mußte dann der bei den ägatischen Inseln besiegte Admiral Hanno den Opfergang antreten.

Die Härte des punischen Magistrats gegenüber seinen Generalen war sprichwörtlich. Die römischen Politiker sahen darin eine der Ursachen für die Niederlage ihres Gegners. Allerdings beging die römische Senatorenschicht den entgegengesetzten Fehler und deckte unter dem Mantel der Solidarität auch ihre mittelmäßigsten und ehrlosesten Leute. Die Unversöhnlichkeit der Hundert in Karthago wurde dadurch noch verstärkt, daß sie unterlaufen werden konnte. Ein Admiral mit Namen Hannibal hatte im sizilischen Krieg seine Flotte verloren und vermied angeblich eine Verurteilung, indem er nach der Niederlage, die er hatte geheimhalten können, beim Senat anfragen ließ, ob er die Römer mit unterlegenen Kräften angreifen dürfe. Als die Versammlung die Anfrage bejahte, enthüllte der Sprecher Hannibals die schlechte Neuigkeit und fügte hinzu, daß sein Schützling keinen Tadel verdiene, da er exakt der Entscheidung des Senats zuvorgekommen sei. In der Tat hing das Schicksal eines glücklosen Heerführers weniger von seiner wirklichen Verantwortung ab als von seiner politischen Unterstützung. Wir kennen die Innenpolitik Karthagos zwar nur sehr unzureichend, doch sind – möglicherweise aufgrund eines überlegten Kalküls – die Heerführer anscheinend oft nicht aus den Reihen der herrschenden Partei ausgewählt worden. So wurden mehr als ein Jahrhundert nach dem Sturz der Magoniden Angehörige dieser Dynastie mit wichtigen Kommandos betraut. Das mag uns ein wenig paradox erscheinen, doch ist aus der Geschichte der französischen Dritten Republik ein ganz ähnlicher Fall bekannt. Für einen weniger aktuellen historischen Vergleich bietet sich Sparta an; so blieben die Könige von Sparta, deren Macht in gewisser Weise in die Hände des lakedämonischen Adels überging, Heeresführer, waren aber beim geringsten Rückschlag Strafen von seiten der Ephoren ausgesetzt. Die Ephoren verglich Aristoteles ausdrücklich mit den ›Hundert Richtern‹ Karthagos.[25] So dokumentiert uns denn Karthago an einem Einzelproblem das allgemeine geschichtliche Phänomen einer natürlichen Divergenz zwischen militärischer Macht und den Organen einer Republik.

Das Prinzipat der Barkiden

Dieses Problem, das sich für viele andere Stadtstaaten verhängnisvoll ausgewirkt hatte, schien Karthago gelöst zu haben. Den Erzählungen zum Trotze, die Gsell[26] im übrigen richtiggestellt hat, gab es in der Zeit, die zwischen der Eroberung Spaniens und der Niederlage von Zama lag, unter den Barkiden und der Regierung ihres Landes keine ernsthaften Auseinandersetzungen. Dies war allerdings mehr ein scheinbarer als ein realer Erfolg, da nämlich die militärische Gewalt der zivilen nicht mehr untergeordnet war. Der Anschein der Gesetzmäßigkeit wurde aufrechterhalten und übertünchte also die effektive Institutionalisierung einer monarchischen Gewalt, die kaum von nationalen Traditionen geprägt war, sondern vielmehr die makedonischen Könige als die Nachfolger Alexanders nachahmte.

Diese waren in Wirklichkeit nichts anderes als Condottieri, die über ein erobertes Land herrschten.[27] Ihre Herrschaft beruhte weder auf eigenständigen Traditionen noch auf der Zustimmung des Volkes. Sie stützten sich wohl auf eine Art göttliches Recht, doch war die ihnen durch das Königtum verliehene Göttlichkeit nichts anderes als Tyche, also – etwas leger ausgedrückt – divinisiertes Glück. Die eigentliche Quelle ihrer Macht war das Vertrauen ihrer Mannschaften, das auf einem mehr oder minder blinden Glauben an den guten Stern des Führers beruhte. Die Schlacht war der Prüfstein, der über die Rechtmäßigkeit entschied. Der Sieger band sich ein Diadem um die Stirn und zeigte ein Tropaion vor; wurde er irgendwann geschlagen, dann verlor er mit der Schlacht auch seine Rechte. Gleichwohl gab es Familien, die den Anschein erwecken konnten, für Siege prädestiniert zu sein. So bildeten sich dann Dynastien, wobei deren Angehörige im übrigen keineswegs davon dispensiert waren, ihre Qualität persönlich unter Beweis zu stellen.

Die Barkiden haben nun in Spanien von 237 bis 210 geherrscht. Dabei stützten sie sich zunächst auf die Stimme ihres Heeres und danach auf das Prestige, das der Familie ob der Begabung und der Siege Hamilkars zuteil wurde. Zweifellos blieben sie rechtlich weiterhin Repräsentanten des punischen Staates. Doch beschränkten sich die Aktivitäten der karthagischen Volksversammlung und des Senats bei Hasdrubal wie bei Hannibal darauf, die Wahl der Soldaten zu billigen. Unter jenen waren allerdings die Leute phönizischer Herkunft eine kleine Minderheit, die wohl meist die höheren Posten besetzt hatten. Bekannt ist aber, daß es in den hellenistischen Heeren sehr demokratisch zuging, und daß – abgesehen von einer Gefechtssituation – die Stimme der Offiziere kaum mehr zählte als die der einfachen Soldaten.[28]

Anscheinend hat Hannibal übrigens die »Internationalität« seines Heeres verstärkt. Wichtige Aufgaben wurden von Griechen wahrgenommen; so haben etwa Hippokrates und Epikydes mit Syrakus Frieden geschlossen. Der akklamierte General übte oberste Gewalt aus. Das bezog sich nicht nur auf die Leitung der Feldzüge und die Organisation der eroberten Territorien, sondern auch auf die politische und wirtschaftliche Verwaltung der Provinz sowie schließlich auf die Leitung der Diplomatie, und zwar nicht nur auf lokaler, sondern auf höchster Ebene. Als die wachsende punische Herrschaft in Spanien Rom beunruhigte, wandte es sich im Jahre 231 zunächst an Hamilkar (Taf. 26) und im Jahre 226 an Hasdrubal. Mit ihm wurde dann in jenem Jahre der Vertrag geschlossen, der die Einflußzonen Karthagos und Roms am Ebro abgrenzte.

Anläßlich der Affäre von Saguntum wandte sich die römische Gesandtschaft wieder an Hannibal. Er hat dann – sicher um eine Art moralische Unterstützung zu erhalten – die Angelegenheit an den karthagischen Senat weitergegeben, der sich beeilte, dem General das Problem zur Klärung wieder zurückzugeben. Während des Feldzugs in Italien schloß Hannibal ein Bündnis mit Philipp von Makedonien,[29] und die Vertragsbestimmungen verpflichteten nicht allein den ganzen punischen Staat, sondern auch Bundesgenossen wie Utica. Der Vertrag mit Syrakus schließlich wurde von den Bevollmächtigten Hannibals vorbereitet und von Karthago geschlossen. Für solche Fälle stand Hannibal eine Art Komitee zur Seite, das sich aus einigen punischen Senatoren zusammensetzte. Drei von ihnen unterzeichneten den mit Makedonien geschlossenen Vertrag. Allerdings haben die Delegierten anscheinend kaum gehandelt wie eine Überwachungsinstanz, die vom Senat beauftragt worden war, den General zu kontrollieren, sondern wie Helfer und Angehörige seines Stabes.

Die auf diese Art und Weise entstandene Lage läßt sich gut mit

derjenigen vergleichen, in der sich die Res Publica Romana am Ende
befand, als sich die Prokonsuln in den Provinzen einer weitestgehen-
den Unabhängigkeit vom Senat erfreuten. In beiden Fällen sahen sich
die republikanischen Magistrate einer tatsächlichen Macht gegenüber,
die weit über ihren rechtlichen Status hinausging. Das Ergebnis dieses
Ungleichgewichts in Rom ist bekannt, und wahrscheinlich wäre es in
Karthago ähnlich gewesen, wenn Hannibal den Sieg davongetragen
hätte.

Wie Polybios[30] zu berichten weiß, lief in Karthago das Gerücht um,
daß Hasdrubal überlegte, sich zum König proklamieren zu lassen.
Diese Verdächtigungen wurden wahrscheinlich von politischen Gegnern ausgestreut, was aber nicht heißt, daß sie unbegründet gewesen
wären. Die Entscheidung Hasdrubals, in Spanien eine neue Hauptstadt zu gründen und ihr den Namen Karthago (heute: Cartagena)
zu geben, hatte symbolische Bedeutung. Im Hellenismus war nämlich die Gründung einer Stadt die königliche Handlung par excel-
lence und folgte oft dem Sieg, in dem sich die königliche Befähigung
erwiesen hatte.[31] Auf der anderen Seite war der *ktistes* in der von
ihm geschaffenen Stadt ein Heros, der künftig kultische Verehrung
genoß. Die den Diadochen erwiesenen göttlichen Ehren entstammten, wie nachgewiesen worden ist, dem Kult, der ihnen in den
Städten zuteil wurde.[32]

Der Barkide verlagerte also den Sitz des karthagischen Reiches nach
Spanien. So wie der römische Kaiser als neuer Gründer Roms angesehen wurde und damit Romulus gleich war, so wurde Hasdrubal *pater
patriae* und schwang sich damit auf die Ebene Didos. Zu seinem
Vorteil hatte er übrigens höchstwahrscheinlich einen alten Mythos
ausgenutzt, der eine neue Wanderung der Tyrer prophezeite. Man
weiß ja um die Bedeutung, die der trojanischen Sage bei der Einführung des Kaiserreiches in Rom zugekommen war. Einer bei Diodor
wiedergegebenen, halb sagenhaften Erzählung zufolge wollten sich die
Karthager den Besitz einer Insel im Ozean – sicher Madeira – reservie-
ren in der Absicht, sich dort niederzulassen, falls sie Afrika eines Tages
verlassen müßten. Sie faßten also seit dem 6. Jahrhundert neue Wande-
rungen in den geheimnisvollen Westen, dem ihr Reichtum entstammte, ins Auge. Hasdrubal wußte sich dieser Prophezeiungen zu

bedienen, um sein kühnes Unternehmen zu rechtfertigen und vom
Verdacht der Gottlosigkeit zu befreien.

Er ließ in Cartagena einen großartigen Palast errichten und heiratete
eine Prinzessin iberischer Herkunft. Es steht wohl außer Zweifel, daß
ihm die Stämme des iberischen Volkes, denen keine andere Herr-
schaftsform als das Königtum verständlich war, den Titel verliehen
haben. Als dann Scipio über Spanien herrschte, wollten ihn die
Eingeborenen zum König proklamieren, und er hatte große Mühe, es
ihnen auszureden. Dieser Gedanke wäre ihnen sicher nicht gekommen, wenn die punischen Heerführer die gleichen Skrupel gekannt
hätten wie der römische *imperator*.

Für alle antiken Völker war das Königtum nicht allein ein politisches
Amt und ein militärischer Rang, sondern auch eine religiöse Würde.
Der König war der natürliche Mittler zwischen den Göttern und den
Menschen. Die phönizischen MLK-Priester pflegten, wie auch die
Priester Israels, ein den großen Höfen Ägyptens und Babyloniens
nachgeahmtes Zeremoniell, das ihren sakralen Charakter verdeut-
lichte. Spuren davon fanden sich noch im republikanischen Karthago.
Im 4. Jahrhundert wurde Geskon, ein Sohn Hannos des Großen,
welcher nach dem Scheitern seines Staatsstreichs öffentlich gekreuzigt
worden war, an die Macht gerufen. Es galt, eine schwere Niederlage
auszubügeln, die seine Landsleute gegen die Griechen erlitten hatten.
Das Volk lieferte ihm seine Feinde aus, damit er an ihnen Rache üben
konnte. Geskon ließ sie in Ketten vor das Volk führen, befahl ihnen,
ihr Gesicht auf den Boden zu legen, und stellte jedem dreimal seinen
Fuß auf den Nacken,[33] dann ließ er sie frei. In diesem Ritus steckt ein
bei den Pharaonen gepflegter Brauch, den die Könige Israels wieder
aufnahmen und der dann unter dem Einfluß der Bibel später im
byzantinischen Triumphzeremoniell auftauchte.[34] An sich wurde er
bei kriegsgefangenen Fremden angewendet. Die Barkiden hielten an
diesen traditionellen Gepflogenheiten fest. Andererseits scheinen sie
sich unter den besonderen Schutz des Melqart von Gades gestellt zu
haben, der nicht allein bei den Phöniziern, sondern im ganzen Westen
hoch verehrt wurde.[35]

Der Name dieses Gottes bedeutet »König der Stadt«; er war auch
Patron von Tyros und wurde zweifellos als Quelle politischer Macht

empfunden wie Jupiter Optimus Maximus bei den Römern.[36] Die
numidischen Könige aus der Familie Massinissas betrachteten ihn als
ihren Ahnen, und Pompeius, Caesar sowie Hadrian führten ihre Siege
auf sein Eingreifen zurück. Hannibal trat damals bekanntlich kaum
wie ein republikanischer General, sondern wie ein wahrhaftiger hellenistischer Basileus auf, der dazu berufen war, nicht nur über ein Land,
sondern über ein ganzes Weltreich zu gebieten.

Die Unabhängigkeit der Barkiden, der monarchische Charakter ihrer
Herrschaft und seine metaphysische Überhöhung werden an den
Münzen deutlich, die Hasdrubal und Hannibal in Cartagena prägen
ließen. Diese lange Zeit verkannten Münzen wurden 1956 in einem
grundlegenden Aufsatz des englischen Numismatikers Robinson
untersucht, der in der Festschrift *Mattingly* erschien. Die Stücke
führen auf dem Avers das Porträt der drei Barkiden; dabei gilt es zu
bedenken, daß es stets königliches Vorrecht war und noch ist, sein
Gesicht auf einer Münze zu verewigen. Hasdrubal trägt übrigens das
Diadem und bestätigt damit, daß die Vorwürfe des Fabius Pictor
wegen seines Ehrgeizes zu Recht erhoben wurden. Hannibal ging
noch weiter; er ließ neben dem Brustbild seines Vaters und seinem
eigenen die Keule des Herakles abbilden. Hamilkar – nach seinem
Ableben – und sein Sohn wagten es also, sich mit Melqart gleichzu-
stellen. Die uns über die Münzen geläufigen Gesichtszüge Hannibals
wurden 1946 bei einer in einem römischen Wohnhaus in Volubilis
entdeckten Bronzebüste und einer Marmorbüste der Ny Carlsberg
Glyptothek in Kopenhagen wiedererkannt. Bis dahin waren diese
beiden Arbeiten für ein Bildnis Jubas II. gehalten worden, der Ende
des 1. Jahrhunderts v. Chr. in Mauretanien geherrscht hatte; doch
unterscheiden sie sich in den Proportionen völlig von den wirklichen
Porträts dieses Fürsten, die in seiner Hauptstadt Caesarea, dem heutigen Cherchell, gefunden worden sind. Die Ähnlichkeiten, die zwischen dem Maurenkönig und Hannibal bestehen können, sind übrigens durchaus erklärbar, denn die numidische Dynastie, der Juba
entstammte, war mit den Barkiden verbunden. Die Stücke aus Kopenhagen und Volubilis sind Königsporträts eines gemeinsamen hellenistischen Typus, deren Vorbild das Alexanderbildnis Lysipps war.

Unter solchen Aspekten wird die Strategie Hannibals und der Barkiden im allgemeinen besser verständlich. Sie war, wie wir bereits gesehen haben, zugleich von wirtschaftlichen Überlegungen und der Suche nach einem strikt militärischen Ziel bestimmt. Sie unterschied sich aber völlig von der alten Politik der punischen Oligarchie, für die der Krieg im Grunde nur die Fortsetzung der Geschäfte mit anderen Mitteln war und daher den vorsichtigen Erwägungen des Schatzamtes unterworfen blieb. Hinsichtlich der Distanzen und seiner Kühnheit, die bisweilen ans Übermenschliche zu grenzen schien, setzte Hannibal seine Kriegführung direkt im Stile Alexanders fort.

Seine militärische Ausbildung verdankte der Sohn Hasdrubals allein Büchern und griechischen Meistern. Von dem Makedonier übernahm der Punier die Konzeption einer zahlenmäßig kleinen, aber außerordentlich beweglichen Angriffsarmee, die den Feind ungeachtet aller Hindernisse an entscheidender Stelle treffen konnte. Auf diesem Grundsatz beruhen die beiden hervorstechendsten Züge seiner Methode, nämlich die starke Position der Reiterei und die mit dem zangenartigen Vorgehen verfolgte Vernichtungstaktik.

Wie Alexander, so versuchte auch Hannibal durch den Krieg eine vollkommen neue politische Ordnung zu schaffen. Polybios führt aus, daß er Karthago die Hegemonie über die ganze Mittelmeerwelt habe sichern wollen, ein Streben, das von den strikt merkantilen Absichten der alten punischen Politik so weit entfernt war wie überhaupt nur möglich. Welche Pläne er entworfen hatte, um das Vorhaben nach einem Sieg über die Römer auszuführen, ist uns leider nicht bekannt. Doch wird man wohl als sicher annehmen dürfen, daß er die ungeheure menschliche und materielle Potenz der keltischen Welt voraussah; wahrscheinlich hatte er auch daran gedacht, einen italischen Bund zu erhalten, der nicht mehr von Rom dominiert wurde.[37] Kampanien, dessen wirtschaftliche Überlegenheit es dafür empfahl, hätte dann in diesem Bund den ersten Rang eingenommen.[38] Dort in Mittelitalien, wo Menschen aus dem ganzen Mittelmeerraum zusammengekommen waren, war das demokratische Ideal besonders lebendig, das dieser weiträumigen Organisation als Bindemittel hätte dienen können. Karthago wäre – bereichert um die Unterstützung aller, die es bekämpft hatten – der Mittelpunkt dieses neuen Reiches geblieben, dessen Glanz die verbrauchten hellenistischen Königreiche mühelos überstrahlt hätte. Das wäre dann aber ein neues Karthago geworden, eines ohne seinen traditionalistischen Konservativismus und ohne jene mißtrauische Habgier, die es bei so vielen Völkern verhaßt machte, ein Karthago, das sich aber das Überleben seines eigenen Geistes gesichert hätte. Wären aber die Phönizier in der Lage gewesen, sich in einem Vielvölkerstaat, in dem sie nicht mehr als eine Minderheit gewesen wären, gegen den Druck der griechischen Kultur ihre Sprache, ihr Weltverständnis und ihre Religion, die sie bis dahin eifersüchtig bewahrt hatten, zu verteidigen?

Siebtes Kapitel
Große Reisen

Politisch kontrollierte Karthago niemals mehr als ein Tausendstel von
Afrika bzw. ein Dreißigstel der Berberei. Aber mehr als sechs Jahrhunderte lang war es nahezu die einzige Verbindung zwischen der
Mittelmeerwelt und den Völkern schwarzer oder weißer Hautfarbe,
die in der westlichen Hälfte des Kontinents, von der Syrte bis zur
marokkanischen Atlantikküste und vom Mittelmeer bis zum Golf von
Guinea lebten. Sicher hatten die tyrischen Siedler zunächst nicht daran
gedacht, diese so unermeßliche wie ungastliche Welt zu durchdringen;
bald sahen sie aber, daß sie sehr interessante Schätze barg. Die
Gefahren und Strapazen, die zu überwinden waren, wenn man sie
erreichen wollte, konnten kühne und unternehmungslustige Leute
trotz der kümmerlichen technischen Mittel, über die sie verfügten,
nicht entmutigen.

Die Sahara

Sie gliederte sich in drei Teile: die Berberei, die Sahara und das
schwarze Land. Allerdings waren die solchermaßen benannten Gegensätze, die heute die drei Gebiete trennen, zu Beginn des ersten
vorchristlichen Jahrtausends weniger ausgeprägt. Die Berberei bewahrte in ihrer Flora und vor allem in ihrer Fauna noch jenen
tropischen Charakter, der in unseren Tagen nahezu verschwunden
ist.[1] Von den Elefanten haben wir bereits gesprochen, daneben gab
es Löwen, Panther und Straußenvögel, die dort erst seit einem Jahrhundert ausgestorben sind. Krokodile, die noch jüngst an Sahara-
Wadis anzutreffen waren, lebten damals in den Flüssen Südmarokkos.
Regulus behauptete, am Bagrada, der heutigen Medjerda, einer ungeheuren Schlange begegnet zu sein, bei der es sich um eine Boa
gehandelt haben müßte und die nur mit Hilfe einer Kriegsmaschine
erlegt werden konnte. Da die Sahara erst allmählich austrocknete,

hatte sie noch nicht den heutigen Dürregrad erreicht[2] und dank der
großen Landseen des Nordsudans auch noch nicht die ungeheure
Fläche. Vorausgesetzt, daß man die großen Ergs mied, ließ sie sich
einigermaßen durchqueren. Der am wenigsten mühsame Landweg
führte durch das Flußbett der Oase von Fessan; man konnte auch die
Küste Mauretaniens entlangfahren, um zu den riesigen Flüssen und
den Urwäldern am Wendekreis zu gelangen. Der Niger war den
Mittelmeervölkern bekannt, und man nahm allgemein an, daß er mit
dem Nil identisch sei.[3]

In diesen unermeßlichen Räumen lebten Weiße und Schwarze, deren
Herrschaftsbereiche nicht strenger voneinander getrennt waren als
heute. Gsell[4], Gautier[5] und einige mehr waren der festen Meinung,
daß die Libyer in der Antike meist nicht südlich des Atlasgebirges
gelebt haben und daß die Wüste ausschließlich von Negern bevölkert
gewesen sei. Die Eroberung der Sahara durch die Berber in der
römischen Kaiserzeit sei eine Folge des Rückzugs der Maghreb-
Nomaden vor der Agrarexpansion gewesen. Als sie dann das unerträg-
liche Leben in ihrer alten Heimat aufgaben, hätten ihnen die Römer
gleichzeitig das Mittel zugeführt, das sie befähigte, neue Herrschaftsbereiche zu erobern. Sie hätten sie nämlich mit dem bis dahin in Afrika
praktisch unbekannten Kamel vertraut gemacht.

Diese verführerische und lange Zeit als sicher angenommene Theorie
ist mittlerweile von Althistorikern[6] wie auch von Experten für die
Saharakulturen[7] und Schwarzafrika[8] völlig verworfen worden. Sie
steht im Widerspruch zu den von diesen Autoren gedeuteten Quellen.
Nach Plinius verläuft die Grenze zwischen Gaetulien und Äthiopien –
also den jeweiligen Herrschaftsbereichen der Weißen und Schwarzen –
entlang dem Fluß Nigris, der seiner Beschreibung nach nur der heutige
Niger sein kann. Vor allem deuten die seit mehr als dreißig Jahren in
der Sahara durchgeführten Grabungen[9] und die Untersuchungen der
gemalten oder geritzten Höhlenzeichnungen immer deutlicher darauf
hin, daß diese damals weniger trockene Einöde Ursprungsort einer
Kultur war, deren Träger mit Sicherheit der weißen Rasse angehörten.
Die Libyer der Sahara unterschieden sich in einigen Gewohnheiten
von ihren Stammesgenossen aus der Steppe, die von den Römern
Gaetuler genannt wurden; so trugen diese anstelle der langen Stoffge-

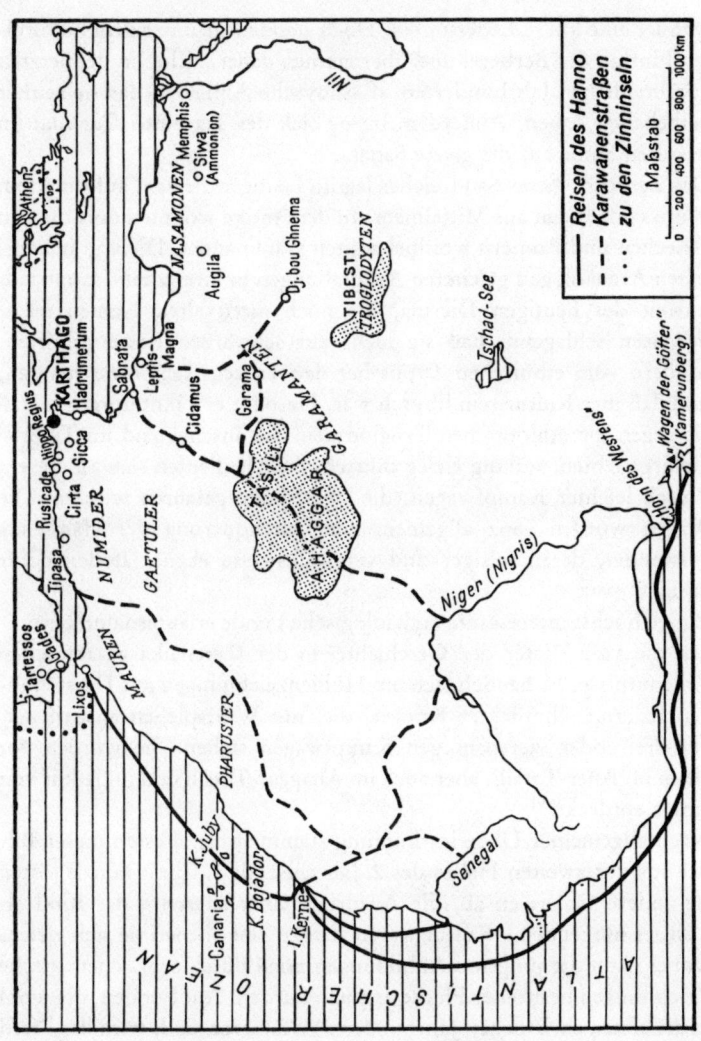

Karte 5. Die Reisen der Karthager.

wänder eine kurze Ledertunika. Doch standen sie unter dem kulturellen Einfluß der Berberei und übernahmen daher, sicher in den letzten
vorchristlichen Jahrhunderten, das libysche Alphabet, das sie seither
beibehalten haben. Außerdem bezog sich der Terminus *Gaetulia* im
weiteren Sinne auf die ganze Sahara.

Das Zentrum dieses Sandreiches lag im heutigen Fessan, auf direktem
Wege vom Sudan ans Mittelmeer. In der Antike wohnten dort die den
Griechen und Römern wohlbekannten Garamanten. Die von italienischen Archäologen geleiteten Ausgrabungen in ihrer alten Hauptstadt
unweit des heutigen Djerma, die noch ihren alten Namen trägt,
beweisen schlagend, daß sie nicht zur schwarzen Rasse gehörten,
sondern vom ethnischen Typus her den Tuaregs sehr nahe standen,
und daß ihre Kultur rein libysch war. Herodot erwähnt übrigens, daß
sie gegen die äthiopischen Troglodyten, die anscheinend im Tibesti-
Gebirge lebten, ständig Krieg führten.[10] Sie bedienten sich zu diesem
Zweck leichter Kampfwagen, die vierspännig gefahren wurden. Die
Wagen wurden ganz allgemein zur Durchquerung der Hammada
verwendet, deren felsiger und vergleichsweise ebener Boden dafür
geeignet war.

Einige höchst interessante archäologische Funde erläutern und bestätigen die vom ›Vater der Geschichte‹ in der Cyrenaika gesammelten
Erkenntnisse. Es handelt sich um Höhlenzeichnungen mit Darstellungen federngeschmückter Krieger, die, mit Wurfspießen ausgerüstet,
auf drei- oder vierspännigen Kampfwagen stehen. Sie wurden vor
allem im Ajjer-Tassili, aber auch im Ahaggar-Tassili und im Adrar von
Iforas entdeckt.[11]

Nach allgemeiner Übereinstimmung stammen die ältesten dieser Bilder aus der zweiten Hälfte des 2. Jahrtausends v. Chr. Damals lösten
sie andere Malereien ab, die Ausdruck einer älteren – das Rind als
Lasttier nutzenden – Kultur waren. Lange Zeit blieben sie sich gleich,
wobei dann die jüngsten Abbildungen noch durch sehr schematische
Zeichnungen berittener Pferde ergänzt wurden. Auf Funden, die wohl
in die ersten christlichen Jahrhunderte zu datieren sind, wird das Pferd
schließlich vom Kamel abgelöst. Die Darstellungen zeigen höchstwahrscheinlich die Pferde und Wagen der Garamanten und zeugen
von ihrer Herrschaft über den größten Teil der Zentralsahara.

Auf der anderen Seite konnte festgestellt werden, daß sich der Stil der Malereien von dem ägyptischer Fresken unterscheidet; die Darstellung der Pferde im ›fliegenden Galopp‹ und die Verwendung der Spirale als Ziermotiv lassen an den Einfluß der Ägäis denken. Man hat daher versucht, die Entstehung der Garamanten-Kultur mit der Ankunft von Einwohnern der Ägäis an den Gestaden der Cyrenaika, der dann eine Invasion der Küstenvölker folgte, zu erklären.[12] Da aber auch der geringste Hinweis auf eine kretisch-mykenische Kolonisation in Afrika fehlt, bleibt diese Hypothese sehr umstritten. Angesichts der gegenwärtigen Fundsituation wäre es zweifellos sinnvoller, die Einführung des Wagens den Phöniziern zuzuschreiben, die, von der Kultur der Ägäis stark beeinflußt, in den letzten Jahrhunderten des zweiten Jahrtausends damit begannen, die libyschen Küsten aufzusuchen. Den Gedanken einer Kohärenz zwischen der Ankunft der Tyrer an der tunesischen Küste und der Bildung eines großräumigen libyschen Reiches in der Sahara muß man jedenfalls zurückstellen. Doch wird diese Wüsteneinigung die von Karthago ausgehende, sehr weit in das Hinterland hineinreichende Durchdringung beträchtlich erleichtert haben.

Jenseits des westlichen großen Ergs kontrollierten andere libysche Stämme, darunter vornehmlich die Pharusier und die Nigriter, eine weitere Route, die über Mauretanien in den Senegal führte. Ihre Kultur muß derjenigen der Garamanten sehr nahe gestanden haben, denn Wagendarstellungen finden sich überall in diesem Gebiet.[13] Später durchquerten die Pharusier auf andere Art und Weise die Wüste. Wie Strabo[14] erwähnt, ritten sie auf Pferden, die zusätzlich einen Wasserschlauch unter dem Bauch trugen – eine Methode, die heute noch von den Tuaregs im Sudan praktiziert wird.[15]

In der Sahara lebten Nomaden und in den Oasen ansässige Bauern stets nebeneinander. Die letzteren werden heute ›Haratin‹ genannt und sind gegen das Fieber resistent, das die Weißen daran hindert, sich an den Wasserstellen auf Dauer niederzulassen. Dagegen vertragen sie die sehr ausgeprägten Temperaturunterschiede der offenen Wüste nicht. Die kriegerischen Nomaden beuten die wie Leibeigene gehaltenen Seßhaften aus; diese von der Natur bestimmte Symbiose ist bereits in der Antike bezeugt. Damals – wie auch heute noch – lebten in den

nördlichsten Wüstenoasen und sogar in der Berberei, wo sie übrigens vornehmlich als Sklaven eingeführt worden sein mußten,
Neger. Man nahm an, daß diese ›nordischen Äthiopier‹ der braun-
roten Rasse angehören könnten, wie etwa die Peuhl im Senegal.[16]
Ein in den Antoninus-Thermen von Karthago entdecktes Negerpor-
trät aus der Mitte des 2. Jahrhunderts, das sehr wahrscheinlich einen
von den Römern in der algerischen oder marokkanischen Sahara
festgenommenen Gefangenen darstellt, hat die Stumpfnase heutiger
Sudan-Neger und nicht die wesentlich schlankere Nase der Hami-
ten.[17] Daß die Bewohner des Tibesti mit ihren völlig eigenen ethnischen Merkmalen die letzten Angehörigen einer früher wesentlich
weiter verbreiteten Bevölkerung sind, ist keinesfalls bewiesen. Reisende aus den Mittelmeerländern, die im Sudan angekommen waren,
trafen dort auf Pygmäen, wie sie heute noch in den Urwäldern des
Äquators leben. Wahrscheinlich erstreckte sich ihre Heimat damals
viel weiter, denn ihre Spuren finden sich vom Senegal bis nach
Nubien.

Die kleinasiatischen Phönizier reisten ursprünglich sicher über das
Rote Meer, und für sie war der Handel mit den Regionen am Wende-
kreis schon lange zur Gewohnheit geworden. Sie machten sich auf
Rechnung der Ägypter oder auf eigene Faust in das Land Punt an der
Küste Somalias auf und brachten von dort Elfenbein, Edelhölzer,
wilde Tiere, Rauchwaren und vor allem Weihrauch mit. Von Hiram
und seinem Verbündeten Salomon ist bekannt, daß sie auf diesem
Wege an Gold, Elfenbein, Affen und Pfauen gelangten.[18] Höchstwahrscheinlich dauerte es nicht lange, bis die Karthager merkten, daß
Westafrika nahezu die gleichen Waren liefern konnte. Dort mangelte
es zwar an Gewürzen, dafür erfreuten sich aber die Goldvorkommen
des Senegals einer Berühmtheit, die bis ins späte Mittelalter anhalten
sollte.

Die punischen Kaufleute mußten sich übrigens nicht unbedingt selbst
in den Sudan begeben. In Afrika wie in Europa konnten sie lange Zeit
auf eingeborene Zwischenhändler zurückgreifen. Die mit Hilfe eines
hohen Wegegeldes von den Garamanten geschützten Karawanen
gelangten bis nach Tripolitanien. Die Pharusier marschierten bis nach
Cirta, das etwa 3000 km von ihrer Heimat entfernt lag.[19] Schließlich

gab es auch in der Berberei Waren von Wert, vor allem Elfenbein und wilde Tiere.

Die großen Jagden waren eine der Methoden zur Ausbeutung exotischer Länder, mit der die Antike begonnen hatte. Von Afrikas Tieren schätzten die Mittelmeerländer am längsten und nachhaltigsten die Affen; kretische Wandmalereien belegen, daß König Minos – wie übrigens auch Salomon – sich in seinem Palast Affen hielt. Die überaus häßlichen, dafür aber recht lustigen Magot leben bekanntlich immer noch in den kabylischen Bergen und waren wohl in der Antike weiter verbreitet.[20] Der stoische Philosoph Poseidonios sah sie bei einem kurzen Aufenthalt in Marokko und begeisterte sich an ihrem akrobatischen Zeitvertreib. Eumaches, einer der Statthalter des Agathokles, wußte zu erzählen, daß er in der Kroumirie eine Gegend gesehen habe, in der die Paviane mit den Menschen brüderlich zusammenlebten. Die Karthager zogen sie zu ihrem Vergnügen auf. Hanno, der *Poenulus* bei Plautus, erkannte seinen Neffen an der Narbe eines Bisses wieder, den ihm eines dieser Tiere im Spiel beigebracht hatte, als er noch ein Kind war. Als eines Tages Griechen in seinem Reich waren, die Affen kaufen wollten, ließ König Massinissa sie zu sich kommen und fragte sie, ob denn die Frauen in ihrem Land keine Kinder hätten, daß sie sich in solcher Gesellschaft amüsieren müßten.

Sicherlich wird man sich die frühe Morgenstunde ausgesucht haben, um wilde Tiere, vor allem Löwen und Panther, für die zoologischen Sammlungen der Magnaten zu fangen. Ein gewisser Hanno, möglicherweise der Forscher, besaß gezähmte Löwen und hatte für seine politische Propaganda Papageien eingesetzt, die »Hanno ist Gott« skandierten.[21] Der Tierhandel wurde überaus lukrativ, als sich die Spiele im Amphitheater zum großen Spektakel ausweiteten, in dem das Wild von Jägern niedergemacht wurde. Bei den Römern gab es diese Vergnügungen seit dem 2. Jahrhundert v. Chr. Damals lernten sie die Panther kennen, die sie ›afrikanische Ratte‹ nannten, und auch die ›Seespatzen‹ titulierten Strauße; entsprechend hatten sie seinerzeit die Elefanten ›lukanische Ochsen‹ getauft. So behauptet denn Milphion im *Poenulus*, daß Hanno ›afrikanische Ratten‹ in seiner Ladung mitführte, die er den Ädilen für die Spiele verkaufen wollte. Auf römischen Mosaiken Nordafrikas, die ziemlich spät datiert werden[22], ist zu erkennen, wie diese wilden Tiere ohne allzu großes Risiko gefangen wurden. Man lockte sie mit Ziegen und Schafen, die in einer von Schilden geschützten Umfriedung eingeschlossen waren. Wenn sie sich um die Köder gesammelt hatten, bildeten die Jäger mit ihren Schilden eine Mauer und stießen ihnen brennende Fackeln in den Rücken, wobei sie ihnen noch den Rückweg versperrten. Dann brauchten sie sie nur noch in den Käfig zu bugsieren.

Bei den Pflanzenfressern und den Straußen war solche Vorsicht überflüssig. Es genügte, sie mit Jagdhunden in eine Art Corrall zu treiben.[23] Auf einem punischen Gefäß sind zwei – sicher gezähmte – Strauße abgebildet, die in einem flachen Becken stehen und trinken.[24] Die Elefantenjagd wurde im großen Stil landesweit organisiert. In Numidien und Marokko, wo sie so zahlreich waren, daß mit ihren Stoßzähnen die Gehege errichtet werden konnten, nahm man sie unter Aufbietung eines ganzen Heeres gefangen. König Juba berichtet, wie dabei vorgegangen wurde:[25] Man ließ sie in Gruben fallen, indem man den Baum ansägte, an den sie sich beim Schlafen anzulehnen gewohnt waren. Angeblich war das einmal hingefallene Tier nicht mehr in der Lage aufzustehen. Dieser bare Unsinn und all die anderen Albernheiten, die der gute König gewissenhaft auf seinen Wachstäfelchen vermerkte, beweisen zumindest, daß die Jäger eine blühende Phantasie besaßen und kaum Skrupel kannten, selbst das Vertrauen ihrer königlichen Zuhörerschaft zu mißbrauchen.

Irgendwann war es dann soweit, daß die Karthager sich entschlossen, selbst an den Karawanen durch die Sahara teilzunehmen. Bei Athenäus steht, daß einer dieser Forscher mit Namen Mago sich rühmte, die Wüste dreimal durchquert zu haben, ohne etwas zu trinken.[26]

So unwahrscheinlich dieses Heldenstück auch klingt, es stand nicht vereinzelt da. So mahnte Aristoteles Leute, die viel Flüssigkeit zu sich nahmen, sich ein Beispiel an Andron von Argos zu nehmen. Dieser hatte sich daran gewöhnt, ausschließlich von trockenen und salzigen Sachen zu leben, so daß es ihm gelang, den Durst zu unterdrücken, und es ihm dadurch möglich war, zweimal die Oase von Ammon (Siwa) aufzusuchen, ohne irgendwelche Flüssigkeit zu sich zu nehmen. Wie Leclant ausführt, stimmen diese Sagen mit Gewohnheiten überein, die man heute noch bei den Saharabewohnern beobachten kann, welche der Meinung sind, daß gegen Durst am besten gesalzener Käse hilft. Auf diese Weise schaffen sie es, drei bis vier Tage hintereinander ohne Wasser auszukommen.

Neben den sehr realen Bedrohungen barg die Wüste zusätzlich noch Gefahren psychologischer Natur. In der drückenden Mittagshitze oder bei Sandstürmen glaubte der erschöpfte Reisende monströse Erscheinungen zu erblicken; eine Schlangenfrau spukte in den Sandhügeln und verschlang alle, die von ihrer Schönheit angezogen waren. Dieses Fabelwesen gleicht sehr der Skylla an der Straße von Messina, deren Sage den Phöniziern geläufig war. Sicher warnten sie ihre Karawanenführer vor dieser Sirene der Wüste, die vermutlich infolge einer recht verständlichen sexuellen Halluzination entstand, deren jüngste Personifikation die Antinea von Pierre Benoit ist.

Die großen Saharaexpeditionen der Karthager setzten sehr wahrscheinlich im 5. Jahrhundert ein. In dieser Zeit versuchten die Punier überall die Zwischenhändler auszuschalten und direkt zu den Schätzen vorzustoßen, deren Handel sie abwickelten. Die englischen Grabungen von 1951 in Sabratha waren dazu äußerst aufschlußreich.[27] Im Gegensatz zu einer von Silius Italicus überlieferten Sage (III 256) war die Schicht, die von einer tyrischen Kolonie stammte, nicht vor der zweiten Hälfte des 5. Jahrhunderts bewohnt. Eine Zeitlang hielt man sich dort, vergleichbar mit dem von Pseudo-Skylax beschriebenen Cerne, nur einen Teil des Jahres auf. Später wurde dort eine bescheidene ständige Handelsniederlassung errichtet, deren aus rohem Mauerstein gebaute Häuser Steinfundamente hatten. Die Archäologen unterscheiden drei Phasen in der Geschichte dieses Ortes, die bis zum Fall Karthagos angedauert zu haben scheint. Damals setzte ein zeitweiliger und sicher nur teilweiser Verfall ein, dem unter Augustus ein vollständiger Wiederaufbau folgte. Sabratha war nun eines der Ziele der Karawanenführer aus dem Sudan. Hier erwarteten die Kaufleute im 5. Jahrhundert die Ankunft der Wüstenreisenden. Sie kamen höchstwahrscheinlich aus Karthago, da Leptis Magna zwar seit Anfang des 5. Jahrhunderts ständig bewohnt war, aber ein bescheidener Vorposten der Hauptstadt blieb. Erst in der Kaiserzeit stiegen die tripolitanischen Phönizier in den Handelsverkehr ein, dessen Gewinnmöglichkeiten sie am besten kannten.

Zahlreiche Indizien weisen für diese Zeit auf die Existenz eines recht
lebhaften Handelsverkehrs quer durch die Wüste hin. Nicht alle
Routen verliefen übrigens in Nord-Süd-Richtung. Herodot nennt eine
sehr wichtige ost-westlich verlaufende Strecke, die das ägyptische
Theben mit der Oase von Ammon (Siwa) verband und bis in die
Berberei hinein reichte.[28]

»Landeinwärts [...] liegt die Gegend, wo die wilden Tiere sind, und
hinter dieser tierreichen Gegend liegt eine hügelige Sandwüste, die
vom ägyptischen Theben bis zu den Säulen des Herakles reicht. In
dieser hügeligen Wüste liegen, ungefähr zehn Tagereisen voneinander
entfernt, große Salzklumpen auf Anhöhen. Oben auf der Anhöhe
schießt mitten aus dem Salz eine kalte süße Wasserquelle empor. Um
diese Salzhügel herum, südlich von der Gegend der wilden Tiere,
wohnen die entlegensten Völker Libyens, die es nördlich der Wüste
gibt. Zuerst die Ammonier, zehn Tagereisen von Theben entfernt, mit
dem Heiligtum des thebanischen Zeus. [...] Geht man zehn Tagereisen durch die Sandwüste weiter, so kommt man wieder an einen
Salzhügel und eine Quelle, ähnlich wie die in Ammon. Auch um
diesen Hügel herum wohnt ein Volksstamm. Die Gegend heißt Augila.«

Diese Angaben erweisen sich als bemerkenswert genau. Die Oase von
Augila hat ihren Namen zweieinhalb Jahrtausende bewahrt und liegt
etwa 300 km westlich von Siwa. In der Antike gehörte sie dem
mächtigen Stamm der Nasamonen. Eine lange Felsenkette grenzt nach
Süden Marmarika (Barqua el-Bahria) und Siwa zum Nildelta ab, nach
Westen verlängert sie sich in Form eines Hügelstreifens bis zum Süden
der Cyrenaika. Jenseits dieser Höhenzüge liegt ein schmaler freier
Sandstreifen, der zwischen den ägyptischen Oasen und dem Fessan die
einzige Verbindung nördlich des östlichen großen Ergs bildet. Für
diese Strecke brauchen die Kamelkarawanen 80 bis 90 Stunden, was
den zehn Tagen bei Herodot entspricht. Jenseits von Augila führte
eine dritte Etappe von zehn Tagen in das Land der Garamanten und
eine vierte von gleicher Dauer in das der Ataranter. Bei diesem Volk
existierte das Tabu der Eigennamen, wie das heute noch bei den
Nambicuara Brasiliens der Fall ist.[29] Es war eine magisch beeinflußte
Vorsichtsmaßnahme, die den Feind daran hindern sollte, sich ihrer

Person durch Rufen zu bemächtigen. Ein dementsprechendes Tabu verbot bei Höhlenzeichnungen die Abbildung des Gesichtes, das durch eine Art Kantel ersetzt wurde. Zu Recht hat man den Brauch der modernen Tuaregs – der Nachfahren dieser in der Sahara beheimateten Libyer –, sich das Gesicht zu verhüllen, damit in Verbindung gebracht. Herodot weiß auch noch zu berichten, daß die Ataranter die Sonne scheuten.

Ihre Heimat liegt unserer Auffassung nach im Ajjer-Tassili. Carpenter geht davon aus, daß von Fessan aus der Reiseweg nach Süden zum Tibesti hin abbog, wo bei Herodot der Atlas gewesen wäre. Diese Deutung läßt sich aber mit dem Text nicht in Übereinstimmung bringen und wirkt auch nicht überzeugender als die These, daß die Höhlenzeichnungen auf die Existenz einer Ost-West-Route von Garama zum Ahaggar hinweisen.[30] Der von Herodot ›Atlas‹ und von den Eingeborenen ›Himmelspfeiler‹ genannte Berg hat die Form eines sehr hohen, schlanken und völlig runden Gipfels, der sich an die erloschenen Vulkane des Ahaggar anschmiegt, ganz wie der Ilamane. Die fünfte Etappe reicht bis an seinen Fuß. Die sechste Etappe führt zu den Salzstöcken, wo sogar die Häuser aus diesem Material errichtet wurden. Deren Lage läßt sich nicht einmal annähernd bestimmen, da Salzlager in der Sahara weit verbreitet sind.

Der größte Teil des Handelsverkehrs wurde übrigens über die Oasenroute abgewickelt. Man verließ sie bei den Garamanten, um über einen Weg von 30 Tagen, den auch Herodot erwähnt, nach Tripolitanien hinaufzugelangen, oder etwas später, um über Cydamus (Ghadames) die kleine Syrte zu erreichen, die ein wichtiger Verbindungspunkt zwischen der Mittelmeerwelt und der Sahara war. Diese beiden Verbindungswege wurden bis weit in die römische Zeit hinein benutzt. Im Jahre 19 v. Chr. durchquerte der Prokonsul der Provinz Africa, Cornelius Balbus, die Pässe des schwarzen Berges (*mons ater* sagen die Römer, *Djebel Soda* die Araber) und besetzte Garama.[31] Unter Vespasian nahm Septimius Flaccus den kürzeren, aber anstrengenderen Weg durch die Hammada el-Homra.[32] Die punischen Kaufleute hatten vier oder fünf Jahrhunderte zuvor der Route Herodots folgen müssen, die es ihnen ermöglichte, sich unter Umgehung der griechischen Cyrenaika nach Ägypten zu begeben, und die dann im 5. Jahrhundert, als

die athenische Flotte das Mittelmeer blockierte, beachtlich an Bedeutung gewann. Wahrscheinlich suchten die Karthager auch die Oase
von Siwa auf; wie Silius Italicus[33] schreibt, befragte Hannibal das
dortige Orakel über den Ausgang seines Feldzuges, und Pausanias
erwähnt ein anderes Orakel, das der Beerdigung des Heros galt.[34] Das
ist vielleicht schlichtweg erfunden, sicher bleibt aber, daß Ammon und
Baal Hammon frühzeitig einander gleichgesetzt wurden.[35] Gsell
erklärte diesen Synkretismus mit der Verbreitung des Oasenkultes bei
den Westlibyern. Das ist heute sehr umstritten, denn die gegenseitige
Kenntnisnahme kann durchaus in Karthago erfolgt sein. Der Wohlstand der Orakelstätte von Siwa schien nach 146 übrigens stark
geschwunden zu sein. Das bestätigt indirekt die Bedeutung, die es für
die Punier hatte.[36]
Der punische Einfluß auf die Garamanten und ihre Nachbarn hat
weniger Spuren hinterlassen als der des nachfolgenden römischen
Reiches.[37] Einzige materielle Spur sind die Glasperlen, die als Tausch-
währung bei den Eingeborenen gedient haben mußten.[38] Aus der
Sahara erhielten die Karthager wertvolle Steine: Karfunkel, Smaragd
und Chalzedon. Andererseits entdeckte Lhote[39] in Tiror, das im
Ajjer-Tassili liegt, eine von einer kurzen libyschen Inschrift begleitete
Ockermalerei. In einem rechtwinkligen Rahmen, dessen Ecken lok-
kenartig verziert sind, sind in Form einer Sanduhr menschliche Silhou-
etten mit nach oben ausgestreckten Armen dargestellt, die an das
Zeichen der Tanit erinnern.[40]
Vom Fessan, einer wirklichen Drehscheibe der Sahara, gelangte man
leicht in den Sudan. Zur Zeit der Herrschaft Domitians (79–96
n. Chr.) wurde der römische General Julius Maternus von den Garamanten bis in das Land der Agysimba geleitet, »wo sich die Nashörner
sammelten«.[41] Die Lokalisierung dieser mysteriösen Gegend hat zu
großen Diskussionen geführt. Man wird sie sicher in Verbindung
bringen müssen mit einer Region des Sudan, die bereits im 5. Jahrhundert v. Chr. erreicht wurde. Herodot berichtet von einer Reise, die
einige junge Leute von dem im Hinterland der Cyrenaika lebenden
Stamm der Nasamonen gemacht hatten.
Diese aus Augila stammenden Draufgänger beschlossen eines Tages,
den Versuch einer Wüstendurchquerung zu wagen. Wohlversehen mit

Wasser und Lebensmitteln erreichten sie zunächst Fessan. Nachdem sie auf ihrem weiten Marsch ungeheuere Sandebenen hinter sich gebracht hatten, sahen sie eines Tages mit Früchten behangene Bäume. Als sie sich ausruhten, tauchten kleine schwarze Männer auf, nahmen sie gefangen und führten sie quer durch die Sümpfe in ihre Stadt, die am Ufer eines von Krokodilen bevölkerten Flusses lag; alle Einwohner widmeten sich der Hexerei. Am Ende ließen die Pygmäen ihre Gefangenen frei, und es gelang ihnen, in ihre Heimat zurückzukehren. Nach Carpenter ereignete sich diese Begebenheit im Borku zwischen dem Tibesti und dem Tschad, wo große Wasserflächen anscheinend wesentlich stärker als heute verbreitet waren. Ein bei Djebel Bou Ghnema südöstlich von Garama zum Vorschein gekommenes Bild eines Wagens scheint die Existenz jenes Weges zu bestätigen, den die Troglodytenjäger eingeschlagen hatten. Doch läßt sich den Verbindungsrouten von Fessan zum Niger viel leichter folgen. Entlang den fahrbaren Strecken, von denen einige noch heute benützt werden, waren Wagenbilder verbreitet. Von Garama gelangte man in das Tassili und umging dann den Ahaggar. Anschließend galt es, eine Etappe von vier Tagen ohne Wasser quer durch den Tanesruft durchzuhalten, um über den Adrar schließlich bei Gao auf den Niger zu stoßen.

Die Bedeutung dieses Handelsweges für Karthago darf nicht unterschätzt werden. Die natürliche Anlaufstation im Mittelmeerraum war, wie bereits bemerkt, Tripolitanien mit seinen Emporia, Leptis, Oea und Sabratha. Zu Beginn des 2. Jahrhunderts v. Chr. erbrachten die Zölle von Leptis dem punischen Staatsschatz ein Talent pro Tag.[42] Natürlich wurde ein solcher Betrag weniger von Landwirtschaftsprodukten, die nahezu ausschließlich aus Oliven und Datteln bestanden, abgeschöpft als von den wertvollen Waren aus dem Sudan, nämlich Gold, Elfenbein, Straußenfedern, Rauchwaren, und den Edelsteinen aus der Wüste. Die Sahara war also eine der Grundlagen des karthagischen Reichtums, und da es keine Konkurrenten gab, die sie der Stadt hätten streitig machen können, war sie umso interessanter. Die von den Wegegeldern der Wüste lebenden Garamanten waren nämlich aus Angst, daß ihre Fracht ohne Käufer blieb, geradezu dazu gezwungen, die Meereshäfen besitzende Macht zu erhalten. Diese unverbesserlichen Plünderer konnten also kaum dagegen angehen, daß die Leiter der punischen Karawanen, ähnlich wie der Durstrekordhalter Mago, direkte Verbindung mit den Schwarzen aufnahmen. Nach 146 stellten andere Phönizier, nämlich die aus Tripolitanien, diese Verbindung wieder her, wobei sie gegen die Garamanten hart zu kämpfen hatten.

Ende des 1. Jahrhunderts n. Chr. versuchten die Wüstenbewohner sich Leptis' zu bemächtigen, wobei sie seine Rivalitäten mit Oea ausnutzten, wurden dafür aber von Rom hart bestraft. Mosaiken, die in Zliten (Ost-Tripolitanien) gefunden wurden, zeigen die gefangenen Barbaren, wie sie im Zirkus den wilden Tieren vorgeworfen wurden.[43] Als der aus Leptis gebürtige Septimius Severus Kaiser wurde, erreichten seine Landsleute, daß ein wichtiger Abschnitt der Route ständig von einer Legion besetzt wurde: Ghadames wurde damals römische Garnison.[44]

Die Schwäche des römischen Reichs im 4. Jahrhundert gab den Berbern den Anlaß, einen neuen Ansturm zu versuchen. Beinahe wäre er ihnen auch gelungen, und auf jeden Fall hatte er verhängnisvolle Auswirkungen auf den Wohlstand der größten punischen Stadtgemeinde.[45] Die Phönizier aus Tripolitanien haben indessen einen außerordentlich wertvollen Beitrag zur Verbesserung der Karawanenorganisation geleistet. Sie erkannten nämlich die wachsenden Schwierigkeiten für den Handelsverkehr, die sich aus der Austrocknung der Wüste ergaben, und gingen dazu über, Kamele zu verwenden.[46] Vielleicht hatte schon Alexander Kamele benutzt, um zur Oase von Ammon zu gelangen,[47] aber in Afrika war ihr Einsatz in vorchristlicher Zeit nicht gebräuchlich.

Diese Idee war sicherlich von dem Beispiel syrischer Karawanenstädte, wie Palmyra, beeinflußt, das ihnen aufgrund der ethnischen Verwandtschaft wohl bekannt war. In der Tat stammen antike Denkmäler, auf denen afrikanische Kamele abgebildet sind, überwiegend aus Tripolitanien; in der Mitte des 4. Jahrhunderts n. Chr. besaß Leptis wenigstens 3000 Dromedare. Terrakotta-Statuetten und Mosaiken, die aus dem römischen Tunis stammen, belegen, daß die Libyer und sogar die Neger im 2. und 3. Jahrhundert n. Chr. zum ständigen Gebrauch dieses neuen Reittieres übergegangen waren. Die gespaltenen tripolitanischen Stämme bedienten sich seiner im großen Stil erst im 4. und 5. Jahrhundert n. Chr., um die Bauern des prokonsularischen Teils und von Byzacène auszuplündern.

Seefahrten an der afrikanischen Küste

Immer wieder wurde versichert, daß allein die Landwege den Karthagern den Zugang zum tropischen Afrika ermöglicht hätten,[48] zahlreiche Indizien widerlegen indes diese paradoxe Schlußfolgerung.

Im Roten Meer war es den phönizischen Seefahrern schon sehr früh gelungen, die Halbinsel von Somalia zu umrunden.[49] Ein Hinweis bei Herodot, der seinen besonderen Wert dadurch erhält, daß der Historiker ihn wiedergibt, ohne selbst allzusehr daran zu glauben, besagt, daß zu Beginn des 6. Jahrhunderts den Phöniziern im Auftrag des Pharao Necho die vollständige Umschiffung Afrikas gelang. Sie starteten im Roten Meer, kamen im Mittelmeer wieder an und brauchten für diese Reise drei Jahre.[50] Jedes Jahr zogen sie zu Beginn des Herbstes ihre Schiffe an Land, organisierten ein Lager, säten Korn aus und blieben dort bis zur Ernte. Das Unglaubwürdigste an ihrem Bericht sei, so fügt Herodot hinzu, daß sie die Sonne zunächst zu ihrer Rechten hatten untergehen sehen und dann zu ihrer Linken. Das beweist, daß die Expedition das Kap der Guten Hoffnung auch wirklich umrundet hatte. Andere Funde bestätigen übrigens, daß die Phönizier vom 7. Jahrhundert an die Äquatorgebiete aufsuchten. So zeigt eine silberne Opferschale aus dem italienischen Praeneste, die aber phönizischen Ursprungs ist, einen Jäger mit einem menschengroßen, seines Schwanzes beraubten Affen. Es muß sich um einen Schimpansen oder einen Gorilla gehandelt haben.[51] Vor einiger Zeit in Südafrika entdeckte Höhlenzeichnungen, auf denen Weiße zu sehen sind, werden diese geheimnisvollen Verbindungen vielleicht erhellen.[52]

Karthago hatte an dem von Necho inspirierten Periplous nicht teilgenommen und wurde anscheinend erst gegen 470 bei der Reise des Sataspes aktiv. Sataspes, ein junger Perser edler Abstammung und Cousin des Xerxes, hatte es gewagt, sich an einem adligen Mädchen zu vergreifen. Ein sehr strenges Gesetz sah für dieses Verbrechen die Todesstrafe vor, und der Großkönig wollte den Schuldigen ohne Rücksicht auf die Verwandtschaft hinrichten lassen, begnadigte ihn dann aber, erweicht durch die Bitten der Mutter des Sataspes, die seine leibliche Tante war, unter der Bedingung, daß er den Periplous Afrikas wiederhole.

Sataspes begab sich nach Ägypten, rüstete ein Schiff aus, gelangte an den Säulen des Herkules sowie am Kap Cantin (Soloeis) vorbei und segelte lange auf dem Ozean. Schließlich näherte er sich einem Land, wo Pygmäen wohnten, die sich in Palmenblätter hüllten. Als die Perser näherkamen, verließen die Zwerge ihr Dorf und flüchteten in die Berge. Weiter nach Süden zu kommen war unmöglich, da das Schiff die ›Weiterfahrt‹ verweigerte. Sataspes kehrte daraufhin in seine Heimat zurück, wo ihm indes der Großkönig keinen Glauben schenkte und pfählen ließ.[53] Möglicherweise scheiterte jene Expedition an der Äquatorhitze, und man verfügte nur über ein einziges Schiff, bei dem es sich um einen schweren und recht unhandlichen *kebenit* gehandelt haben muß. Die von den Temperaturen geschwächte Mannschaft hatte das Schiff, nachdem die Unterstützung durch das Segel entfiel, sicher nicht mehr rudern können.

Der Periplous des Hanno

Möglicherweise erfolgte die große karthagische Expedition entlang den afrikanischen Küsten kurze Zeit später. Über die politischen und wirtschaftlichen Ursachen, die den karthagischen König Hanno – sehr wahrscheinlich ein Magonide – zur Ausrüstung einer umfangreichen Flotte veranlaßten, um den ›Wilden Westen‹ Afrikas besser zu kontrollieren, ist bereits gesprochen worden. Der Bericht dieses Unternehmens – oder, wie wir sehen werden, besser gesagt dieser Unternehmen – ist in einer griechischen Handschrift überliefert, die sich im Besitz der Universität Heidelberg befindet und zum Gegenstand der gegensätzlichsten Beurteilungen geworden ist.[54] Einige Gelehrte, wie der bekannte englische Historiker Charlesworth, sahen darin »einen einfachen und schnörkellosen Bericht dessen, was wahrgenommen wurde, der durch seinen direkten Stil und seine Kürze überzeugt«. In Frankreich vertraten vor allem Gsell und Carcopino diese Auffassung. Neuerdings haben aber Afrikaspezialisten in dem Periplous nur eine Fälschung oder eine fehlerhafte Kompilation erkennen wollen, in der Kenntnisse über die Ostküste Afrikas eingebracht worden seien, der die griechischen und römischen Seeleute bis zum Kap Guardafui und weiter nach Süden gefolgt waren.

Eigenartigerweise bemerkte niemand außer Germain,[55] der aber aus seinen Beobachtungen keine Schlüsse gezogen hat, die mangelnde Homogenität des Heidelberger Stückes. Der erste Absatz lautet folgendermaßen: »Die Karthager ordneten an, daß Hanno an den Säulen des Herkules vorbeisegelte und libysch-phönizische Städte gründete. Und er führte eine Flotte von fünfzig Fünfzig-Ruder-Galeeren, nahm 30 000 Männer und Frauen, Proviant und alle notwendigen Materialien mit.«[56] Die Beschreibung dieses Kolonisationsunternehmens nimmt die folgenden vier Abschnitte ein, die eine Einheit bilden. Bei anderer Gelegenheit hatte Germain noch feststellen können, daß das Griechisch dieses ersten Teils ein normales Attisch war.

Die Abschnitte 8 bis 18 handeln von der Erkundung eines unbekannten Landes, seiner tropischen Fauna und Flora, was in dem eingangs zusammengefaßten Dekret keineswegs vorgesehen war. Allerdings führte Germain den Nachweis, daß die Sprache der Abschnitte 8 bis 18 von derjenigen der Abschnitte 1 bis 5 völlig verschieden ist. Es kommen darin nämlich poetische Ausdrücke und Wendungen vor, die typisch sind für die Zeit des Hellenismus. Die beiden Texte haben also nicht nur zwei verschiedene Themen, sondern wurden auch von zwei verschiedenen Personen mit unterschiedlicher Sprachauffassung ins Griechische übersetzt. Verbunden werden beide Teile durch die Abschnitte 6 und 7, die übrigens alle Merkmale einer schlechtgeratenen Ergänzung tragen, welche etwa ein Gelehrter in Unkenntnis afrikanischer Verhältnisse und ungeachtet jedweder Logik vornahm. Der erste Satz von Abschnitt 6 besagt, daß die Karthager nach Lixus in der Nähe des heutigen Larache (El-Araisch) zurückgekehrt seien – was nach allem noch möglich ist – und sich nach erfüllter Mission wieder zu ihrem Stützpunkt begeben hätten. In Abschnitt 7 häuft sich dann der Unsinn: Nachbarn der Lixiten waren Schwarze und fremd aussehende Troglodyten, die schneller liefen als Pferde. Quelle dieser Albernheiten ist Herodot, und sie bezogen sich auf die Bewohner des Tibesti. Es handelt sich bei der Heidelberger Handschrift also um ein Amalgam zweier verschiedener Quellen, die durch eine stupide Interpolation miteinander verbunden sind: zunächst ein Bericht über die Kolonisierung der marokkanischen Küsten und dann ein Bericht von einer Forschungsreise in das tropische Afrika, dessen Anfang und Ende fehlen.[57]

Wie sehr kann man nun unter diesen Umständen dem eigentlichen Periplous vertrauen, der in vieler Hinsicht der interessanteste Teil der Handschrift ist? Zunächst scheint es sich um eine authentische punische Quelle zu handeln. Segert[58], ein amerikanischer Kenner des Semitischen, hat aus dem griechischen Text die semitischen Wendungen herausgefiltert und, was noch interessanter ist, zeigen können, daß das Verhalten der Seefahrer unter Berücksichtigung der semitischen Mentalität, die von der griechischen sehr verschieden ist, erklärbar wird. Die Karthager gestanden ihre Furcht vor ihnen unerklärlichen Erscheinungen ohne Zögern ein; für einen Griechen wäre das schändlich gewesen. Außerdem versuchten sie nicht, diese Phänomene unter Bezug auf die klassische Mythologie zu erklären. Von daher ist es ausgeschlossen, daß diese Abhandlung von einem Griechen frei erfunden worden sein könnte. Die in Zusammenfassung bekannten Abenteuerromane des Hellenismus bezogen ihren Stoff aus der klassischen griechischen Mythologie. Der Periplous enthält nichts, was phantastisch klingt, und die Hinweise auf Flora und Fauna decken sich mit der Realität des tropischen Afrika.

Auf ihrer Reise hatten die Punier Lixiten mitgenommen, die als Führer und Übersetzer dienten. Die Lixiten waren eine Mischung aus Libyern und den in Cadiz beheimateten Phöniziern. Von ihrer Stadt, die unweit des heutigen Larache lag, sind noch bedeutende Überreste erhalten. Die Lixiten hatten die uralte Vorliebe der Libyer, bei denen es sich ja um die Ahnen der marokkanischen Berber handelt, für die Seefahrt geerbt. Ein Teil von ihnen hatte im Neolithikum die Kanarischen Inseln bevölkert. Daraus gingen die Guanchen hervor, die dann im 14. Jahrhundert von europäischen Seefahrern wieder entdeckt wurden. Wie aus dem Periplous hervorgeht, kannten die Lixiten die afrikanische Küste fast bis zum Kap Verde, hatten sich aber kaum darüber hinausgewagt.

Da dem Bericht der Anfang fehlt, können wir den Ausgangspunkt der Expedition nicht bestimmen, es muß sich aber um einen Stützpunkt der Lixiten im Süden Marokkos gehandelt haben. Wahrscheinlich lag er im Mündungsgebiet des Oued Draa. Von dort segelten die Punier zwei Tage entlang der Wüste nach Süden und dann einen Tag nach Osten, bevor sie auf eine Insel namens Cerne stießen und dort einen Stützpunkt errichteten. Die Lage der Insel gab Anlaß zu unzähligen Vermutungen, wobei die Wahrscheinlichkeit recht gering ist, daß die Antike mehrere verschiedene Inseln mit diesem Namen bedachte. Wie der Periplous ausführt, liegt Cerne in gleicher Entfernung zu den Säulen des Herkules wie Karthago, das hieße also in dem Küstenstrich des Rio de Oro. Carcopino[59] glaubte die Lösung gefunden zu haben, als er auf den Seekarten südlich von Kap Bojador und unweit des nördlichen Wendekreises die Insel Hern entdeckte. Doch stellte sich leider heraus, daß Hern der englische Name für Reiher ist; den gab die moderne Seefahrt dieser Insel ob ihrer Überfülle an diesen Tieren. Monod suchte sie unlängst auf und mußte feststellen, daß sie für jedwede Niederlassung ungeeignet war. Dennoch muß Cerne irgendwo an der mauretanischen Küste liegen; das Fortbestehen einer Mangroven-Vegetation und der recht üppigen Fauna bis auf den heutigen Tag weisen dort auf eine Austrocknung hin.

Abschnitt 11: »Von Cerne segelten wir zwölf Tage lang nach Süden und folgten dabei der Küste. Dort wohnten nur Schwarze, die vor uns flüchteten und Kontakte mieden. Ihre Sprache war selbst für unsere lixitischen Begleiter unverständlich.«

Abschnitt 12: »Am letzten Tag erreichten wir hohe waldige Berge. Das Holz der Bäume war wohlriechend und seine Farbe wechselte.«

Die Bedeutung von Abschnitt 12 ist nicht genügend betont worden. Beschrieben werden nämlich unbestreitbar die Äquatorwälder in einer gebirgigen Gegend, wie etwa in der heutigen Republik Guinea. Nun war die Existenz der Äquatorwälder den Griechen unbekannt. Da sie festgestellt hatten, daß die Hitze stetig zunahm, je weiter man nach Süden in die Sahara kam, hatten einige, wie auch Aristoteles, von daher auf die Unmöglichkeit jedweden Lebens zwischen den Wendekreisen geschlossen. Die weitesten Erkundungsfahrten zu Land, wie jene der Nasamonen, von der Herodot berichtet, waren nicht über die Sahelzone und die Savanne hinausgekommen. In jener Region hatte auch der Perser Sataspes darauf verzichtet, sein Unternehmen fortzusetzen. Letztendlich kann man also nicht, wie Desanges[60], davon ausgehen, daß der unglaubwürdige Verfasser dieses Berichtes einmal mehr eine in Ostafrika erworbene Kenntnis verwertet hat. Denn auf dieser Seite gab es nördlich des Äquators in Küstennähe keine Waldbildung. Die karthagische Seefahrt hatte also als erste und sicher auch als einzige der Mittelmeerwelt das Wiederauftreten üppiger Vegetation in einer Zone Afrikas entdeckt, die sie aufgrund einer logischen Schlußfolgerung gänzlich unfruchtbar wähnten.[61] Das ist unserer Meinung nach das entscheidende Argument für die Echtheit dieser Reise, und dadurch wird es uns auch möglich, die Ortsangaben ein wenig zu präzisieren. Zwölf Tage Fahrt zur See entsprachen möglicherweise 1000 bis 1500 km. Von Cerne aus (wahrscheinlich im Süden Mauretaniens) konnten die Punier in dieser Zeit die Gegend von Conakry erreichen. Die Küste, an der sie entlangfuhren, war bevölkert, und zwar von Schwarzen. Somit wurde erstmals dieser ethnographische Hinweis gegeben. Im Abschnitt 9 war nämlich nicht die Rede davon, daß die in Felle gehüllten Wilden, welche den Puniern in den Bergen einen so üblen Empfang bereitet hatten, Äthiopier gewesen seien. In der Nähe des Kap Verde begann also das von den Schwarzen bevölkerte Gebiet, gleichzeitig war das Kap auch die Grenze für die Reisen der Lixiten.

Als die Seefahrer die Berge nach zwei Tagen umrundet hatten, stießen sie auf eine große Bucht mit niedrigen Ufern. Nachts sahen sie, daß das Land von großen Feuern erhellt wurde, was darauf hindeutet, daß die Gegend sehr waldreich blieb. Nachdem sie Wasser ergänzt hatten, kamen sie zu einem anderen Golf, der den Lixiten unter dem Namen ›Horn des Westens‹ bekannt war (auf griechisch: *hesperou keras*); das Wort ›Horn‹ wird in dem Bericht zweimal verwendet, um einen Golf zu bezeichnen, niemals aber für ein Kap. Das entspricht dem griechischen Sprachgebrauch, der frühzeitig das Wort *keras* im Sinne von ›Flußarm‹ oder ›Meeresarm‹ verwendete. Das bekannteste Beispiel dafür ist das berühmte Goldene Horn in Byzanz. In diesem Golf, so fährt der Periplous fort, gab es eine Insel, und auf dieser Insel eine Meerwasserlagune, in der sich eine weitere bewaldete Insel befand (Abschnitt 14). Diese komplizierte Beschreibung weckte das Mißtrauen von Desanges, zumal auch der Abschnitt 18 über das Südhorn ziemlich ähnlich klingt. Wir halten es dennoch nicht für unwahrscheinlich. Bekanntlich wechselt hinter Kap Palmas Art und Richtung der Uferwelt, und es präsentiert sich eine flache, von Lagunen gesäumte Küste. In diesen Lagunen gibt es zahlreiche Inseln und Inselchen. Die Punier waren auf einer Insel des Südhorns gelandet und sahen mit Einbruch der Nacht den Wald von Tausenden von Feuern erleuchtet. Fremde Tambourinklänge, von spitzen Schreien begleitet, und Flötenmusik erfüllten sie mit Angst und Schrecken. Ihre Auguren befahlen ihnen daraufhin, sich in aller Eile wieder einzuschiffen. Diese Begebenheit zeugt, wie wir bereits ausgeführt haben, von einer Mentalität, die der griechischen in doppelter Beziehung entgegensteht. Die Griechen hätten von den Religionsfachleuten der Expedition verlangt, die Ursache dieser Erscheinung zu erklären – was diese gemacht hätten, indem sie sie mythologischen Wesen zugeschrieben hätten –, und sie hätten ihre Furcht nicht eingestanden. In den Abschnitten 15 und 16 schilderten die Punier eine Landschaft in Flammen und voller Wohlgerüche, aus der sich Feuerströme ergossen, die ins Meer flossen. Ein hohes Gebirge, der Götterwagen, der von einem Feuer gekrönt war, das die Sterne zu berühren schien, beherrschte diese Landschaft. Germain glaubt in dieser Passage einen Reflex griechischer Beschreibungen von Höllenflüssen zu erkennen, eine Auffassung, die wohl keiner weiteren Erörterung bedarf. Desanges weiß es nicht viel besser, wenn er nach der aristotelischen Theorie in den Feuern das erkennen will, was die zwischen den Wendekreisen liegende Zone unzugänglich macht. Deutet man den Text nicht vollkommen um, so kommen alle beschriebenen Feuer vom Boden und haben nichts mit dem Klima zu tun. Diejenigen, welche die Gegenden innerhalb der Wendekreise für unbewohnbar hielten, behaupteten übrigens, daß das Meer dort infolge der übermäßigen Hitze verdampfe und damit die Seefahrt unmöglich werde; nun flüchteten die Karthager genau in Längsrichtung vor dem Ausbruch. Es handelt sich nämlich zweifellos, wie Pomponius Mela und Plinius bereits erkannt hatten, um einen Vulkanausbruch. In seiner Überraschung beschrieb der Verfasser des Bord-journals diese Erscheinung ausführlich, wohingegen er die vorange-gangene lange Schiffahrt vor einer uninteressanten Flachküste einfach überging. Der einzig auszumachende Vulkan ist der Kamerun, und so hatte die Expedition in der Bucht von Biafra kehrt machen müssen.

Auf dieser letzten Etappe ereignete sich das bemerkenswerteste Reise-abenteuer. Die Punier hatten an einer Insel haltgemacht, die in einer Lagune lag und sich in dem – sicher von ihnen selbst – ›Horn des Südens‹ genannten Golf befand. Bevölkert war die Insel von menschenähnlichen, aber behaarten Wesen, die sie ›Gorillas‹ nannten. Als Forschungsreisende im 19. Jahrhundert den größten Menschenaf-fen Afrikas entdeckten, gaben sie ihm wieder diesen Namen, dessen sie sich ob ihrer klassischen Bildung entsannen. Die weiblichen Tiere waren zahlreicher als die männlichen, wie das allgemein bei Affenhor-den der Fall ist. Die Karthager fingen drei davon. Da sie aber ihren Widerstand nicht brechen konnten, beschlossen sie, sie zu töten, und brachten ihr Fell mit nach Karthago.

Diese Tatsachen sind auf drei Arten gedeutet worden. Pomponius Mela und Plinius bezeichnen die zottigen Wesen mit dem Namen ›Gorgades‹, was sicher eine Variante von ›Gorgone‹ ist. Das reichte einigen modernen Autoren, um die ganze Geschichte als eine einfache Transposition des griechischen Gorgonenmythos aufzufassen.[62] Dabei werden die Quellen bedenkenlos vergewaltigt. So versichert man zum Beispiel, daß die Horde nur aus weiblichen Tieren bestanden habe, obwohl lediglich gesagt wurde, daß sie in der Mehrzahl waren, und zugleich die Aggressivität der männlichen Tiere betont wurde. Ganz offensichtlich hat wohl ein der Neigung seines Volkes zum Mythologi-sieren verpflichteter Grieche den Namen der Gorillas umgeformt in den der von Perseus besiegten Ungeheuer. Andere erkannten in den ›Gorillas‹ Pygmäen, doch wären die armen Negerlein wohl nicht imstande gewesen, den Karthagern solchen Widerstand zu leisten. Das beschriebene Verhalten stimmt dagegen mit dem einer Horde von Menschenaffen überein. Wenn es keine Gorillas waren, die nicht in großen Horden leben und sich nicht der Küste nähern, dann wenig-stens die viel geselligeren Schimpansen, die intelligenter sind als alle anderen Tiere und noch dazu über eine ungeheure Kraft verfügen.[63]

Dagegen wurde argumentiert, daß die Karthager Affen gut kannten und nicht mit Menschen verwechselt hätten. Nun sind die ihnen geläufigen Paviane aus dem Maghreb und Ägypten von einer menschlichen Erscheinungsform wohl weiter entfernt als die Schimpansen, und ihrer Intelligenz fehlen, so lebhaft sie auch sein mag, die quasimenschlichen Züge der Anthropoiden.

Diese ›Gorillas‹ ermöglichen es uns, auch ohne den verstümmelten Teil des Periplous, zu bestätigen, daß König Hanno die Umfahrt Afrikas gut geleitet hatte. Bei Plinius[64] steht nämlich, daß man bis zur Zerstörung Karthagos im Juno-Tempel zwei von Hanno geweihte ›Gorgades‹-Felle aufbewahrte. Dieser Hinweis stammt nicht aus unserem Periplous, in dem von drei Fellen die Rede ist und Angaben über den Aufbewahrungsort fehlen, vielmehr scheint die Anspielung auf die Zerstörung Karthagos anzudeuten, daß Plinius' Informant zur Zeit dieses Ereignisses lebte. Bei dem ›Juno-Tempel‹ handelt es sich wahrscheinlich um den Tophet, und die Person, welche die Felle dargereicht hatte, war derselbe König Hanno, der vielleicht in einem anderen Teil desselben Heiligtums den Bericht seiner Koloniengründung in Marokko hatte einmeißeln lassen. Im 2. Jahrhundert v. Chr. dürfte dann jemand die beiden Dokumente, die zuvor separat ins Griechische übersetzt worden waren, allmählich miteinander verschmolzen haben.

Wie es heißt, entschied Hanno, am Horn des Südens die Fahrt aus Mangel an Lebensmitteln nicht weiter fortzusetzen. Dieser Beschluß hat nichts Überraschendes. Wir wissen nicht, wie lange er von Cerne fort war. Wenn wir einmal diesen Stützpunkt im Süden Mauretaniens annehmen, hätte er nach Verlassen der Insel nahezu 4000 km zurückgelegt und dafür mindestens 40 Tage benötigt. Da uns die Anzahl seiner Schiffe, ihre Bauart und der Umfang ihrer Besatzung unbekannt ist, diese aber nicht sehr zahlreich gewesen sein dürfte, da sie an wahrscheinlich sehr kleinen Inselchen haltmachen konnten, ist es natürlich unmöglich, irgendwelche Mutmaßungen über die Vorräte anzustellen. Die Hälfte mußten sie aber verbraucht haben, was zu der Entscheidung führte, umzukehren. Völlig ausschließen läßt sich allein die Hypothese, daß er an einen bekannten Ort gelangt war und wußte, daß er von dort aus rasch ein befreundetes Land erreichen konnte. Das widerlegt eine andere Theorie von Desanges, nach der das Horn des Südens mit Kap Guardafui identisch ist. Zweifellos haben die Alexandriner mit diesem Namen unser Horn von Afrika bezeichnet, aber, selbst wenn wir mit Desanges den Periplous für einen Roman halten würden, dessen Verfasser sich Afrika als ein Dreieck vorstellte mit dem Mittelmeer als Nordküste, dem Roten Meer als Ostküste und dessen Westküste eine von Gibraltar zum Kap Guardafui gezogene Linie wäre, müßte man den Autor bezichtigen, blühenden Unsinn zu schreiben, wenn er seinen Helden in dem Augenblick umkehren ließ, in dem er nach Osten hin Küstengegenden erreicht hätte, die seit mehr als 1000 Jahren von phönizischen und ägyptischen Seeleuten aufgesucht worden waren. Bei einem Blick auf eine nach den Angaben Strabos erstellte Karte sehen wir, daß Hanno bei einer Ankunft am Horn von Afrika nur noch etwa 3000 km bis zum Isthmus von Suez zurückzulegen hatte und bei dieser Fahrt auf mehrere ägyptische Häfen getroffen wäre. Um auf demselben Wege wieder zurückzugelangen, mußte er die doppelte Entfernung zurücklegen, ohne auf irgendwelche Hilfe rechnen zu können, bevor er Cerne erreicht hätte. Schließlich hätte der Verfasser nicht geschrieben, »wir fuhren nicht weiter«, denn um seine Fahrt fortzusetzen, wäre er nicht gezwungen gewesen, nach Norden zu drehen.

Hanno machte also auf halbem Wege halt und kehrte aller Wahrscheinlichkeit nach auf demselben Wege, den er gekommen war, wieder zurück. Die Rückfahrt ist nicht überliefert, dem in der Heidelberger Handschrift erhaltenen Journal fehlen nämlich, wie bereits erwähnt, Anfang und Ende. Das ist um so ärgerlicher, als gerade die Möglichkeit einer Rückkehr seit mehr als zwanzig Jahren von dem Afrikahistoriker Mauny bestritten wird.[65] Angesichts der an den Saharaküsten herrschenden Winde und Strömungen hält Mauny es für unmöglich, daß ein Schiff mit antiker Takelage den Senegal zum Kap Bojador wieder hochfahren konnte. So seien, was als Hauptargument angeführt wird, die Araber im Mittelalter niemals über dieses Vorgebirge hinausgefahren und weitergehende Expeditionen erst mit einer Methode der Portugiesen möglich geworden; diese fuhren über die offene See, um die Passatwinde zu vermeiden. So hätte Hanno zweifellos nach Cerne zurückgelangen können (zumindest dann, wenn jene

Insel im Süden Mauretaniens liegt), wäre aber darüber hinaus nicht weitergekommen. Diese These gründet auf einem Verständnis der antiken Seefahrt, das durch das 1935 publizierte Werk von Lefebvre des Noettes geprägt ist, das seither aber vielfach widerlegt worden ist, vor allem von Rougé,[66] und von dem niemand mehr Kenntnis nimmt. Auf einem Kolloquium, das unter der Ägide von Lonis in Dakar stattfand, konnte nachgewiesen werden, daß ein antikes Schiff gegen den Wind kreuzen konnte. Die Grundlagen der antiken Seefahrt waren von denen des Mittelalters verschieden. Das beweist schon die Tatsache, daß Punier, Mauretanier und Römer die Kanarischen Inseln kannten, auf die die Araber niemals einen Fuß gesetzt hatten. Dort fanden sich nämlich nur einige Amphoren aus der späten Kaiserzeit. Allerdings erlaubt der Mangel an archäologischen Funden nicht, auszuschließen, daß Erkundungsfahrten in ein Land unternommen wurden.

Die Reise Hannos war zweifellos eine heldenhafte Leistung, die ihren Initiatoren nichts weiter einbrachte. Als sie zum Chretes hinauffuhren, hatten sie vielleicht gehofft, einige ertragreiche Verbindungen mit den Eingeborenen anknüpfen zu können. Der Empfang, der ihnen zuteil wurde, und weiter südlich dann die Weigerung der Schwarzen, mit ihnen Kontakt aufzunehmen, zeigten die Vergeblichkeit dieser Hoffnungen. Bei dem Stand unserer Kenntnisse kann man nur mit Carcopino vermuten, daß das Gold Guineas den karthagischen Staatsschatz füllte.

Jedenfalls wollte Scipio Aemilianus nach seiner Eroberung Karthagos wissen, welche Ressourcen die atlantische Küste bieten konnte, und er gab daher seinem Lehrer und Berater, dem Historiker Polybios, und dem Philosophen Panaitios den entsprechenden Auftrag. Den beiden Gelehrten stand ein Geschwader von sieben Schiffen zur Verfügung.

Ihr Reisebericht ist nicht überliefert,[67] aber sie erreichten wohl sicher nicht Hannos Insel Cerne. Diesen Namen gab Polybios einer anderen Insel, die weiter nördlich in der Gegend des Anti-Atlas lag. Carcopino vermutet, daß die Lixiten ihn bewußt in die Irre geleitet haben, da sie die Erträge aus dem Gold Guineas sich selbst vorbehalten wollten. Doch hatte zu jener Zeit der Handel mit dem kostbaren Erz wahrscheinlich noch nicht stattgefunden. Unter König Juba existierte er jedenfalls überhaupt nicht, denn die Flotte dieses Königs erforschte zwar die Kanarischen Inseln, konnte aber an der marokkanischen Küste südlich von Mogador nicht an Land gegangen sein. Eine zu Land ausgesandte Expedition sollte dagegen den Lauf des Nil erkunden, dessen Quelle im Atlasgebirge vermutet wurde, und folgte den halbvertrockneten Wadis der Sahara, wobei sie, wie wir glauben, zum Niger gelangte.[68] Sie konnte übrigens keine Verbindung mit den schwarzen Völkern aufnehmen und berichtete, daß die Äquatorwälder nur von wilden Tieren bevölkert seien.

Hannos Periplous macht daher, wie auch der Periplous des Necho, den Eindruck eines völlig historischen Geschehens, das aber ohne Folgen blieb, da sich die damit verbundenen wirtschaftlichen Erwartungen ihrer Urheber nicht erfüllt hatten. Nun neigte die Antike kaum dazu, diese Erkundungsfahrten als Mittel zweckfreier Grundlagenforschung zu betrachten, und gab sie also auf, da man sich weder kommerziell noch politisch etwas davon versprach. Dank der Kameltreiber von Leptis wurde dann der Handelsverkehr zwischen der Mittelmeerwelt und dem Sudan auf dem Landweg quer durch die Sahara fortgesetzt. Damit wurden die Kaufleute von Garama und Cydamus reich, die sich nach römischem Vorbild stolze Mausoleen errichten ließen. Auf diesem Wege wurden dann Lampen des 2. Jahrhunderts sowie konstantinische Münzen bis in den Ahaggar verbreitet; so gelangte auch der in Abalessa aufgefundene Schmuck in das Grab der sagenhaften Tin Hinan und den dazugehörigen Schutzbau.[69] Doch die bedeutende Saharakultur, erkennbar in den Höhlenzeichnungen und den Reisebeschreibungen Herodots, verschwand in dem Maße, in dem sich das Wasser im Sande verlor, und räumte im Frühmittelalter einer neuen Wirtschaftsform das Feld, die auf den Palmenkulturen[70] und der Kamelzucht beruhte.

Himilkon und die Zinnroute

Paradoxerweise sind wir über die karthagische Seefahrt entlang den europäischen Küsten schlechter unterrichtet als über ihre afrikanische Unternehmungen. Schriftlich ist nichts direkt überliefert, und archäologische Funde gibt es praktisch nicht.

Im 4. Jahrhundert n. Chr. entschloß sich Rufus Festus Avienus[71], ein adliger Römer und ebenso Gelehrter wie Dichter, einen jungen Verwandten namens Probus in Geographie zu unterrichten. Dieser Knabe begeisterte sich vor allem für die Palus Maeotis, also für das Asowsche Meer. Avienus hielt es jedoch für nützlich, seinem Schüler eine gefährliche Spezialisierung zu ersparen, und vermittelte ihm, bevor er zu diesem Thema kam, Kenntnisse über den Lauf europäischer Flüsse.

Lediglich diese Einführung, die nicht weniger als 709 Verse umfaßt, ist überliefert. Getreu dem Wissenschaftsverständnis seiner Zeit, das nahezu gänzlich auf eigene Forschungen verzichtete, konzentrierte sich der ganze Ehrgeiz des Avienus darauf, die ältesten und obskursten Belege heranzuziehen, die er bei seinen Archivforschungen gefunden hatte. Darunter waren auch der Karthager Himilkon und die *Punischen Annalen*, die beide dreimal zitiert werden. Wie Plinius[72] erwähnt, erforschte dieser Seefahrer die europäischen Küsten zur gleichen Zeit wie Hanno diejenigen Afrikas, und so erhebt sich denn die Frage, ob man seinen Periplous als die Hauptquelle der *Ora Maritima* ansehen kann.

Im Jahre 1870 entwickelte der deutsche Philologe Müllenhof eine andere Theorie, die noch heute allgemein akzeptiert wird. Avienus habe den Periplous eines Mannes aus Marseille abgeschrieben, den dieser vor Himilkon unternommen habe. Die Beschreibung der Ozeanküsten habe nicht auf persönlichen Wahrnehmungen des griechischen Verfassers beruht, der dort keinen Zugang hatte, sondern auf Erkundigungen, die er bei den Tartessiern eingezogen habe. Avienus habe einige Zitate eingestreut, die er jüngeren Werken entnommen habe, unter denen auch die Passagen waren, in denen Himilkon erwähnt wurde. Allerdings ist die Existenz eines Periplous aus Marseille völlig hypothetisch.

Berthelot bestreitet das und hat zeigen können, daß Avienus ein persönliches Werk geschaffen hat und Seite um Seite füllte, ohne zu beachten, daß er ein fiktives Europa schilderte. Denn alle Nachrichten, die er sich in den verschiedensten Schriften zusammengelesen hatte, waren, was die Landschaften betraf, auf einem völlig veralteten Stand. Vor Pytheas hat wohl einzig Himilkon eine vollständige

Beschreibung des Atlantikgebietes verfaßt. Nun hatte Avienus die Studien des Geographen aus Marseille niemals konsultiert. Entweder war er ihm zu modern oder er teilte das von Polybios verbreitete Mißtrauen ihm gegenüber. Wir können also den Teil der *Ora Maritima*, der sich der Seefahrt von Spanien in das Land des Zinns annimmt, als den schwachen Abglanz eines punischen Periplous betrachten.

Dieser Abschnitt nimmt knapp die erste Hälfte des Gedichts in Anspruch. Von Vers 145 an beschäftigt sich Avienus ausschließlich mit Spanien, und die Beschreibung des Atlantiks wird in den Versen 80 bis 145 gegeben.

In 20 Versen befaßt sich das Gedicht mit dem gesamten ›Atlantischen Golf‹, der dem Spanischen Meer und der Biskaya entspricht und lediglich zwischen zwei Extrempunkten liegt: Gades, »ehemals Tartessos genannt«, und die Säulen des Herkules auf der einen Seite und das oestrymnische Vorgebirge auf der anderen Seite. Das letztere wird nach allgemeiner Auffassung mit Aremorica identifiziert und die Oestrymnier mit den Osismern, die zur Zeit Caesars in Finistère lebten. Avienus hält Oestrymnis für eine »Insel mit weiten Ebenen, die reich ist an Zinn- und Bleiminen«. Es ist ein mächtiges Volk, stolz im Herzen, tatkräftig und fleißig, das mit allem Handel treibt. Mit ihren Barken fahren sie auf dem aufgewühlten Meeresarm und dem Ozean, der voll von Seeungeheuern ist. Um einen Schiffsrumpf zu bauen, nehmen sie weder Kiefer oder Ahorn, sie verwenden auch nicht die ansonsten übliche Tanne, vielmehr besteht er erstaunlicherweise aus aneinandergenähten Häuten, und auf diesem Leder fahren sie oft über das Meer.

»Ein Boot braucht von dort bis zu der von den Vorvätern sogenannten heiligen Insel zwei Tage. Diese Insel hat eine große Oberfläche, und dort lebt das Volk der Hiberner. Nahebei erstreckt sich in entgegengesetzter Richtung die Insel der Albionen. Ebenso wie die Kolonisten aus Karthago hatten die Tartessier die Gewohnheit, mit den oestrymnischen Inseln Handel zu treiben; auch die in der Gegend der Säulen des Herkules Seßhaften besuchten diese Regionen.

Der Karthager Himilkon hatte, wie er berichtete, diese Fahrt versucht, und er versicherte, daß sie kaum in vier Monaten zu bewältigen sei. Es wehe kaum ein Hauch, und das Wasser dieses trägen Meeres wirke zäh. Er fügte hinzu, daß eine Unzahl von Algen das Boot oft zurückhalten wie eine Hecke. Doch sei das Meer nicht tief, der Boden kaum von einer dünnen Wasserschicht bedeckt; die Meerestiere seien stets in Bewegung, Monstren schwämmen zwischen den Schiffen, die sich langsam und unsicher fortbewegten.«

Zunächst ruft diese Stelle den Eindruck hervor, daß karthagische Expeditionen nördlich von Spanien selten waren und daß keine ständigen punischen Niederlassungen in Gallien bestanden. Im Département Morbihan gibt es Zinnadern, die im 6. Jahrhundert v. Chr. ausgebeutet wurden. Nach Auffassung Dions[73] liegen die Kassiteriden in der unmittelbaren Nachbarschaft dieser Minen. Es müßte einen großen, heute versandeten Meeresarm gegeben haben, in den die Loire mündete. Die Osismer-Oestrymnier wohnten aber in Finistère, wie sich gleich zeigen wird; und außerdem kennt Avienus die Veneter in Vannes nicht. Die Karthager fuhren also wahrscheinlich in gerader Linie von Finestère in Galicien nach Finistère in Aremorica. Diese direkte Verbindung ließ wohl jene merkwürdige Sage von der spanischen Herkunft der Osismer entstehen, die von der iberischen Halbinsel infolge einer Schlangeninvasion vertrieben worden seien.[74]

Eine dermaßen waghalsige Überfahrt ist natürlich nur im Sommer möglich, wenn die Antizyklone der Azoren bis zum 45. Breitengrad ansteigen. Dann riskierte man aber, in eine Flaute zu geraten, was die Fahrt um mehrere Wochen verzögern konnte.[75] Die Hinweise über Untiefen weisen dagegen anscheinend auf eine Küstenschiffahrt. Die an die Gezeiten kaum gewöhnten Mittelmeer-Seeleute waren in steter Sorge zu stranden, und Caesar bemerkte, daß die Schiffe der Veneter, um das zu vermeiden, über einen abgeflachten Kiel verfügten. Deshalb fuhren die Punier aus Tartessos kaum an die gallische Küste. Andererseits war die Furcht vor Untiefen einer der Gemeinplätze, mit denen die phönizischen Seeleute ihre Konkurrenten zur See abzuwehren pflegten, um sich den Handel selbst vorzubehalten. Wenn sie sich verfolgt wußten, zögerten sie bekanntlich nicht, sich gelegentlich selbst auf Grund zu setzen.[76]

Im Unterschied zu Hanno betonte Himilkon anscheinend in seinem Bericht die Schwierigkeiten und Gefahren für die Seefahrt auf den von

ihm erkundeten Meeren. Manche dieser Gefahren beruhten übrigens
nicht auf purer Einbildung. Die karthagischen Seefahrer gelangten
manchmal bis zum Sargassomeer, das heute zwischen dem 20. und
36. Grad nördlicher Breite sowie dem 30. und 50. Längengrad liegt.
Die Seeleute der Antike hatten außerdem mit Algenfeldern in unmit-
telbarer Nähe der europäischen Küsten zu rechnen.[77] Bei den Meeres-
ungeheuern handelte es sich um Wale, die in der Biskaya bis zum
späten Mittelalter bekannt waren.

So erhebt sich die Frage, ob das Beharren auf den Gefahren des Meeres
den Phöniziern eine wirkliche Angst vor diesem Meer einjagte oder ob
im Gegenteil beabsichtigt war, potentielle Rivalen über die Bedeutung
dieses grundlegenden Handelsverkehrs zu täuschen. Daß die Karthager es für möglich gehalten hätten, den Zinntransport vom Ärmelkanal
bis zu den Säulen des Herkules zu bewältigen, dürfte recht unwahrscheinlich sein. Es wurde kein Versuch unternommen, an den portu-
giesischen, galicischen und gallischen Küsten Kolonien zu errichten;
und um regelmäßig den Atlantik befahren zu können, hätte man eine
Flotte bauen müssen, deren Konstruktionsprinzipien sich völlig von
denen der Mittelmeerschiffe unterschieden.

Die fremdartigen Schiffe der Aremoriker setzten die Römer stets
ebenso in Erstaunen wie die Punier. Himilkon berichtet, daß sich die
Oestrymnier großer Kajaks aus Leder bedienten, die durch Korbge-
flecht verstärkt würden. Dieser Bootstyp war in Britannien noch zu
Zeiten von Pytheas[78] gebräuchlich, wenn auch nur für die kurze
Strecke zwischen der Insel Wight und England. Infolge eines eigenartigen Zufalls hatten nun die Küstenvölker des Ärmelkanals diese kleinen
Boote übernommen, die bei großen Ozeanwellen und für den Transport schwerer Güter, wie ihrer Erze, ungeeignet waren. Man könnte
annehmen, sie seien in einem Land erfunden worden, in dem es kein
Holz gab, oder für Flußfahrten, die mit langem Umtragen verbunden
waren. Die Schiffe der Aremoriker waren dagegen, jedenfalls zu
Zeiten Caesars, aus so harter Eiche, daß ihnen der Rammsporn
römischer Galeeren nichts anhaben konnte. Ihr Aufbau an Bug und
Heck ließ sie mittelalterlichen Koggen ähneln.[79]

Die Karthager haben sich in Aremorica nicht aufgehalten, was wohl
daran lag, daß die Zinnminen von Morbihan nicht das Hauptziel ihrer

Reise waren. Die Ausbeutung war anscheinend um 500 v. Chr. zurückgegangen, während sich dagegen die Minen von Cornwall entwickelten.[80] Diese Verlagerung der Produktionszentren war vielleicht einer der Gründe für die große Expedition des punischen Admirals, der die neuen Versorgungsmöglichkeiten hatte persönlich in Augenschein nehmen wollen. Er besuchte jedenfalls England und das von Avienus ›heilige Insel‹ genannte Irland. Wie bereits erwähnt, gehen die Verbindungen mit Spanien auf die Bronzezeit zurück, und so ist es nicht sonderlich erstaunlich, dort der nördlichsten Spur einer phönizischen Expansion zu begegnen. Reverend Davies konnte vor einiger Zeit einen bemerkenswerten Fund publizieren,[81] der aus St. Johnstown an der Foyle-Mündung stammt. Es handelt sich um einen eiförmigen Stein, der so graviert war, daß er das Aussehen eines Menschenkopfes hatte. Er gleicht einem karthagischen Baetulus sehr, so wie sie uns aus dem Alaoui-Museum wohlbekannt sind. Dieser Gegenstand kann also gut aus Afrika stammen, und es handelt sich möglicherweise um ein von Himilkon oder einem seiner unmittelbaren Nachfolger geweihtes Ex-voto. Auf jeden Fall stammt der Fund frühestens aus dem 5. Jahrhundert.

Wagten sich Himilkon oder seine Nachfolger noch weiter vor? Das am weitesten nördliche Land, das Avienus erwähnt, ist die geheimnisvolle Heimat der Ligurer, die von den Kelten verjagt wurden und sich dann in den Alpen niederließen. Diese Stelle führte zu harten Diskussionen und gab Anlaß zu kühnen Theorien über ein ligurisches Reich, bevor die Kelten kamen, die heute aber nicht mehr zu halten sind. Unserer Meinung nach bleibt die Stelle ungeklärt und sicher auch unklärbar,[82] und jedenfalls beweist nichts, daß Himilkon die Quelle dafür ist. Gsell hatte bemerkt, daß die Karthager kaum Bernstein verwendet hatten;[83] ihre Schiffe stießen also niemals bis an die Ostseeküsten vor, wo man dieses ›Gold des Nordens‹ zu sammeln pflegte.

Himilkons Reise erfolgte, ebenso wie die Hannos, vor allem unter wirtschaftlichen Gesichtspunkten. Die Ergebnisse waren nicht zu verachten, denn Ende des 5. Jahrhunderts entwickelte sich in Karthago ein Bronzehandwerk, das ›oestrymnisches‹ Zinn verwendet haben muß.[84] Wenn die Karthager die Unmöglichkeit einer direkten Verbindung zwischen ihrer Stadt und den entfernten Lagerstätten Britanniens erkannt hätten, hätten sie zumindest mit denen, die die Erze förderten, Verbindung aufgenommen und die Aufrechterhaltung des Handelsverkehrs gesichert, der zum Wohlstand von Tartessos beigetragen hatte.

Sicher folgten von Zeit zu Zeit Geschäftsleute der Route Himilkons, wobei fraglich ist, ob sie weiter kamen als er. Pytheas, der nur drei Tage für die Fahrt durch die Biskaya benötigte, machte bei den Zinn-Handelsplätzen von Aremorica und Cornwall nicht halt. »Aber ihn kennzeichnete die Neugier des Gelehrten, die den Abgesandten Karthagos fremd geblieben war« (C. Jullian). Mit seinem Periplous Englands, seinem Kreuzen in der Ostsee und seiner Fahrt bis nach Norwegen, das er Thule nannte, scheint er der erste aus der mediterranen Welt gewesen zu sein.

Die Zinnroute zur See hatte ihre Konkurrenz übrigens in den gallischen Flußwegen, die sicherer und schneller waren. In der Tat hat Carcopino nachgewiesen, daß die Auskünfte Diodors und Strabos über den Handelsweg des ›weißen Blei‹ durch die Täler der Seine und der Loire Quellen entstammen, die beträchtlich älter waren als die beiden Autoren. Diodor und Strabo lebten bereits in christlicher Zeit und sind ihrerseits insbesondere von Pytheas abhängig.[85]

Schon Ende des 6. Jahrhunderts kontrollierte die in dem Tumulus von Vix beigesetzte keltische Prinzessin den burgundischen Umschlagplatz, über den das Zinn von der Seine auf die Saône wechselte. Ob diese Fahrten von Marseille organisiert und geleitet wurden, wie Carcopino glaubt, oder ob die Gallier zum Besten ihrer politischen und wirtschaftlichen Interessen bald zur Provence und bald zu den Alpenrouten tendierten, auf jeden Fall ließen sie dem punischen Handwerk einen erheblichen Teil des bretonischen Zinns zukommen.

Wie wir bereits gesehen haben, stellte Hannibal Überlegungen an, um diese Lage zu verbessern, und wollte vor Caesar den Weg entlang der Aude und der Garonne nutzen, um den langen und gefährlichen Periplous Spaniens zu vermeiden. Wäre ihm das gelungen, dann hätte die Umlenkung der Warenströme die Kolonien des griechischen Westens zum Nutzen der Punier ruiniert und deren Verbündeten im südwestgallischen Raum den Gewinn aus den Wegegeldern zugeführt, den sich nicht ohne Konflikte die Haeduer und die Sequaner teilten.

Ruscino, das wohl damals seinen phönizischen Namen erhielt, war sicher dazu ausersehen, Mittelpunkt dieses Handelsverkehrs zu werden. Zu jener Zeit dehnte sich jedenfalls der karthagische Handel bis in die Schweiz aus, wobei die Glasperlenmasken die einzige archäologische Spur der Handelsbeziehungen zwischen Karthago und den Kelten bleiben.

Die Folgen dieser Anstrengungen waren für die Römer durchaus bedeutsam. Scipio beauftragte im Jahre 147 den Historiker Polybios, neben der marokkanischen Goldroute ein Mittel auszukundschaften, um das Zinn durch die Biskaya zu befördern. Carcopino konnte zeigen, daß die Marseiller kein Interesse daran hatten, eine alte Konkurrenz wieder entstehen zu lassen, und die Voreingenommenheit des berühmten griechischen Historikers gegen Pytheas auszunutzen wußten, um ihn zum Abbruch seiner Forschungsreise zu überreden, bevor er Aremorica erreicht hatte. Im übrigen war es sicher zu spät, um einen schon seit einem halben Jahrhundert darniederliegenden Handelsstrom durch die römische Inbesitznahme seines spanischen Ausgangspunktes wiederzubeleben. Vielleicht war die Gründung von Narbonne im Jahre 121 beeinflußt von der Erinnerung an die Wirtschaftspläne Hannibals. Realisiert wurden sie aber erst, als Caesar und sein Legat Crassus in den Jahren 57 und 56 alle Hindernisse überwunden hatten, welche die Seeleute Aremoricas einer für die Schiffseigner aus Bordeaux und Narbonne sehr lukrativen, für sie selber aber ruinösen Handelsorganisation in den Weg legten.

Reisen auf dem Ozean

Untersucht werden müssen noch die punischen Seefahrten, die nach den Vorstellungen unserer heutigen Zeit die spannendsten Aussichten eröffneten. Sind die westlichen Phönizier als Herren der Säulen des Herkules und der südspanischen Häfen, wo sich Kolumbus einschiffte, vielleicht nicht nur auf den Atlantik hinausgefahren, um entlang den Küsten des Alten Kontinents zu segeln? In Vers 380 ff. seines Gedichts faßte Avienus einen Teil von Himilkons Periplous zusammen, in dem er die Gefahren der ozeanischen Wüsten beschrieb.

»Nach Westen hin erstreckt sich ein unabsehbarer Abgrund ohne Ende, das Meer ist weit offen und verläuft in die Ferne. Keiner hat diese Meere aufgesucht, keiner seine Schiffe dorthin gesteuert, aus Mangel an Winden, die auf das offene Meer treiben. Kein Himmelshauch regt sich. In der Luft liegt eine Art Nebel, ein ständiger Dunst herrscht über dem Abgrund, und der Tag ist von Wolken verschleiert.«

Hier stoßen wir wieder auf das Problem, das wir auch bei anderen Fahrten feststellen, nämlich das Thema der Gefahren des Ozeans. Um das zu beurteilen, müssen wir die wenigen Funde prüfen, die man den Phöniziern jenseits der Säulen des Herkules zuschreiben kann.

Eine bereits bei Diodorus Siculus notierte Überlieferung finden wir bei dem Historiker Timaeus von Taormina wieder.[86] Westlich von Libyen erhebt sich eine große Insel im Ozean; es ist ein bezaubernder Aufenthaltsort, der einem Gott würdiger ist als den Menschen. Die Berge sind von dichten Wäldern bedeckt, alle möglichen Obstbäume wachsen natürlich in der Nähe sprudelnder und heilbringender Quellen. Weite Ebenen werden von schiffbaren Flüssen durchzogen. Die Einwohner leben im Überfluß, bestellen ihre Gärten, betreiben Fischfang und gehen auf die Jagd. Im Winter wohnen sie in festgebauten Häusern und im Sommer in bezaubernden Landhäusern inmitten der Gärten. Das Klima ist im übrigen stets mild, und die Erde trägt das ganze Jahr. Die Phönizier aus Gades wurden eines Tages, als sie entlang der libyschen Küste segelten, infolge eines Unwetters dorthin verschlagen. Die Leute aus Gades berichteten den Etruskern von dieser Entdeckung, die daraufhin daran dachten, in diesem wunderbaren Land eine Kolonie zu errichten. Dem widersetzten sich jedoch die Karthager, die übrigens auch nicht zulassen wollten, daß sich ihre eigenen Mitbürger auf diese Insel begaben. Denn sie fürchteten, daß deren Fruchtbarkeit sie in Scharen aus Afrika desertieren ließe. Sie versuchten aber, sich diese Insel als Rückzugsmöglichkeit offenzuhalten, falls ihnen irgendein Unglück widerfahren sollte.

Eine fälschlicherweise Aristoteles zugeschriebene Abhandlung referiert diese Geschichte[87] nahezu mit den gleichen Worten und dem Zusatz, daß sich dennoch einige Karthager auf der Insel niedergelassen hätten. Die punische Regierung verbot aber bei Todesstrafe jede

Auswanderung dorthin und unterdrückte auch diejenigen, die sich bereits dort angesiedelt hatten, aus Angst, daß eine von der Natur so begünstigte Kolonie zu mächtig würde und die Mutterstadt in den Schatten stellen könnte.

Diese Berichte enthalten natürlich mythische Elemente. Wir haben ja bereits den Einfluß einer Prophezeiung auf das Schicksal Karthagos erwähnt, die zweifellos eine neue Wanderung der Tyrer nach Westen vorhersagte. Hätten diese Hoffnungen auf irgendeiner festen Grundlage beruht, wäre es wohl ungewöhnlich, wenn die Karthager nicht überlegt hätten, daraus ihren Nutzen zu ziehen, als sie sich von Rom zum Tode verurteilt sahen. Andererseits war der Glaube an ein wunderbares Land mitten im Ozean bei vielen Völkern der Antike verbreitet, insbesondere bei den Kelten. Es wäre nicht erstaunlich, wenn die Karthager es in Spanien gefunden hätten. Die zur Erklärung angeführten Gründe, daß ein so praktisch veranlagtes Volk wie die Punier auf die Nutzung eines Landes mit wunderbaren Ressourcen verzichtete, wirken zunächst naiv. Dennoch hat man oft den Eindruck, daß Karthago mehr Land hatte, als es bevölkern konnte. Die intensiven Bemühungen Hannos, die marokkanische Küste zu punisieren, haben die Menschenreserven der Republik anscheinend erschöpft; und die Bewohner von Gades waren keine so sicheren Verbündeten, daß man ihnen gefahrlos große Reichtümer hätte in die Hände geben können. Die Politik der freiwilligen Sterilität, die Diodor und Hanno der karthagischen Regierung unterstellen, dürfte daher nicht ganz unwahrscheinlich sein.

Die von dieser Glückseligen Insel zurückgehaltenen Bewohner von Gades vergaßen übrigens den Weg dorthin nicht. Als im Jahre 80 v. Chr. Sertorius als Verbannter zu ihnen geflohen war, machten sie ihm den Vorschlag, ihn dorthin zu führen. Die Einwohner von Gades und nach ihnen die Punier werden, wie wohl anzunehmen ist, Madeira manchmal besucht haben, dessen Lage der Beschreibung Diodors[88] entspricht. Sie ließen sich dort jedoch niemals dauerhaft nieder.

Die weiter im Süden, aber näher an der afrikanischen Küste liegenden Kanarischen Inseln waren der Antike besser bekannt und hatten den Namen Glückliche Inseln. Eine dieser phänomenalen Seefahrten in prähistorischer Zeit, die eines der Rätsel der Menschheitsgeschichte sind, führte anscheinend Menschen aus Mechta el Arbi dorthin. Das waren die Ahnen der Guanchen.[89] Wir haben bereits davon berichtet, wie es in christlicher Zeit einer Flotte Jubas II. gelang, die Inselgruppe zu erreichen, die sie verlassen vorfanden.[90] Zunächst suchten die mauretanischen Seeleute die Regeninsel auf, wo nicht die Spur eines Bauwerkes zu sehen war, sondern nur ein von Bäumen umgebener See und ferulaähnliche Bäume, deren Saft trinkbar war. Auf der sicher zu Ehren Tanits so genannten Juno-Insel standen nur Steinhütten. Ein anderes Inselchen ganz in der Nähe war gleichfalls der Göttin geweiht. Auf der Ziegeninsel lebten große Eidechsen.

Weiter entfernt lag dann Ninguaria, dessen hohe, schneebedeckte und in Wolken gehüllte Berge ihr zu ihrem Namen verhalfen. Die letzte und größte Insel schließlich wurde mit dem lateinischen Wort für Hund ›Canaria‹ genannt, denn die Seeleute fingen dort große Doggen. Dort standen auch noch Gebäudereste. Auf allen Inseln gediehen zahlreiche Obstbäume, Palmen wuchsen dagegen nur auf Canaria. Die Wälder waren voller Bienen und Vögel, der Wels schwamm in den Bächen, und es wuchsen dort auch Papyrusstauden. Am Strand verpesteten zahllose, von der Flut angeschwemmte Kadaver von Meerestieren die Luft. Diese Inseln entsprechen wohl dem westlichen Teil des Archipels: die Regeninsel heißt heute Lanzarote, die Ziegeninsel, die Afrika am nächsten liegt, Fuerteventura, die Schneeinsel mit ihrem hohen Gipfel ist identisch mit Teneriffa und Canaria mit Gran Canaria. Die drei westlichen Eilande blieben unbekannt. Als sich die Seeleute näherten, versteckten sich die Eingeborenen, doch war der Aufenthalt der Fremden anscheinend nur von kurzer Dauer.

Feststellbar werden durch den Bericht Jubas II. ebenso die Möglichkeiten der punischen Flotte wie auch die Unsicherheit der Ergebnisse, die sie schließlich zu gewärtigen hatte. Sicher stammten die Ruinen in Gran Canaria von einer punischen Niederlassung. Doch was eine blühende Kolonie hätte werden können, war eine einfache Zuflucht geblieben, die als Schutz bei einem Zwischenaufenthalt diente, wie man es noch auf verlassenen Inseln im australischen Ozean findet. Wenn auf den Kanarischen Inseln eine phönizische Kolonie existiert hätte, dann hätte sie auch in irgendeiner Form die Guanchen beeinflußt, denen allerdings noch im 15. Jahrhundert der Gebrauch von Metall unbekannt war.

Madeira und die Kanarischen Inseln sind die einzigen ozeanischen Gebiete, die die Karthager mit Sicherheit aufgesucht haben.[91] Die rege Vorstellungskraft der Griechen hat sich oft daran erfreuen können, Romane über die geheimnisvolle Welt im äußersten Westen zu konstruieren. Zunächst wirken einige ihrer Erfindungen durchaus wahrscheinlich, so sprach ein gewisser Marcellus[92] – er lebte im 4. Jahrhundert n. Chr. – in einer Arbeit über Äthiopien von zwei Inselgruppen im Ozean: Eine der beiden setze sich aus drei großen Inseln zusammen, deren mittlere Poseidon geweiht sei und deren Bewohner die Erinnerung an eine ungeheuer große Insel bewahrten; ihre Flotten hätten lange Zeit den Ozean beherrscht. Der andere Archipel bestand aus sieben Inseln, was vielleicht den Kanarischen Inseln entspricht, doch weiß man nicht, wo die Poseidon-Insel liegen soll, falls man sie nicht mit Madeira identifiziert. Aber es bleibt sehr unwahrscheinlich, daß Marcellus die Sagen ihrer Bewohner hätte sammeln können.

Die bekannteste dieser romanhaften Erzählungen ist Platos *Atlantis*.

Doch gehört dieser Mythos, auch wenn er sehr viel ernstzunehmender ist, zum gleichen Genre wie die »Wirkliche Geschichte« Lukians, der seine Helden auf dem Atlantik die Käseinsel und das Eiland der ›Mensch-Weinstöcke‹ entdecken ließ, bevor sie wie Jonas von einem riesigen Wal verschlungen wurden, in dem sie sich dann heldenhafte Kämpfe mit den Eingeborenen lieferten. Hier sind wir nun von Karthago weit entfernt, wo die alten Seebären ihr Garn spannen, um die Landratten zum Staunen zu bringen, dessen Admirale aber durchaus die Fähigkeit besaßen, ernsthafte und umfassende Berichte zu erstellen, die insgesamt erheblich weniger von seltsamen Geschichten befrachtet waren als das Logbuch des Christoph Kolumbus.

Eigentlich wäre es überflüssig zu bemerken, daß diese westlichen Phönizier, die niemals Madeira oder die Kanarischen Inseln so richtig in Besitz genommen haben, Amerika nicht entdeckt haben konnten, wenn diese Hypothese nicht gelegentlich in pseudowissenschaftlichen Veröffentlichungen für ein breites Publikum aufgetaucht wäre. Völlig unmöglich ist es sicher nicht, daß ein in Europa oder Afrika ausgelaufenes Schiff in den Atlantik geriet und durch die Passatwinde bis zum

Golf von Mexiko getrieben wurde. Aber eine Expedition, die zu dem Zweck ausgerüstet wurde, die andere Seite des Ozeans zu erkunden, läßt sich vollkommen ausschließen. Sollten Schiffbrüchige an den Küsten Amerikas gestrandet sein, dann sind die Armen dort mit Sicherheit zugrunde gegangen, ohne eine Rückkehr ins Auge fassen und schon gar nicht ein neues Leben in der unbekannten Welt, in die es sie verschlagen hatte, beginnen zu können.

Kommen wir zum Schluß. Man darf die Ergebnisse der karthagischen Reisen weder übertreiben noch geringschätzen. Zu Lande profitierten sie von dem in der Sahara errichteten libyschen Reich und konnten daher den afrikanischen Kontinent nahezu in seiner ganzen Weite durchqueren. Dabei gelangten sie bis in das Land des Niger und nach Bornu, das die Europäer erst im 19. Jahrhundert mühsam wiederfanden. Wie die einander bestätigenden Berichte Hannos und der Admirale Jubas belegen, waren die westphönizischen Steuerleute in der Lage, die Schwierigkeiten zu überwinden, an denen im ganzen Mittelalter die arabischen Seefahrer am Kap Bojador scheitern und zu deren Bewältigung die Portugiesen im 15. Jahrhundert 70 Jahre benötigen sollten. Diese kühnen Fahrten blieben aber einzelne Heldentaten, die der Republik allenfalls einige Handelsvorteile sichern konnten. Anscheinend fehlten Karthago, vor allem im Westen, die geeigneten Männer, um die entdeckten Länder auszubeuten und dort Stützpunkte für neue Unternehmungen zu errichten. Das lag vornehmlich an der engstirnigen Politik seiner Oligarchie, die sich weigerte, eine Bürgerschaft zu erweitern, die für die künftig anstehenden Aufgaben zu klein war, und die nicht auf die Kooperation seiner Verbündeten rechnen konnte, da sie deren legitime Interessen stets zugunsten einer Befriedigung ihrer Habgier vernachlässigten.

Schlußwort

Wenn der Leser dieses Buch wieder schließt, wird er vielleicht ein wenig melancholisch an *Salammbô* denken. Flaubert war es gelungen, in der Ungenauigkeit eines Traums eine ebenso großartige wie barbarische Kultur vorzuführen. Wir bieten ihm statt dessen die faßbaren, greifbaren, wenn auch reichlich schmutzigen Reste einer Gesellschaft kühl berechnender Kaufleute. Das Gefühl der Fremdheit und der Andersartigkeit, das der Roman so eindringlich suggeriert, verschwindet vor diesen Funden, die sich insgesamt von den griechischen und römischen Hinterlassenschaften nur durch einige provinzielle Eigentümlichkeiten und sehr viel Mittelmäßigkeit unterscheiden. Einhundert Jahre archäologischer und historischer Forschung füllen inzwischen immense Lücken, auf die Flaubert bei seiner Materialsuche über Karthago bereits in der Überlieferung stieß, die er aber dank seines Talents hatte verdecken können.

Dennoch bitten wir unseren Leser, seine Enttäuschung zu überwinden. Wenn er die Bilanz Karthagos mit ungeteilter Aufmerksamkeit prüfen will, und es war unser Ziel, ihn dazu anzuhalten, dann wird er feststellen, daß sie hart ist, aber weniger negativ, als es zunächst den Anschein hatte. Die Sterilität der punischen Kunst ist unbestreitbar, und man muß sich hüten, den Zusammenbruch von 146 zur Entschuldigung anzuführen. Es lag, wie wir gesehen haben, am Naturell des punischen Volkes. Auch ein Besucher des Louvre wird beim direkten Anblick der von Schaeffer aus Ras Schamra herbeigeholten Kostbarkeiten feststellen, daß dieses Volk bereits seit seiner Frühzeit die Kunstfertigkeit teils sehr gewandter Handwerker in den Dienst einer von Nil, Euphrat oder der Ägäis, wie es der Zufall der Handelsbeziehungen wollte, übernommenen Ästhetik stellte.

Betrachtet man indes die politische und religiöse Geschichte, so stand diesem Unvermögen die erstaunliche Lebenskraft dieses Volkes gegenüber. Karthago fehlte es an den Mitteln, die es uns erlauben würden, seine Vergangenheit zu erforschen. Wären seine heiligen Bücher auf Ton geschrieben worden, dann hätte das Feuer sie gehärtet, anstatt sie zu vernichten; wären sie im Sand fossilisiert worden wie die Papyri Ägyptens und Palästinas oder gottesfürchtig überliefert wie die Bibel Israels durch das wundersame Überleben von einigen Gläubigen, dann fänden wir dort sicherlich das Edle und die schöpferische Vorstellungskraft der Heldengedichte von Ugarit.

Karthagos Widerstandsfähigkeit können wir zumindest an dem nachhaltigen Eindruck ermessen, den es bei den Menschen Afrikas trotz der ungeheuren Katastrophe hinterlassen hatte. Der Hinweis des heiligen Augustinus belegt, daß im 5. Jahrhundert die Bauern in der Umgebung von Hippo Regius noch phönizisch sprachen. Sie betrachteten sich als entfernte Nachfahren der Kanaaniter und fanden in der Bibel mit Freuden die Erinnerung an die eigenen Überlieferungen der Altvorderen wieder. In der ganzen Kaiserzeit blieb die vom Latein beherrschte und Rom gegenüber stets absolut loyale Berberei geistig eine östliche Provinz. Die Berber verehrten Baal und Tanit, und als die Entwicklung der städtischen Eliten gegen Ende des 2. Jahrhunderts n. Chr. diesen Göttern endgültig den Namen und die Erscheinung Saturns und der Juno-Caelestis aufzwang, eilten deren einfachste Anhänger scharenweise in die Kirchen und Synagogen. Renan, Gsell und Gautier waren der Meinung, daß die rasche Islamisierung des Maghreb im 7. und 8. Jahrhundert der Erinnerung an die von Dido mitgebrachten alten östlichen Traditionen zu verdanken war, die sich die Einwohner in ihrem Herzen bewahrt hatten. Selbst wenn es den Philologen nicht möglich ist, im Arabisch des Maghreb Spuren phönizischer Dialekte nachzuweisen, muß Karthago als Vermittlerin der Anziehungskraft gelten, die Asien – trotz der Nähe Europas – auf die Berberei ausübte. Karthago ist eine der Ursachen eines der dramatischsten Probleme, die noch heute die Menschheit entzweien.

Die intensive Lebenskraft des punischen Volkes ist schließlich und vor allem in den Individuen erkennbar, die es hervorbrachte. Trotz des Dunkels der frühen, in ihren Anfängen mythologisch verbrämten Geschichte und der Dürre wie auch der Lückenhaftigkeit der kurzen historischen Berichte, die von unbegabten Kopisten weitergegeben wurden, erkennen wir, wie die Männer und Frauen in Karthago von der Beraubung ihrer ersten Handelsniederlassung an bis zur langen Agonie der letzten Belagerung lebten, kämpften und litten. Dichter und Romanciers standen diesem menschlichen Bild der punischen Geschichte viel näher als die Historiker. Vergil ließ sich von der Leidenschaft Didos und Corneille von der Aufopferung Sophonisbes inspirieren. Beide haben wohlgemerkt nicht daran gedacht, die Aufgabe eines Historikers wahrzunehmen. Sie haben nur die Situation übernommen und die Personen nach ihrer Psychologie und ihrer eigenen Ästhetik entworfen. Aber der grundlegend dramatische Charakter der Geschichte der West-Phönizier ist eine Tatsache. Selbst ein hartgesottener Leser kann den nackten Bericht über den Dritten Punischen Krieg bei Gsell nicht lesen, ohne die Angst und das verzweifelte Aufbäumen dieser Unglücklichen zu teilen, die durch die kaltschnäuzige Grausamkeit des römischen Senats zum unvermeidlichen Tode verdammt waren. Diese Pathetik beruhte nicht auf Zufall und auch nicht allein auf den teilweise schwierigen Lebensumständen in einer ringsum von Fremden oder Barbaren umgebenen Stadt, sondern sie entwickelte sich aus dem Gegensatz der unbezähmbaren Energie dieses Volkes – Quelle kühner Initiativen bei Kaufleuten, Forschern oder Soldaten – und der erdrückenden Macht einer despotischen Gesellschaft sowie einer unmenschlichen Religion.

Diese Intensität leidenschaftlichen Gefühls gleicht die Schwäche der Punier auf dem Gebiet der Plastik wieder aus. So erklärt sich auch, wie diese für einen Archäologen so undankbare Kultur die Aufmerksamkeit eines Schriftstellers auf sich lenken und seiner schöpferischen Vorstellungskraft die Grundlage für eine phantastische ›Traumwelt‹ bieten konnte. *Salammbô* ist kein Handbuch der Archäologie, aber vielleicht hat Flaubert, als er über die Tochter Hamilkars schrieb, ein wenig von jener Seele Karthagos aufgespürt, die sich den gewissenhaften Analysen des Historikers stets entziehen wird.

Anmerkungen

Die Übersetzung folgt der vom Autor für die französische Neuauflage revidierten und erweiterten Fassung. Diese erschien im Herbst 1982. Den Überblick über die Geschichte Karthagos, das erste Kapitel und den ersten Absatz des zweiten Kapitels hat Gerd Stumpf übersetzt. Sein Text ist mit den notwendigen Veränderungen in die gesamte Übersetzung eingegangen.

Häufig verwendete Abkürzungen

HAAN St. Gsell, *L'Histoire ancienne de l'Afrique du Nord*, 8 Bde., Paris 1913–29.

MAO G. Contenau, *Manuel d'archéologie orientale depuis les origines jusqu'à l'époque d'Alexandre*, 4 Bde., Paris 1927–47.

CMA C. Picard, *Catalogue du Musée Alaoui*, Tunis 1960 (N. S., collections puniques, Bd. 1).

CRAI *Comptes-Rendus de l'Académie des Inscriptions et Belles-Lettres* (Paris).

BAC *Bulletin archéologique du Comité des travaux historiques et scientifiques* (Paris).

Kurzer Überblick zur Geschichte Karthagos

1 Vgl. G.-Ch. und C. Picard, *Vie et mort de Carthage*, Paris 1970, S. 29 ff.

2 Diese Probleme wurden im Laufe eines internationalen Kolloquiums über »Die phönizische Expansion nach Westen« diskutiert, das unter Leitung von Prof. H. G. Niemeyer vom 24. bis 27. April 1979 in Köln abgehalten wurde.

3 Diese Angaben stammen aus der von H. Benichou Safar angefertigten Dissertation, die unter dem Titel *Les tombes puniques de Carthage* von der Universität Paris Sorbonne IV angenommen wurde und demnächst erscheinen wird.

4 Flauberts Roman folgt sehr genau dem von ihm ausgeschmückten Bericht des Polybios. Dieser griechische Historiker und Freund des jüngeren Scipio nahm auf römischer Seite am Dritten Punischen Krieg teil. Das Werk des Polybios besteht aus einer allgemeinen Geschichte des Mittelmeerraumes von 220–167 v. Chr.; doch ließ er, um die Bedeutung der

Ereignisse im Westen, welche die Griechen gerne vernachlässigten, besser zu verdeutlichen, zwei Bücher vorangehen, die sich mit dem Ersten Punischen Krieg und seinen Folgen beschäftigten. Der Bericht des Söldnerkrieges umfaßt die Kap. 65–88. Die Haltung des Polybios ist ganz anders als die Flauberts. Als homo politicus, der sich der Geschichte zuwendet, um die Grundlagen einer Regierung hervortreten zu lassen, befaßte sich der Grieche nur mit dem Söldneraufstand, um die Nachteile zu betonen, welche die Verwendung der – bei seinen Landsleuten damals allgemein üblichen – Berufssoldaten mit sich brachte. Die Grausamkeiten des Krieges waren für ihn pathologische Gegebenheiten, die er wie ein Arzt ohne sonderliche Gemütswallung untersuchte. Flaubert schrieb sein Werk übrigens nach der Lektüre der romantischen Übersetzung Michelets.

5 Vgl. G.-Ch. Picard, *Hannibal*, Paris 1967.

Erstes Kapitel

1 Ein schmaler Küstenstreifen schloß bereits im 3. Jh. v. Chr. die Bucht nahezu gänzlich ab. Man konnte sich, wenn der Wind das Wasser zurücktrieb, trockenen Fußes von Karthago nach Utica begeben. Hamilkar wußte diesen Ausweg während des Söldneraufstands zu nutzen. Vgl. St. Gsell, *HAAN*, Bd. 3, S. 110; Bernand, in: *Bulletin de géographie historique et descriptive* 1911, S. 113.

2 Vgl. G.-Ch. und C. Picard, *Vie et mort de Carthage*, S. 29 ff.

3 Vgl. den historischen Überblick.

4 Siehe dazu: J. Bérard, *La colonisation grecque de l'Italie méridionale et de la Sicile dans l'Antiquité, l'histoire et la légende*, Paris 1930.

5 Vgl. S. Moscati, *Il mondo dei Fenici*, Mailand 1966 [u. ö.] (dt. *Die Phöniker*, Zürich 1966).

6 L. Balout, *Préhistoire de l'Afrique du Nord*, Paris 1955, S. 489.

7 Die Gründung Uticas wurde auf ein 287 Jahre vor der Gründung Karthagos liegendes Datum festgelegt (Pseudo-Aristoteles, *De mirabilibus auscultationibus* 134). Der ältere Plinius bestätigt dieses Datum (*H. N.* XVI 216). In Utica wurde noch nichts entdeckt, was vor dem Ende des 8. Jh.s zu datieren wäre.

8 Die Oberstadt lag auf dem St-Louis- und dem Juno-Hügel. Die genaue Lage der Unterstadt in der Antike konnte noch nicht ermittelt werden.

9 Ein Plan dieser Nekropolen findet sich bei H. Benichou Safar, in: *Karthago* 17 (1976) S. 5–36.

10 Appian, *Pun.* 95.

11 Strabo XVIII 3,14.

12 Diodor III 44,8.

13 Zur Bedeutung des Wortes ›Kothon‹ siehe E. Kursten, »Kothon in Sparta

und Karthago«, in: *Charites. Studien zur Altertumswissenschaft*, hrsg. von K. Schauenburg, Bonn 1957, S. 110 ff.

14 Vgl. P. Cintas, *Céramique punique*, Paris 1950, S. 490 ff. In seinem *Manuel d'archéologie punique*, Bd. 1, Paris 1970, S. 311–324, nimmt der Verfasser eine zweite Deutung vor, derzufolge das Gebäude nicht mit dem Versteck verbunden wäre, in dem die Keramik des 8. Jh.s vergraben war, und später als dieses Lager entstanden sei. Der Grabung nach zu urteilen ist nicht anzunehmen, daß das Ganze verschiedenen Schichten angehören könnte. Wie wir in unserem Aufsatz »Installations culturelles retrouvées au tophet de Salammbô«, in: *Rivista degli studi orientali* 1967, S. 189–199, ausgeführt haben, sind wir der Ansicht, daß es sich um ein und dasselbe Bauwerk handelt. Es ist nicht erst eingestürzt, nachdem es verlassen wurde, sondern unmittelbar unter dem Gewicht der Erdmassen des Tumulus; und die Verlagerungen der Urnen im Tumulus erfolgten kurz nach seiner Erbauung.

15 C. Picard, *Carthage*, Paris 1951, S. 60; G. Picard, *Le Monde de Carthage*, Paris 1956, Taf. 5 (dt. *Das wiederentdeckte Karthago*, Frankfurt a. M. 1957).

16 Vgl. P. Cintas, *Manuel d'archéologie punique*, Bd. 2, Paris 1976, S. 130 f.

17 Dieses Viertel wurde gänzlich zerstört; eine kurze Grabung der Direktion des Antikendienstes förderte 1952 lediglich gestaltlose Spuren zutage. Ein Bericht wurde nicht publiziert.

18 Appian, *Pun.* 96.

19 Ebd.

20 Strabo XVIII 3,14.

21 P. Cintas, *Manuel d'archéologie punique*, Bd. 2, S. 138.

22 Vgl. die Berichte von H. Hurst, »Excavations at Carthage: first interim report (1974)«, in: *The Antiquaries Journal* 55 (1975) S. 11 ff.; »Second interim report (1975)«, ebd. 56 (1976) S. 177 ff.; »Third interim report (1976)«, ebd. 57 (1977) S. 232 ff.; »Fourth interim report (1977)«, ebd. 59 (1978).

23 H. Hurst / L. A. Stager, in: *World Archeology* 9 (1978) S. 334 ff.

24 Justin XVIII 6.

25 R. Duval, in: *CRAI* 1951, S. 53.

26 Vgl. S. 56 f.

27 Vgl. R. Labat / A. Caquot / M. Sznycer / M. Viera, *Les religions du Proche-Orient asiatique*, Paris 1970, S. 410 ff.

28 Vgl. die Geschichte der Ausgrabung im *Bulletin de correspondance hellénique*, Paris 1958 ff., und G. Clerc / V. Karageorghis / E. Lagarce / J. Leclant, *Objets égyptiens et égyptisants. Scarabées, amulettes et figurines en pâte de verre et en faïence, vase plastique en faïence*, Nikosia 1976 (Fouilles de Kition, Bd. 2), Einleitung.

29 Vgl. A. Parrot / M.-H. Chéhab / S. Moscati, *Les Phéniciens*, Paris 1975, S. 104, Taf. 109.

30 Vgl. P. Cintas, *Manuel d'archéologie punique*, Bd. 1, S. 311; C. Picard, »Les représentations de sacrifice molk sur les ex-voto de Carthage«, in: *Karthago* 17 (1976) S. 68 und 18 (1979) S. 5 ff.

31 J. G. Février, »Essai de reconstitution du sacrifice molek«, in: *Journal Asiatique* 1960, S. 167 ff.

32 Diodor XX 14.

33 Vgl. J. Baradez, in: *CRAI* 1955, S. 1.

34 Vgl. P. Cintas, «Le sanctuaire punique de Sousse«, in: *Revue Africaine* 410/411 (1947) S. 34 f.

35 In zwei Serien wurden die in den Aschenurnen des Tophet gesammelten Gebeine untersucht, und zwar zuerst von L. Richard, *Étude médico-légale des urnes sacrificielles puniques et de leur contenu*, Lille 1961. Es ergab sich, daß die Kinderopfer im 7. und 6. Jh. vorherrschen, in der Folgezeit dann absinken und im 4. Jh. hinter den Ersatzopfern zurücktreten. Diese Ergebnisse stimmen nicht mit dem überein, was L. Stager auf dem »Premier Congrès International d'Études Phéniciennes« in Rom 1980 mitgeteilt hat. Im Gegensatz zur Auffassung Stagers kann man aus der letzteren Untersuchung noch keine allgemeinen Schlüsse ziehen, da sie auf einer begrenzten Anzahl von Belegen beruht.

36 Vgl. *Corpus Inscriptionum Semiticarum*, Paris 1881 ff., Bd. 1, S. 123 b; R. Dussaud, in: *CRAI* 1946, S. 376 f.; H. Donner / W. Röllig (Hrsg.), *Kanaanäische und aramäische Inschriften*, 2 Bde., Wiesbaden 1962, S. 161.

37 Diodor XX 14.

38 Vgl. Anm. 3 des historischen Überblicks.

39 Vgl. Anm. 30.

40 Vgl. C. Picard, »Les représentations de sacrifice molk sur les ex-voto de Carthage«, in: *Karthago* 17 (1976) und 18 (1979) (Naos).

41 Vgl. P. Cintas, »Le sanctuaire punique de Sousse«, in: *Revue Africaine* 410/411 (1947) S. 14 ff., Abb. 48 f.

42 Zur Ikonographie der Tophet-Denkmäler vgl. Anm. 40.

43 Vgl. L. Carton, *Un sanctuaire punique découvert à Carthage*, Paris 1929.

44 Ebd.

45 C. Picard, »Victoires et trophées puniques«, in: *Studi Magrebini* 3 (1970) S. 55 ff.

46 C. Picard, *CMA*, S. 300, Kat.-Nr. 1082; A. Lezine, *Architecture punique*, Tunis 1960, S. 7 ff.

47 Vgl. A. Ennabli, »La campagne de fouilles archéologiques à Carthage 1963–1979«, in: *Karthago* 19 (1979) S. 101; *Centre d'Études et de Documentation Archéologique de la Conservation de Carthage* 1981.

48 Vgl. die Ergebnisse von F. Rakob in: *Archäologischer Anzeiger* 1975, S. 576; ebd. 1976, S. 524; ebd. 1977, S. 627.

49 Vgl. S. Lancel (Hrsg.), *Byrsa I. Rapports préliminaires des fouilles, 1974–1976*. Rom 1979 (Collection de l'École française de Rome, Bd. 41).

50 Vgl. H. Benichou Safar, *Les tombes puniques de Carthage* [im Druck].

51 Vgl. M. Fantar, *Eschatologie phénicienne punique*, Tunis 1970 (Collection notes et documents), S. 34 ff.

52 A. di Vita, in: *Mélanges de l'École française de Rome* 80 (1968) S. 16 ff.

53 Vgl. C. Poinssot / J. W. Salomonson, »Un monument punique inconnu: le Mausolée d'Henchir Djaouf«, in: *Oudheidkundige Mededeelingen uit het Rijksmuseum van Oudheden te Leiden* 44 (1963) S. 70–72.

Zweites Kapitel

1 Erwähnt bei Strabo I 4,9.

2 Strabo XVII 3,15.

3 K. J. Beloch, *Die Bevölkerung der griechisch-römischen Welt*, Leipzig 1886, S. 467.

4 Vgl. Kap. I, Anm. 27.

5 Vgl. C. Picard, *CMA*, Kat.-Nr. 963–974.

6 Zur punischen Religion im allgemeinen siehe G.-Ch. Picard, *Religions de l'Afrique antique*, Paris 1954.

7 Die Identifizierung punischer Götter stellt weiterhin teilweise vor erhebliche Probleme; vgl. z. B. G. Levi della Vidas Aufsatz in: *Atti dell'Accademia dei Lincei. Rendiconti* 8 (1955) S. 550 ff., und S. Moscati, *I Fenici e Cartagine*, Turin 1972, S. 515 ff.

8 Silius Italicus, *Pun.* III 23–27.

9 A. Merlin, in: *CRAI* 1916, S. 262, und G.-Ch. Picard, *Religions de l'Afrique antique*, S. 125.

10 Tertullian, *De exhortatione castitatis* 13.

11 J. Carcopino, *Aspects mystiques de la Rome païenne*, Paris 1941, S. 24–29.

12 *Catalogue du Musée Alaoui*, Erg.-Bd., S. 63, Kat.-Nr. 1076, und G.-Ch. Picard, *Religions de l'Afrique antique*, S. 188.

13 G.-Ch. Picard, *Religions de l'Afrique antique*, S. 156.

14 Vgl. S. Moscati, *I Fenici e Cartagine*; C. Picard, »Les représentations de sacrifice molk sur les ex-voto de Carthage«, in: *Karthago* 17 (1976) (Personnages, prêtre) S. 125 ff.

15 C. Picard, *CMA*, S. 147, Kat.-Nr. 442.

16 Vgl. Anm. 14.

17 Vgl. P. Cintas, »Le sanctuaire punique de Sousse«, in: *Revue Africaine* 410/411 (1947) Abb. 48 und 49.

18 Vgl. Anm. 14.

19 *Catalogue du Musée Lavigerie*, Erg.-Bd. 1, Taf. II,2 und III.

20 J. M. Reynolds / J. B. Ward-Perkins (Hrsg.), *The Inscriptions of Roman Tripolitania*, Rom 1952, S. 318 und 347.

21 H. de Villefosse, in: *Monuments Piot* 12 (1905) S. 79, Taf. VIII.

22 Vgl. M. Sznycer, in: *Archéologie vivante* 2 (1968/69) S. 141 ff.

23 Vgl. Kap. I, Anm. 27.

24 Vgl. L. Maurin, »Himilcon le Magonide«, in: *Semitica* 12 (1962) S. 5 ff.
25 Unveröffentlicht, für diese Auskunft danken wir den Herren Pritchard und Texidor.
26 Vgl. P. Xella, in: *Studi e materiali di storia delle religioni* 40 (1969) S. 215 ff.
27 Siehe Anm. 20.
28 Vgl. C. Picard, »Les représentations du cycle dionysiaque à Carthage«, in: *Antiquités Africaines* 14 (1979) (Mélanges J. Lassus) S. 83 ff.
29 G.-Ch. Picard, *Religions de l'Afrique antique*, S. 100 f.
30 Justin XVIII 6.
31 R. Dussaud, in: *Revue de l'histoire des religions* 108, S. 40.
32 Polybios I 71,1.
33 Diodor XX 8,3–4; Polybios I 29,7.
34 Erwähnt bei Columella I 1,18; vgl. Plinius, *H. N.* XVIII 35.
35 Varro, *Rust.* I 17,4 ff.
36 C. Picard, »Les représentations de sacrifice molk sur les ex-voto de Carthage«, in: *Karthago* 17 (1976) S. 77 und 18 (1979) S. 17.
37 Varro, *Rust.* I 52,1.
38 Columella V 5,4.
39 Vgl. Anm. 36 (Grenade).
40 Ebd. (Arbre, Palmier).
41 Plinius, *H. N.* XVIII 63.
42 Vgl. Anm. 36 (Cheval, Mouton).
43 Ebd. (Oiseaux).
44 R. Labat / A. Caquot / M. Sznycer / M. Viera, *Les religions du Proche-Orient asiatique*, S. 355 ff.
45 C. Picard, *CMA*, S. 262 ff., Kat.-Nr. 963–974.
46 Vgl. P. Cintas, »Le sanctuaire punique de Sousse«, in: *Revue Africaine* 410/411 (1947) Abb. 128.
47 Vgl. M. Ennaifer, *La cité d'Althiburos et l'édifice des Asclepieia*, Tunis 1976, S. 17 ff., Taf. VII und IX.
48 G.-Ch. Picard, *Religions de l'Afrique antique*, S. 120–122.
49 Justin XXI 4,3.
50 G. Levi della Vida, in: *Africa Italiana* 6 (1935) S. 105; ders., in: *Atti dell'Accademia dei Lincei. Rendiconti* 4 (1949) S. 405 ff.
51 Aristoteles, *Pol.* II 8,2.
52 St. Gsell, *HAAN*, Bd. 2, S. 232.
53 Aristoteles, *Pol.* II 8,1–4 und III 1,7.
54 Ebd. II 8,2.
55 Vgl. S. 212 f.

Drittes Kapitel

1 Polybios X 17,9.
2 Appian, *Pun.* 93.
3 Lysias, *Gegen Eratosthenes* 19.
4 S. Lancel (Hrsg.), *Byrsa I. Rapports préliminaires des fouilles, 1974–1976,* S. 241 ff.
5 Vgl. C. Picard, »Les représentations de sacrifice molk sur les ex-voto de Carthage«, in: *Karthago* 17 (1976) und 18 (1979) (Ciseaux, Couteau, Hache, Harpon, Tenaille).
6 Vgl. H. G. Niemeyer / M. Schubart, *Trayamar*, Mainz 1974; H. Benichou Safar, *Les tombes puniques de Carthage* [im Druck]. Zum Mausoleum von Sala siehe J. Boube, *Congrès des Sociétés savantes* [im Druck].
7 Vgl. C. Picard, »Les représentations du cycle dionysiaque à Carthage«, in: *Antiquités Africaines* 14 (1979) (Mélanges J. Lassus).
8 L. Poinssot / J. Revault, *Tapis tunisiens*, Paris 1937, S. 11.
9 Ebd.
10 Vgl. S. 114 f.
11 P. Cintas, *Céramique punique*, S. 31 f.
12 Ebd., S. 447 ff. und Anm. 187.
13 L. Poinssot / R. Lantier, in: *BAC* 1923, S. 73; P. Cintas, *Céramique punique*, S. 23.
14 P. Gauckler, *Nécropoles puniques de Carthage*, Bd. 2, Paris 1915, S. 513 f.
15 P. Cintas, *Céramique punique*, S. 335, Taf. LXIX.
16 Ebd., S. 535 ff.
17 L. Carton, *Un sanctuaire punique découvert à Carthage.*
18 A. Merlin, *Le sanctuaire de Ba'al et de Tanit, près de Siagu*, Paris 1910 (Collection notes et documents, Bd. 4), S. 44 ff., Taf. III.
19 Vgl. C. Picard, »Deux thuriféraires de Carthage«, in *Kokalos* 21 (1975) S. 19.
20 Vgl. C. Picard, »Communication sur l'iconographie de Déméter à Carthage« [demnächst in: *Kokalos*].
21 Vgl. S. Moscati, *I Fenici e Cartagine*, S. 528 f.
22 Vgl. C. Picard, »Sacra Punica«, in: *Karthago* 13 (1966).
23 Vgl. R. M. Dawkins (Hrsg.), *The sanctuary of Artemis Orthia at Sparta*, London 1929.
24 Vgl. P. Cintas, *Céramique punique*, S. 530 ff.
25 G. Picard, *Le Monde de Carthage*, Taf. 68.
26 Ebd., Taf. 69.
27 Ebd., Taf. 30.
28 Vgl. P. Gauckler, *Nécropoles puniques de Carthage*, Bd. 2, S. 308 f., Taf. CCXXXIX; M. Seefried, »Les pendentifs en verre façonnés sur noyau«, in: *Karthago* 17 (1976) S. 41 ff.
29 Ebd.

30 J.-B. Chabot, *Corpus Inscriptionum Libicarum*, Bd. 1, S. 1, Nr. 1; C. Poinssot / J. W. Salomonson, »Un monument punique inconnu: le Mausolée d'Henchir Djaouf«, in: *Oudheidkundige Mededeelingen uit het Rijksmuseum van Oudheden te Leiden* 44 (1963) S. 70 ff.

31 A. Berthier / R. Charlier, *Le sanctuaire punique d'El Hofra à Constantine*, Paris 1955, S. 77–83.

32 Diodor XIV 77,5.

33 G.-Ch. Picard, in: *BAC* 1950, S. 118; C. und O. Picard, »Le vœu d'Adrestos Protarchou«, in: *Karthago* 16 (1971/72) S. 33 ff.

34 Jamblichos, *De Pythagorica Vita* XXVII 128 und XXXVI 267.

35 F. Cumont, *Recherches sur le Symbolisme funéraire des Romains*, Paris 1942, S. 183.

36 Zu den Stelen von Ghorfa vgl. C. Picard, *CMA*, S. 120–122; zum Mausoleum von Dougga siehe Anm. 30.

37 G.-Ch. Picard, *Religions de l'Afrique antique*, S. 96 f.

38 C. und O. Picard, »Le vœu d'Adrestos Protarchou«, in: *Karthago* 16 (1971/1972) S. 33 ff.

39 Vgl. Anm. 31.

40 Aristoteles, *Pol.* V 6,2.

41 Diodor XIV 77,3.

42 Polybios I 65–88.

43 Polybios X 17,7 und 10.

44 Polybios X 18,5–15 (Übers. von H. Drexler).

45 St. Gsell, *HAAN*, Bd. 3, S. 197.

Viertes Kapitel

1 Vgl. H. Benichou Safar, *Les tombes puniques de Carthage* [im Druck].

2 Vgl. C. Picard, »Les représentations de sacrifice molk sur les ex-voto de Carthage«, in: *Karthago* 17 (1976) S. 125, Taf. VIII,6.

3 B. Quillard, *Bijoux Carthaginois*, Bd. 1, Louvain-La Neuve 1979. Bd. 2 ist im Druck.

4 Vgl. G.-Ch. Picard, *Hannibal*, S. 63 ff.

5 Ebd., S. 105.

6 St. Gsell, *HAAN*, Bd. 4, S. 177.

7 J. G. Février, »Un sacrifice d'enfant chez les Numides«, in: *Mélanges Isidore Levy*, Brüssel 1955, S. 161–171.

8 E. Gjerstad, *The Cypro-geometric, Cypro-archaic, and Cypro-classical periods*, Stockholm 1948 (The Swedish Cyprus expedition, Bd. 4, T. 2), S. 25 ff.; vgl. Kap. I, S. 52.

9 M. Seefried, »Les pendentifs en verre façonnés sur noyau«, in: *Karthago* 17 (1976) S. 41 ff.

10 *Corpus Inscriptionum Semiticarum*, Bd. 1, S. 3056; vgl. C. Picard, »Les

représentations de sacrifice molk sur les ex-voto de Carthage«, in: *Karthago* 17 (1976) S. 125, Taf. VIII,7.

11 Vgl. M. Seefried, »Les pendentifs en verre façonnés sur noyau«, in: *Karthago* 17 (1976) S. 41 ff.

12 Vgl. C. Picard, »Sacra Punica«, in: *Karthago* 13 (1966) S. 59 ff.; E. Acquaro, »I rasoi punici«, in: *Studi Semitici* 41 (1971).

13 Vgl. A. M. Bisi, »I pettini d'avorio di Cartagine«, in: *Africa* 2 (1967/68) S. 11 ff.

14 G. Picard, *Le Monde de Carthage*, Taf. III und Beschreibung.

15 G. G. Lapeyre / A. Pellegrin, *Carthage punique*, Paris 1942, Taf. X,2.

16 E. Gobert, »Centenaire de la société historique algérienne«, in: *Revue Africaine* 100 (1956) S. 501 ff., insbes. S. 514.

17 Vgl. Kap. III, Anm. 22.

18 G. Contenau, *MAO*, Bd. 3, S. 1476, Abb. 897.

19 Vgl. S. Moscati, *I Fenici e Cartagine*, Abb. S. 648.

20 Tertullian, *De Pallio I*.

21 Herodot II.

22 C. Picard, *CMA*, Kat.-Nr. 229; dies., »Les représentations de sacrifice molk sur les ex-voto de Carthage«, in: *Karthago* 17 (1976) (Personnage, prêtre) S. 125.

23 M. Astruc, in: *Libyca* 2 (1954) S. 99 ff.

24 C. Picard, *CMA*, Kat.-Nr. 687.

25 Vgl. H. Benichou Safar, *Les tombes puniques de Carthage* [im Druck].

26 E.-F. Gautier, *Mœurs et coutumes des musulmans*, Paris 1949.

27 Vgl. M.-E. Aubet / J. Férron, *Les Orants de Carthage*, Paris 1974.

28 Vgl. B. Quillard, *Bijoux Carthaginois*, Bd. 1.

29 Vgl. B. Quillard, »Les étuis porte-amulettes carthaginois«, in: *Karthago* 16 (1971/72) S. 1 ff.

30 J. Vercoutter, *Les objets égyptiens et égyptisants du mobilier funéraire carthaginois*, Paris 1945, S. 348; P. Cintas, *Amulettes puniques*, Tunis 1946, S. 122 ff.

31 *Catalogue du Musée Alaoui*, Erg.-Bd., S. 348, Anm. 130, Taf. CV.

32 P. Jannoray, *Ensérune*, Paris 1955, S. 188 ff.

33 P. Cintas, *Céramique punique*, S. 488, Taf. XLIV.

34 Vgl. J. Deneauve, *Lampes de Carthage*, Paris 1969, S. 16 ff.

35 P. Cintas, *Céramique punique*, S. 534 ff.

36 Ebd., S. 482 ff.

37 Vgl. H. Benichou Safar, *Les tombes puniques de Carthage* [im Druck].

38 Plinius, *H. N.* XXI 112.

39 Vgl. H. Benichou Safar, *Les tombes puniques de Carthage* [im Druck].

40 C. Picard, »Victoires et trophées puniques«, in: *Studi Magrebini* 3 (1970) S. 55 ff.

41 Vgl. C. Picard, »Les représentations de sacrifice molk sur les ex-voto de Carthage«, in: *Karthago* 17 (1976) (Brûle-Parfums) S. 90 und 18 (1979) S. 33.

42 Cato, *De Agricultura* 85.

43 P. Gauckler / L. Poinssot / A. Merlin / L. Drappier / L. Hautecœur, *Catalogue du Musée Alaoui*, Erg.-Bd. 1, Paris 1910, Taf. XCIX und XCX.

44 Vgl. Kap. II, S. 82.

45 Plato, *Gesetze* 674 a.

46 Lateinische Inschrift, die in einem Heiligtum des Äskulap-Eschmun in Thuburbo Majus entdeckt wurde (A. Merlin, in: *CRAI* 1916, S. 212 ff.). Sie zählt die Verbote auf, denen die Gläubigen unterworfen waren, die Einlaß in den Tempel wünschten: Enthaltsamkeit gegenüber einigen Nahrungsmitteln, zeitweilige Keuschheit usw.

47 Columella XII 39, 1–2 (Übers. von K. Ahrens).

48 A. Merlin, *Un sanctuaire de Ba'al et de Tanit près de Siagu*, S. 48 f., Taf. IV.

49 A. Merlin, in: *CRAI* 1947, S. 355 ff.; G.-Ch. Picard, *Religions de l'Afrique antique*, S. 22 ff., Abb.1.

50 St. Gsell, *HAAN*, Bd. 4, S. 188 f.

51 J. Carcopino, *Aspects mystiques de la Rome païenne*, S. 47 ff.

52 P. Cintas, *Céramique punique*, S. 488, Taf. XXXIII.

53 Julian, *Orationes* I 15 b-c.

54 Justin XX 5,12–13.

55 St. Gsell, *HAAN*, Bd. 4, S. 189.

56 A. Ernout / A. Meillet, *Dictionnaire étymologique de la langue latine*, Paris ³1951, s. v. Ave.

57 A. Aymard, *Rome et son Empire*, Paris 1954, S. 130.

58 Plutarch, *Praecepta gerendae rei publicae* III 6.

59 St. Gsell, *HAAN*, Bd. 4, S. 101; C. Picard, »Les représentations du cycle dionysiaque à Carthage«, in: *Antiquités Africaines* 14 (1979) (Mélanges J. Lassus) Abb. 15.

60 Vgl. G.-Ch. Picard, *Religions de l'Afrique antique*, S. 149, Abb. 15; J. Ferron, »Les statuettes au tympanon des hypogées puniques«, in: *Antiquités Africaines* 3 (1969) S. 11 ff.

61 P. Cintas, in: *Revue Africaine* 100 (1956) S. 275 ff.

62 S. Grynaeus (Hrsg.), *Hippiatriques grecs*, Basel 1537, S. 95.

63 Vgl. B. Quillard, »Les étuis porte-amulettes carthaginois«, in: *Karthago* 16 (1971/72) S. 9 ff.

64 Vgl. H. Benichou Safar, *Les tombes puniques de Carthage* [im Druck].

Fünftes Kapitel

1 Jesaja XXIII 8.

2 Homer, *Odyssee* XIV 288 ff. und XV 415, 455 f.; vgl. V. Bérard, *Les Phéniciens et l'Odyssée*, Bd. 1, Paris 1902, S. 219 f.

3 Ezechiel XXVII.

4 Herodot I 166 f.; V 4246; VII 158, 165–167.

5 Plautus, *Poenulus*, V. 977; M. Sznycer, *Les passages puniques en transcription latine dans le ›Poenulus‹ de Plaute*, Paris 1967.

6 Sklavenhändler, Kuppler. Plautus nennt ihn Lykos, den ›Wucherer‹.

7 Vgl. S. 30 f.

8 Vgl. G.-Ch. und C. Picard, *Vie et mort de Carthage*, S. 59.

9 Thukydides VI 34,2; zu karthagischen Münzen vgl. Ch. Jenkins, *Carthaginian gold and electrum coins*, Oxford 1963.

10 Diodor XIV 46,1.

11 Siehe Anm. 8.

12 M. I. Rostovtzeff, *The Social and Economic History of the Hellenistic World*, Bd. 2, Oxford 1941, Neudr. 1953 (dt. *Die hellenistische Welt. Gesellschaft und Wirtschaft*, Bd. 1–3, Stuttgart 1955/56).

13 Siehe Anm. 8.

14 P. Cintas, *L'expansion carthaginoise au Maroc*, Paris 1954, S. 96 ff.

15 Vgl. Kap. III.

16 M. Fantar, »La tombe de la Rapta«, in: *Latomus* 31 (1972) S. 350 ff.

17 22 rhodische Henkelamphoren wurden bei den Ausgrabungen von Byrsa unter der Leitung von P. Féron geborgen (*Cahiers de Byrsa* 5, (1955, S. 61 ff.).

18 Siehe die Angaben zu den Fundstücken bei P. Cintas, *Céramique punique*, S. 149–159.

19 M. I. Rostovtzeff, *The Social and Economic History of the Hellenistic World*, Bd. 2, S. 725.

20 Polybios I 81; vgl. S. 90.

21 Die Angaben sind entnommen: T. Frank [u. a.] (Hrsg.), *An Economic Survey of Ancient Rome*, Bd. 1, hrsg. von T. Frank, Baltimore 1933, S. 158 ff.

22 Plautus, *Poenulus*, V. 1010–15.

23 Vgl. M. Seefried, »Les pendentifs en verre façonnés sur noyau«, in: *Karthago* 17 (1976) S. 41 ff.

24 Polybios XXXIV 9,9; vgl. St. Gsell, *HAAN*, Bd. 3, S. 318.

25 P. Jannoray, *Ensérune*, S. 403–406.

26 J. Carcopino, in: *Revue des Études Anciennes* 55 (1953) S. 258: Die Grenze war nicht der Ebro, sondern ein gleichnamiger Fluß, der weiter südlich lag und heute Jucar genannt wird.

27 St. Gsell, *HAAN*, Bd. 3, S. 147 f.

28 P. Cintas, *Céramique punique*, Abb. 312.

29 St. Gsell, *HAAN*, Bd. 2, S. 322.

30 Ebd., Bd. 1, S. 403.

Sechstes Kapitel

1 E. J. Bickerman, »An Oath of Hannibal«, in: *Transactions and proceedings of the American Philological Association* 75 (1944); ders., »Hannibal's

Covenant«, in: *American Journal of Philology* 73 (1952) S. 1–23. Der Vertrag ist ein Bündnis (›berit‹), was bedeutet, daß die Partei, die ihn verletzt, nicht verurteilt wird. Es ist das einzige erhaltene Beispiel eines solchen Abkommens. Die griechische Übersetzung des Polybios enthüllt durch einige holprige Passagen den phönizischen Text, der ihr zugrunde liegt.

2 Vgl. C. Picard, »Les représentations de sacrifice molk sur les ex-voto de Carthage«, in: *Karthago* 17 (1976) und 18 (1979) (Bateau, Gouvernail).

3 Vgl. J. Thurneyssen, »Le gouvernail antique«, in: *Dossiers de l'Archéologie* 29 (1979) S. 74.

4 Polybios I 51 (Übers. von H. Drexler).

5 M. Hours Miédan, in: *Cahiers de Byrsa* 1 (1950) S. 67, Taf. XXXVIII.

6 G. de Frondeville, *Les visiteurs de la mer*, Paris 1956, Kap. VII.

7 M. Launey, *Recherches sur les armées hellénistiques*, Paris 1949.

8 Vgl. C. Picard, »Les représentations de sacrifice molk sur les ex-voto de Carthage«, in: *Karthago* 17 (1976) und 18 (1979) (Armes).

9 L. Carton, *Un sanctuaire punique découvert à Carthage.*

10 Vgl. C. Picard, »Victoires et trophées puniques«, in: *Studi Magrebini* 3 (1970) S. 55 ff.

11 A. Berthier / R. Charlier, *Le sanctuaire punique d'El Hofra à Constantine*, Taf. XVIII.

12 Ebd., Taf. XV 3 und XVII a.

13 Ebd., Taf. XVII a.

14 Vgl. »Le cavalier d'Abizar«, L. Leschi, *Algérie antique*, Paris 1952, S. 196.

15 Vgl. C. Picard, »Les représentations de sacrifice molk sur les ex-voto de Carthage«, in: *Karthago* 17 (1976) S. 103 ff.

16 Vgl. F. Tine Bertocchi, *La pittura funeraria apulia*, Neapel 1964.

17 Vgl. G.-Ch. Picard, *Hannibal*, S. 26 ff.

18 Vgl. C. Picard, »Les représentations de sacrifice molk sur les ex-voto de Carthage«, in: *Karthago* 17 (1976) und 18 (1979) (Couronne, Trophée).

19 P. Cintas, in: *Karthago* 2 (1951) S. 35, Abb. 10.

20 Tertullian, *De Pallio* 1.

21 B. Rathgen, »Die punischen Geschosse des Arsenals von Karthago«, in: *Zeitschrift für historische Waffenkunde* 1910, S. 236–244; *Trad. Rev. Tun.* 18 (1911) S. 291 ff.

22 Gesammelt von König Juba; überliefert ist es vor allem durch Aelian, *De animalium natura* VI 56, VII 2.

23 Plinius VII 16.

24 Diodor XX 40.

25 Aristoteles, *Pol.* II 82.

26 St. Gsell, *HAAN*, Bd. 2, S. 256.

27 Vgl. z. B. E. J. Bickerman, *Institutions des Séleucides*, Paris 1938, S. 11 ff.; A. Aymard / J. Auboyer, *L'Orient et la Grèce antique*, Paris 1953.

28 Zur ›Demokratie‹ in den barkidischen Heeren siehe E. J. Bickerman,

»Hannibal's Covenant«, in: *American Journal of Philology* 73 (1952) S. 7.

29 Ebd., S. 18. Bickerman vermutet, daß Hannibal lediglich das Recht hatte, einen ›berit‹ zu schließen (s. Anm. 1), nicht aber einen Vertrag, der die Ratifizierung durch den punischen Senat erforderte. Er habe diese unvollkommene Form eines Abkommens bereitwillig gewählt, um nicht zu riskieren, daß Karthago diplomatischen Schwierigkeiten mit Ägypten ausgesetzt wäre, dessen Beziehungen zu Makedonien recht gespannt waren. Wenn diese Interpretation zutrifft, würde sie die Elastizität der karthagischen Diplomatie bestätigen, die ihr bei ihren Gegnern den Ruf der ›Punica fides‹ eingetragen hat.

30 Polybios III 8,2,4.

31 Vgl. A. Alföldi, in: *Museum Helveticum* 11 (1954) S. 139 ff.

32 E. J. Bickerman, *Institutions des Séleucides*, S. 242 ff.

33 Polyainos, *Strategemata* V 11.

34 Für Ägypten vgl. z. B. die Stele von Karnak: J. H. Breasted (Hrsg.), *Ancient Records of Egypt*, Bd. 2, Chicago 1906, S. 655–662, und das Relief von Silsilis: G. Maspéro, *Histoire ancienne des peuples de l'Orient classique*, Bd. 2, Paris 1897, S. 217. Für Mesopotamien die Stele von Naramsin: G. Contenau, *MAO*, Bd. 2, S. 674, Abb. 469. Für Rom die Statuen Hadrians vom Hierapytna-Typus. Für Byzanz: A. Grabar, *L'empereur dans l'art byzantin*, Paris 1936, S. 127–129.

35 R. Dussaud, in: *Syria* 25 (1949) S. 205.

36 Vgl. J. Morgenstern, »The king God among the Western Semites«, in: *Atti dell' VIII Congresso Internazionale di Storia delle Religioni*, Rom 1955, S. 257. Die zur Entwicklung der phönizischen Theologie geäußerten Ansichten des Autors erscheinen uns anfechtbar; aber er hat die Verbindung zwischen dem Melqart-Kult und der Entwicklung des tyrischen Königtums gut akzentuiert.

37 E. J. Bickerman, »Hannibal's Covenant«, in: *American Journal of Philology* 73 (1952) S. 19.

38 Hannibal hatte Capua versprochen, daß es die Hauptstadt des italischen Bundes werden würde (Livius XXIII 102).

Siebtes Kapitel

1 É.-F. Gautier, *Le passé de l'Afrique du Nord*, Paris 1937, Kap. II.

2 J. Carcopino, *Le Maroc antique*, Paris 1947, S. 18.

3 Vgl. G.-Ch. und C. Picard, *Castellum Dimmidi*, Paris/Algier [o. J.], S. 22 ff.

4 St. Gsell, »La Tripolitaine et le Sahara au IIIe siècle«, in: *Mémoires de l'Académie des Inscriptions et Belles-Lettres* 43 (1933) Nr. 51, S. 1.

5 É.-F. Gautier, *Le Sahara*, Paris 1923, S. 134 ff.

6 Zuletzt Ch. Courtois, *Les Vandales et l'Afrique*, Paris 1955, S. 98 ff.

7 H. Lhote, »Le cheval et le chameau dans les peintures et gravures rupestres du Sahara«, in: *Bulletin de l'Institut français d'Afrique Noire* 15 (1953).

8 R. Mauny, in: *Bulletin de l'Institut français d'Afrique Noire* 10 (1948) S. 176.

9 Die wichtigsten von vielen sind diejenigen italienischer Archäologen im Fessan: B. Pace / S. Sergi / G. Caputo, »Scavi Sahariani«, in: *Monumenti Antichi* 46 (1951).

10 Herodot IV 183.

11 Bibliographie in der in Anm. 7 erwähnten Studie von H. Lhote.

12 Man muß dennoch anerkennen, daß die zahlreichen griechischen Sagen (Lotophagen, Gorgonen usw.) in der Gegend des Tritonsees lokalisiert waren, d. h. am Grunde des Golfs von Gabes, der vom Fessan relativ mühelos zu erreichen ist. Die Möglichkeit, aus vergleichbaren Überlieferungen historische Schlüsse zu ziehen, bleibt indes zweifelhaft: F. Chamoux, *Cyrène sous la monarchie des Battiades*, Paris 1952, der als letzter diese Frage erörtert hat, bestreitet irgendeine Ankunft von Griechen in Libyen vor der Gründung Cyrenes im Jahre 631.

13 Gleichwohl unterscheiden sie sich stilistisch: R. Mauny, in: *Bulletin de l'Institut français d'Afrique Noire* 9 (1947) S. 341 ff.

14 Strabo XVII 3,7.

15 H. Lhote, »Le cheval et le chameau dans les peintures et gravures rupestres du Sahara«, in: *Bulletin de l'Institut français d'Afrique Noire* 15 (1953) S. 1225.

16 St. Gsell, *HAAN*, Bd. 1, S. 301.

17 G. Picard, *Le Monde de Carthage*, S. 16 und Taf. 3.

18 1. Kön. 10,22.

19 Strabo XVII 3,7.

20 Belege bei St. Gsell, *HAAN*, Bd. 1, S. 109, Anm. 1.

21 Aelian, *Variae* XIV 90; Plinius VIII 35. Die Geschichte vom gezähmten Löwen ist vielleicht weniger unsinnig, als Gsell glaubt (*HAAN*, Bd. 2, S. 190). Zu allen Zeiten waren die Jagd und der Besitz wilder Tiere, vor allem von Löwen, im Orient ein königliches Privileg.

22 Vor allem jene von Hippo: E. Marec, *Hippone antique Hippo Regius*, Algier 1950, Abb. 12, der sie auf Mitte des 4. Jh.s datiert.

23 G. Picard, *Le Monde de Carthage*, Taf. 40.

24 P. Cintas, *Céramique punique*, Taf. LXIX 235.

25 Erwähnt bei Aelian, *De animalium natura*, Plinius, Plutarch u. a. Quellenhinweis bei St. Gsell, *HAAN*, Bd. 8, S. 262–265.

26 Athenaios, *Deipnosophistai* II 44 d; vgl. J. Leclant, »Per Africae Sitientia«, in: *Bulletin de l'Institut français d'Archéologie Orientale* 49 (1950) S. 208.

27 J. M. Reynolds / J. B. Ward-Perkins (Hrsg.), *The Inscriptions of Roman Tripolitania*, S. 273.

28 Herodot IV 181 f. (Übers. von A. Horneffer); vgl. auch Rh. Carpenter, in: *American Journal of Archeology* 60 (1956) S. 231 ff.

29 C. Lévi-Strauss, *Tristes Tropiques*, Paris 1953, S. 294.

30 H. Lhote, »Le cheval et le chameau dans les peintures et gravures rupestres du Sahara«, in: *Bulletin de l'Institut français d'Afrique Noire* 15 (1953) S. 1167 ff.

31 Plinius, *H. N.* V 37.

32 Ptolemaios I 8.

33 Silius Italicus, *Pun.* III 8–13.

34 Pausanias VIII 11,11. Zu dem von St. Gsell in Abrede gestellten Wert der Belege vgl. J. Leclant, »Per Africae Sitientia«, in: *Bulletin de l'Institut français d'Archéologie Orientale* 49 (1950) S. 208, Anm. 1, und S. 240–243.

35 St. Gsell, *HAAN*, Bd. 4, S. 281 ff.

36 Diesen Hinweis verdanken wir J. Leclant.

37 Die Verwendung von Garamanten-Soldaten in den karthagischen Heeren, insbesondere in denen Hannibals, wurde von Silius Italicus entsprechend einem in klassischer Zeit gebräuchlichen Vorgehen vermutet. H. Lhote, »Le cheval et le chameau dans les peintures et gravures rupestres du Sahara«, in: *Bulletin de l'Institut français d'Afrique Noire* 15 (1953) S. 1178, hat daher unrecht, das als historisch zu betrachten.

38 B. Pace / S. Sergi / G. Caputo, »Scavi Sahariani«, in: *Monumenti Antichi* 46 (1951) (vgl. auch Anm. 4–9).

39 H. Lhote, »Le cheval et le chameau dans les peintures et gravures rupestres du Sahara«, in: *Bulletin de l'Institut français d'Afrique Noire* 15 (1953) Abb. 2, Anm. 33.

40 Oder häufiger die anthropomorphisierten Tanit-Zeichen neo-punischer Stelen, deren Bemalung zeitgenössisch ist.

41 Ptolemaios I 8.

42 Livius XXXIV 62/63 und der Kommentar von St. Gsell, *HAAN*, Bd. 2, S. 319.

43 S. Aurigemma, *I mosaici di Zliten*, Rom/Mailand 1926. Die Datierung ist zu Unrecht bestritten worden.

44 G.-Ch. Picard, in: *Karthago* 2 (1951) S. 105.

45 Ammianus Marcellinus XXVIII 6; vgl. R. Bartoccini, in: *Quaderni di archeologia della Libia* 1 (1950) S. 29–35.

46 St. Gsell, vgl. Anm. 4. Zahlreiche in letzter Zeit erschienene Studien haben sich dieser Frage angenommen, u. a.: O. Brogan, »The Camel in Roman Tripolitania«, in: *Papers of the British School of Rome* 22 (1954) S. 126 ff.; E. W. Brill, »The Camel and the Garamants«, in: *Antiquity* 117/118 (1956). Das Kamel scheint in Tripolitanien weiter verbreitet gewesen zu sein, als Gsell glaubt, der dessen allgemeine Verwendung Septimius Severus zuschreibt. Das von Brogan publizierte Relief von Tigi stammt wahrscheinlich aus der ersten Hälfte des 2. Jh.s und hat eine gewisse Ähnlichkeit mit dem von Henchir Beni Guedal (A. Merlin / R. Lantier, *Catalogue du Musée*

Alaoui, Erg.-Bd. 2, 1922, Taf. IX). Die Technik des ›Trait incisé‹, die das Relief umgibt, findet sich auf Stücken des 1. Jh.s n. Chr. in Südfrankreich wieder (Triumphbogen von Orange). Die Ähren auf der Schmalseite des bearbeiteten Steins ähneln denen auf der Reversseite der Münzen Nervas (H. Mattingly [u. a.] (Hrsg.), *The Roman Imperial Coinage*, Bd. 2, London 1923). Ganz unzweideutig sind die Kleinfiguren aus Hadrumetum, die Kameltreiber darstellen, Produkte des lokalen Handwerks. Zu der von Brogan erstellten Mosaikenliste ist noch das von Thuburbo Majus hinzuzufügen (G. Picard, *Le Monde de Carthage*, Taf. 41). Interessanterweise sind die Kameltreiber Neger, doch nicht vor der zweiten Hälfte des 4. Jh.s n. Chr. K. Johanenburg, »Die Cameliden im Altertum«, in: *Bonner Jahrbücher* 155/156 (1955/56) S. 54 ff., ergibt bezüglich Afrika nichts Neues.

47 J. Leclant, »Per Africae Sitientia«, in: *Bulletin de l'Institut français d'Archéologie Orientale* 49 (1950).

48 R. Mauny, in: *Revue des Études Anciennes* 58 (1955) S. 92 ff.

49 P. Montet, *La Vie quotidienne en Égypte au temps des Ramsès*, Paris 1946, S. 180 ff. (dt. *Ägypten. Leben und Kultur in der Ramses-Zeit*, Stuttgart 1978); vgl. St. Gsell, *HAAN*, Bd. 1, S. 508 f.

50 Herodot IV 40 ff.

51 St. Gsell, *HAAN*, Bd. 1, S. 509.

52 H. Breuil, in: *CRAI* 1946, S. 203.

53 Herodot IV 43.

54 Vgl. Bibliographie bei J. Desanges, *Recherches sur l'activité des Méditerranéens aux confins de l'Afrique*, Rom 1978 (Collection de l'École Française de Rome, Bd. 38), S. 39, Anm. 2.

55 G. Germain, in: *Hespéris* 44 (1957) S. 205–248.

56 Zur Identifizierung dieser Kolonien siehe R. Rebuffat, in: *Karthago* 17 (1976) S. 139–151.

57 Wahrscheinlich ist dieser Teil des Textes eine Übersetzung des Tagebuchs, das Hanno geführt hatte und das Plinius mit dem Namen ›commentarii‹ bezeichnet (*H. N.* V 8). Die dem Heidelberger Manuskript zugrundeliegende Quelle kannte Plinius übrigens nicht, sondern eine sehr entstellte Fassung, wahrscheinlich die des Xenophon von Lampsakos.

58 M. S. Segert, »Phenician background of Hanno's periplus«, in: *Mélanges de l'Université Saint-Joseph* 45 (1969) (Mélanges M. Dunand, Bd. 1) S. 499–519.

59 J. Carcopino, *Le Maroc antique*, S. 73–163.

60 J. Desanges, *Recherches sur l'activité des Méditerranéens aux confins de l'Afrique*, S. 45, Anm. 34.

61 Aristoteles, *Meteor* II 5,11. Vgl. J. Desanges, *Recherches sur l'activité des Méditerranéens aux confins de l'Afrique*, S. 74, Anm. 218, der diese Auffassung des Wortes ›keras‹ vernachlässigt, die gleichwohl bei Hesiod, *Theog.* 787 und Thukydides I 110 anzutreffen ist.

62 J. Desanges, *Recherches sur l'activité des Méditerranéens aux confins de l'Afrique*, S. 62 ff.

63 Schimpansen und Gorillas meiden das Wasser und schwimmen nicht. Das ist jedoch nicht bei anderen Großaffen der Fall. Möglicherweise hat sich das Verhalten dieser Tiere seit der Antike geändert.

64 Plinius, *H. N.* VI 198–205. Plinius siedelt diese Inseln in einer Entfernung von zwei Tagen vom Kontinent an und verweist für diese Ortsangabe ausdrücklich auf Xenophon von Lampsakos.

65 R. Mauny, »La navigation sur les côtes du Sahara pendant l'Antiquité«, in: *Revue des Études Anciennes* 57 (1955) S. 92–101; ders., »Le périple d'Hannon, un faux célèbre«, in: *Archéologie* 37 (1970) S. 76–80.

66 J. Rougé, *Recherches sur l'organisation du commerce maritime en Méditerranée sous l'Empire romain*, Paris 1966, S. 65 f.; J. Desanges, *Recherches sur l'activité des Méditerranéens aux confins de l'Afrique* (S. 43), unterliegt einer Täuschung, wenn er sagt, daß die Karthager das senkrechte Hauptsteuer nicht kannten, das die Schiffe manövrierfähiger machte. Diese Steuerpinne erscheint deutlich auf den auf punischen Stelen abgebildeten Steuerrudern; vgl. C. Picard, »Les représentations de sacrifice molk sur les ex-voto de Carthage«, in: *Karthago* 17 (1976) (Gouvernail).

67 Überliefert ist es durch das 5. Buch des Plinius, der das 24. Buch des Polybios herangezogen hatte, das verlorengegangen ist. Vgl. J. Carcopino, *Le Maroc antique*, S. 159. Die gegenteilige Auffassung vertritt R. Thouvenot, in: *Hespéris* 35 (1948) S. 1 ff. Nach seiner Meinung gelangte Polybios bis nach Senegal. Gleichwohl fällt es schwer, zu glauben, daß die von dem Historiker geleitete Flotte im Laufe eines Sommers abwechselnd den Senegal und die Loire hatte aufsuchen können.

68 Ihr Bericht beruht auf den Hinweisen bei Plinius, *H. N.* V 51–53. Zur Deutung dieses Textes vgl. G.-Ch. und C. Picard, *Castellum Dimmidi*, S. 25 ff.

69 M. Reygasse, *Monuments funéraires préislamiques de l'Afrique du Nord*, Paris 1950, S. 88 ff.

70 É.-F. Gautier, *Le Sahara*, S. 56, hat darauf beharrt, daß die Palmenpflanzungen der Westsahara eine neue Erscheinung sind. Diejenigen Südtunesiens weisen dagegen weit in die Antike zurück; vgl. S. 97 f. Das libysche Flachrelief von Béja, auf dem vor einer Oase thronende Götter zu sehen sind (G.-Ch. Picard, *Religions de l'Afrique antique*, Abb. 23), zeigt, daß für die Afrikaner die Palme das Symbol des Reichtums und paradiesischen Glücks blieb, obwohl sie in einer ausgesprochenen Getreidegegend seßhaft waren.

71 Avienus, *Ora Maritima*. Wir verwenden die kommentierte Ausgabe von A. Berthelot (Hrsg.), Paris 1934, die derjenigen von A. Schulten (Hrsg.), Barcelona/Berlin 1922 (Fontes Hispaniae Antiquae, Bd. 1), vorzuziehen ist. Siehe im Werk von A. Berthelot, S. 14 f., die Bibliographie zu dieser Frage.

72 Plinius, *H. N.* II 169.

73 R. Dion, in: *Latomus* 11 (1952) S. 309. Man hat die Oestrymniden oft mit Ouessant oder den Scillyinseln identifiziert (St. Gsell, *HAAN*, Bd. 1, S. 470 mit bibliographischen Angaben; C. Jullian I, S. 387). A. Berthelot erkennt

darin die Gesamtheit der britischen Inseln. Jedenfalls läßt sich die Beschreibung von Avienus »insulas … late iacentes« nicht auf einfache Inselchen anwenden.

74 Darin die Erinnerung an eine von Portugal ausgehende Expansion einer megalithischen Kultur zu erkennen, erscheint uns recht unwahrscheinlich (vgl. R. Thouvenot, *Essai sur la province romaine de Bétique*, Paris 1940, S. 34 f.).

75 Himilkon behauptete, vier Monate gebraucht zu haben. Pytheas dagegen durchquerte die Biskaya in drei Tagen (Strabo I 4,5, nach Eratosthenes).

76 Häufig bei Strabo zitiert, z. B. XVII 1,19.

77 St. Gsell, *HAAN*, Bd. 1, S. 471, Anm. 8. Nach Pseudo-Aristoteles, *De mirabilibus auscultationibus* (S. 136), liegen die Algenfelder vier Tage westlich von Gades (Cadiz), was einer Entfernung von etwa 1300 km bzw. einem Gebiet zwischen dem 15. und 20. Längengrad entspricht.

78 Zur Zuschreibung an Pytheas die nach Timaeus von Diodor gemachten Angaben V 22 und Plinius; vgl. J. Carcopino, *Promenades historiques aux pays de la Dame de Vix*, Paris 1957.

79 Caesar, *De bello Gallico* III 13.

80 R. J. Forbes, *Metallurgy in Antiquity*, Leiden 1950, S. 241–243, nach M. Cary, »The Greeks and the ancient trade with the Atlantic«, in: *Journal of Hellenic Studies* 44 (1924) S. 166.

81 O. Davies, in: *Journal of Roman Society of Antiquaries of Ireland* 83 (1953) S. 198.

82 Vgl. J. M. de Navarro, in: *The Cambridge Ancient History*, hrsg. von J. B. Bury, Cambridge 1923 ff., Bd. 8, S. 52.

83 St. Gsell, *HAAN*, Bd. 4, S. 103 ff.

84 Siehe S. 108 f.

85 J. Carcopino, *Promenades historiques aux pays de la Dame de Vix*, S. 35 ff.

86 Diodor V 19 f.

87 Pseudo-Aristoteles, *De mirabilibus auscultationibus* 84.

88 E. Boucher-Colozier schlägt vor, es mit Cerne zu identifizieren, was aber in Widerspruch zur Quelle steht.

89 Vgl. L. Balout, *Préhistoire de l'Afrique du Nord*, S. 482.

90 Plinius, *H. N.* VI 202; vgl. St. Gsell, *HAAN*, Bd. 8, S. 256 ff.

91 Es ist nicht völlig ausgeschlossen, daß sie die Azoren erreicht hatten. In *De mirabilibus auscultationibus* ist die Rede von einer viertägigen Seefahrt nach Westen von Gades aus, was etwa einer Entfernung von 1300 km und einer etwa 500 km westlich des Archipels befindlichen Stelle entspricht. Die von dem griechischen Geographen signalisierten Algenfelder entsprechen sicher dem Sargassomeer, das heute um den 30. Grad westlicher Länge beginnt (dessen Grenzen haben sich indes verändert; vgl. St. Gsell, *HAAN*, Bd. 1, S. 471, Anm. 8). Vgl. S. 255 f.

92 Marcellus, *Frag. Hist. Graec.* IV 443; vgl. St. Gsell, *HAAN*, Bd. 1, S. 328, Anm. 2.

Zeittafel

v. Chr.

8. Jh.	Datum der Entstehung Karthagos.
	Die phönizische Kolonie entwickelte sich bis zum
6. Jh.	zur Hauptkolonie der Tyrer im westlichen Mittelmeer.
Nach 580	übernahm Karthago bei der Abwehr des von Pentathlon von Knidos unternommenen Versuchs, die Phönizier aus Sizilien zu vertreiben, die Führung der phönizischen Kolonien. Die Aufnahme des Kampfes gegen die Griechen im westlichen Mittelmeer stellt eine entscheidende Wende in der Geschichte Karthagos dar.
546–480	Aufstieg zur Großmacht.
	Unter Malchos griffen die Karthager in Sizilien ein und konnten dabei den westlichen Teil der Insel unterwerfen. Sein Nachfolger Mago und dessen Söhne Hasdrubal und Hannibal führten die Eroberungspolitik in Kämpfen auf Sardinien und afrikanischem Boden weiter fort.
480	wurde ein von Hannibal geführtes Heer, das zur Unterstützung Terillos' von Himera gegen Gelon von Syrakus geführt wurde, bei *Himera* vernichtet, doch konnten sich die phönizischen Kolonien auf Sizilien und Sardinien, obwohl isoliert, behaupten.
um 450	Ausbau der Herrschaft in Nordafrika; ein großer Teil Nordtunesiens wurde in Kriegen gegen Mauren und Numider erobert.
410	kam es unter Hannibal, einem Sohn Geskons, anläßlich eines Hilfeersuchens der mit Karthago verbündeten Stadt Segesta zu einem erneuten Engagement in Sizilien.
409	eroberte und zerstörte Hannibal Selinus und Himera.
406/405	erfolgte die Eroberung der Städte Akragas, Gela und Kamarina. Bei der Belagerung von Syrakus wurde Hannibals Nachfolger Himilkon von Dionysos I., dem Tyrann von Syrakus, geschlagen.
397/396	setzte der Kampf der Syrakuser gegen die karthagischen Niederlassungen auf Sizilien ein, der mit einem Gemetzel unter den in Syrakus niedergelassenen Kaufleuten begann.
392	verzichtete Karthago auf seine Eroberungen in Sizilien, und nach einem weiteren Krieg (382–374) kam es
366	zu einem Friedensvertrag mit Dionysos II., der Karthago den Besitz der Epikratie sicherte. Der Halykos bildete fortan für mehr als 100 Jahre die Grenze zwischen dem griechischen und dem karthagischen Teil der Insel.
343–341	brachten die Kriege gegen Timoleon wenig Veränderungen.

339   scheiterte am Krimisos der Versuch weiterer Expansion in Sizilien
       an der Unterstützung, die die Griechen aus dem Mutterland erhiel-
       ten. Nur die Epikratie konnte behauptet werden.
319–307 kämpfte Karthago gegen Agathokles von Syrakus; infolge der Lan-
       dung des Agathokles in Afrika wurde es zeitweise schwer bedrängt.
308/307 kehrte Agathokles nach Sizilien zurück, und sein in Afrika zurück-
       gebliebenes Heer löste sich auf.

       Die weitere Geschichte Karthagos wurde bestimmt durch seine
       Kriege mit Rom, zu dem es bis dahin freundschaftliche Beziehun-
       gen unterhalten hatte, die durch Verträge in den Jahren 508/507,
       348, 306 und 278 ausgebaut worden waren.
264–241 Roms Eingreifen in Sizilien führte zum Ersten Punischen Krieg, in
       dessen Verlauf die Römer, um Karthago besiegen zu können, eine
       Flotte bauten, die wichtige Siege bei Mylai (260), Eknomos (256)
       und Kap Bon (255) erringen konnte, aber in der Schlacht von
       Drepana (249) und infolge mehrerer heftiger Stürme enorme Mate-
       rial- und Personalverluste erlitt.
256/255 unternahm M. Atilius Regulus den Versuch, den Krieg auf das
       afrikanische Mutterland zu verlagern, was aber mißlang. Lily-
       baeum, die karthagische Basis in Sizilien, konnte zwar gehalten
       werden, doch mußte Karthago nach der Vernichtung seiner Flotte
       in der Schlacht bei den Ägatischen Inseln Rom um Frieden bitten
       und Sizilien aufgeben (241).
242–237 kam es, ursächlich wohl verbunden mit der aus der Niederlage und
       den Gebietsverlusten resultierenden Finanzkrise, zu einem Söldner-
       aufstand in Nordafrika. Rom nutzte die internen Schwierigkeiten,
       um die Abtretung Sardiniens zu erzwingen (237).

       Die Zeit zwischen den beiden Punischen Kriegen ist bestimmt
       durch den Ausbau der karthagischen Herrschaft in Spanien und die
       Vorbereitungen eines erneuten Waffengangs gegen Rom.
       Unter Hamilkar Barkas wurde in wenigen Jahren der Südteil Spa-
       niens mit den Silbergruben der Sierra Morena erobert. Nach seinem
       Tod (229) folgte ihm sein Schwiegersohn Hasdrubal, der das neue
       karthagische Reich mit geschickter Hand zu festigen verstand und
       nach außen durch einen Vertrag mit Rom zu sichern wußte.
226   wurde mit Rom vereinbart, den Ebro als Grenze der jeweiligen
       Machtsphäre anzuerkennen. Daneben erfolgte der Aufbau und die
       Ausrüstung einer beachtlichen Armee.
221   wurde nach der Ermordung Hasdrubals sein Sohn Hannibal zum
       faktischen Herrscher des karthagischen Spaniens.
219   eroberte Hannibal im Zuge seiner Expansionspolitik trotz römi-
       scher Warnungen Sagunt, und Rom erklärte daraufhin den Krieg.

218–201 Der Zweite Punische Krieg nahm ungeachtet aller römischen Angriffspläne auf Spanien und Afrika seinen überraschenden Auftakt mit Hannibals berühmtem Alpenübergang im Jahre 218.

218–216 gelangen Hannibal bei der Trebia (218), am Trasumenischen See (217) und bei Cannae (216) überragende Siege, doch vermochte er nur einen Teil der italischen Verbündeten Roms zu einem Frontwechsel zu veranlassen.

Da die Karthager ihre Unterstützung einstellten und die Römer konsequent Schlachten verweigerten (Fabius Maximus ›Cunctator‹), konnte er keine Entscheidung erzwingen, obwohl er 15 Jahre lang unbesiegt durch Italien zog.

Die Römer eroberten in dieser Zeit Spanien und Sizilien.

204 gelang Scipio Africanus maior die Landung in Afrika.

203 Hannibal aus Italien zurückgerufen.

202 Hannibals entscheidende Niederlage bei Zama. Der demütigende Friedensvertrag, durch den Karthago zum Verzicht auf seine Verteidigung gezwungen war, lieferte die Stadt der Willkür des Numiderkönigs Massinissa aus.

149 nahm Rom, wo vor allem eine Gruppe um den älteren Cato an der völligen Vernichtung Karthagos interessiert war, eine formelle Vertragsverletzung zum erneuten Kriegsanlaß.

149–146 Dritter Punischer Krieg. Die Stadt leistete drei Jahre lang erbitterten Widerstand.

146 wurde Karthago von den unter dem Kommando des Scipio Aemilianus Africanus Numantinus stehenden Römern völlig zerstört.

Nachweis der Tafeln und Karten

Die Karten 1, 3 und 4 wurden entnommen aus: Gilbert Picard: Das wiederentdeckte Karthago. Frankfurt a. M.: Heinrich Scheffler, 1957; die Karten 2 und 5 aus: Gilbert und Colette Charles-Picard: So lebten die Karthager zur Zeit Hannibals. Stuttgart: Deutsche Verlags-Anstalt, 1959.

Register der Namen und Orte

Das tägliche Leben in früheren Zeiten

Jérôme Carcopino: Rom
Leben und Kultur in der Kaiserzeit. 2. Auflage. Vorwort von Raymond Bloch. Neu herausgegeben von Edgar Pack. 512 Seiten.

John Chadwick: Die mykenische Welt
Aus dem Englischen übersetzt von Ingeburg von Steuben. 270 Seiten.

Paul-Marie Duval: Gallien
Leben und Kultur in römischer Zeit. Übersetzt von Carl Helmut Steckner. 400 Seiten.

Robert Etienne: Pompeji
Das Leben in einer antiken Stadt. 2. Auflage. Übersetzt von Irmgard Rauthe-Welsch. 463 Seiten.

Paul Faure: Die griechische Welt im Zeitalter der Kolonisation
Übersetzt von Edgar Pack. 410 Seiten.

Paul Faure: Kreta
Das Leben im Reich des Minos. 2. Auflage. Übersetzt von Isolde und Karl Friedrich Eisen. 476 Seiten.

Robert Flacelière: Griechenland
Leben und Kultur in klassischer Zeit. 2. Auflage. Übersetzt und herausgegeben von Edgar Pack. 479 Seiten.

Jacques Heurgon: Die Etrusker
3. Auflage. Übersetzt von Irmgard Rauthe-Welsch. 448 Seiten.

J. T. Hooker: Sparta
Geschichte undKultur. Aus dem Englischen übersetzt vonErich Bayer. 320 Seiten.

Pierre Montet: Ägypten
Leben und Kultur in der Ramses-Zeit. 2. Auflage. Neu herausgegeben von Rudolf Scheer. 453 Seiten.

Pierre Riché: Die Welt der Karolinger
Übersetzt und herausgegeben von Cornelia und Ulf Dirlmeier. 392 Seiten.

Charles-Marie Ternes: Die Römer an Rhein und Mosel
Geschichte und Kultur. 2. Auflage. Übersetzt von Dorothea Basrai. 351 Seiten.

Philipp Reclam jun. Stuttgart